Büro 2000

bearbeitet von
Klaus Santozki

ISBN 3-8045-
3982-3

2., durchgesehene Auflage, 1993

***Winklers
Verlag***

***Gebrüder
Grimm***

Darmstadt

Vorwort

Dieses Lernbuch eignet sich für den Einsatz in allen Schulformen. Bei der Auswahl der Geräte, Maschinen, Systeme usw. wurden das Büro der Gegenwart und die Entwicklungstendenzen für die Zukunft berücksichtigt. Besonderer Wert wurde bei der Konzeption auf die Lerninhalte der neugeordneten Ausbildungsberufe in der Bürowirtschaft (Bürokaufmann/Bürokauffrau) gelegt.

Der Aufbau dieses Buches trägt sicherlich zur Motivation der Lernenden bei: Jedes Hauptthema wird durch eine Seite aus der Geschichte unter dem Motto „Historisches" eingeleitet. Die Angabe der Lernziele am Anfang jeder Lerneinheit gibt sowohl dem Lehrer als auch dem Schüler einen guten Überblick. Die allgemeinen Informationen unter dem Leitwort „Wissenswertes" wurden abwechslungsreich gestaltet. Als Verbindung zwischen Theorie und Praxis sind die „Praxistips" anzusehen. Kurze Merksätze vor den Aufgabenseiten sollen das Wesentliche „Auf einen Blick" vermitteln.

Die Idee und das geplante Konzept für dieses Lernbuch hatte Herr Franz Morschheuser – durch seinen plötzlichen Tod konnte er sein Vorhaben nicht zu Ende führen. Ich habe mich bemüht, die Pläne meines Kollegen, Herrn Morschheuser, hinsichtlich des Buches „Büro 2000" zu verwirklichen.

Fischbeck, im Sommer 1992   Klaus Santozki

© Winklers Verlag · Gebrüder Grimm · 6100 Darmstadt

39822

Inhaltsverzeichnis

39824

1   Der Mensch im Büro

Historisches

Büro um 1890

Büro um 1960

39826

1.1   Die Büroeinrichtung

Diese Lektion informiert Sie über:

✔ die Bedeutung der Büroeinrichtung für den arbeitenden Menschen

✔ ergonomische Sitzmöbel für das Büro

✔ die Einrichtung eines Bildschirmarbeitsplatzes

✔ Praxistips für Ihre Gesundheit und die richtige Auswahl von Büromöbeln

✔ Kleinmöbel und Hilfsmittel im Büro

Wissenswertes

Weltpremiere auf der Orgatechnik

Köln. Branchentreffpunkt aller Bürostuhlhersteller ist die ORGATECHNIK in Köln. Mit einer Weltpremiere wartete einer der führenden europäischen Hersteller von Bürositzmöbeln auf. Es handelt sich um einen Büroarbeitsstuhl, der biodynamischen und ergonomischen Anforderungen entspricht. Verwirklicht wird dies durch eine neuentwickelte – vom Rücken bewegbare – Rückenlehne.

Die neuentwickelte Rückenlehne läßt erstmals alle natürlichen Bewegungen zu, indem sie federnd und zugleich stützend nach allen Seiten nachgibt. Die technische Lösung für diese Konstruktion sind Kugelgelenke, die Rückwärts-, Seitwärts- und Drehbewegungen zulassen.

Erkenntnisse über Systemmöbel

Möbel müssen sich räumlichen Gegebenheiten anpassen.
Möbel werden nicht jedes Jahr neu angeschafft.
Möbel müssen schön und zweckmäßig sein.
Möbel ziehen in ihrem Leben durchschnittlich zweimal um.
Möbel müssen sich ergänzen lassen.

Ergonomie: Wissenschaft von der Anpassung der Technik an den Menschen zur Erleichterung der Arbeit. Ziel ist es, die Belastung des arbeitenden Menschen so gering wie möglich zu halten.

Rund 80 000 Stunden seines Lebens verbringt der „Büromensch" im Büro. Noch mehr Stunden verschläft er ...

Kreuzschmerzen mit 25 Jahren ...

Rita B.: „Wenn ich ein paar Stunden vor dem Monitor gesessen hatte, bekam ich regelmäßig Schmerzen im Kreuz, fast so schlimm wie bei einem Hexenschuß. Dann erhielt ich einen höhenverstellbaren Tisch und einen von Arbeitsmedizinern empfohlenen Stuhl. Ich wechsele die Arbeitshaltung so oft wie möglich. Seit dieser Zeit bleiben die Schmerzen aus. Auch arbeite ich aktiver und kreativer als früher."

Ursprünglich saß der Mensch nicht, er kniete oder hockte. Dann erfand er den Stuhl, der jedoch nicht zum körpergerechten Sitzen diente, sondern den Rang seines „Besitzers" zeigte. Die frühesten Throne stammten aus dem 15. Jahrhundert v. Chr. Sie hatten eine steile Rückenlehne, Armlehnen fehlten. In der Antike kannte man den einfachen Hocker, den Klappstuhl und den Lehnstuhl. Bezugsmaterial waren Stoff und Leder.

1.1.1 Sitzmöbel

Den höhenverstellbaren **Bürodrehstuhl** bzw. den Bürodrehsessel gibt es mit und ohne Armstützen. Die Sitzmöbel müssen sich den Körperbewegungen anpassen und vermeidbare Unfälle sowie Körperschäden ausschließen.

Neben arbeitsmedizinischen Erkenntnissen gibt das Deutsche Institut für Normung e. V. (DIN) entsprechende Empfehlungen für die sicherheitstechnischen Anforderungen sowie für die Prüfung von Bürodrehstühlen und -sesseln. Oftmals übertreffen die angebotenen Sitzmöbel die empfohlenen Mindestanforderungen der Norm. Zusätzliche Verstellmöglichkeiten sollen bestmögliche Anpassung des Stuhles an den jeweiligen Benutzer garantieren.

Dieser Bürodrehstuhl übertrifft die Mindestanforderungen der Norm.

Anforderungen der Norm (Auswahl)

- Formgebung für alle Sitzhaltungen (Schreibhaltung vorne, Arbeitshaltung aufrecht, Ruhehaltung hinten)

- Untergestell mit 5 Rollen und Bremswirkung beim Aufstehen

- Stoßdämpfung beim Hinsetzen

- Kennzeichnung mit dem GS-Zeichen („Geprüfte Sicherheit")

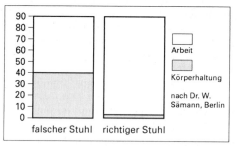

Arbeit

Körperhaltung

nach Dr. W. Sämann, Berlin

falscher Stuhl   richtiger Stuhl

Ein falscher Stuhl mindert die Arbeitsleistung durch Energieaufwendung für die Körperhaltung.

Der **Gesundheitsstuhl** geht auf die ursprüngliche Sitzweise zurück. Ärzte stellen diesem Stuhl ein ausgezeichnetes Zeugnis aus.

Untersuchungen haben gezeigt, daß beim Sitzen auf herkömmlichen Sitzmöbeln die Bandscheiben 50 % höher belastet sind als beim Stehen. Der Gesundheitsstuhl bringt die Wirbelsäule in gleich günstige Stellung wie beim Gehen und Stehen. Daneben befreit der Stuhl die inneren Organe vom „Sitzknick". Neben der Bauart mit Kufen kann das Untergestell auch mit Rollen ausgestattet sein. Für ermüdungsfreies Arbeiten sind Sitzhöhe und Sitzwinkel einstellbar.

Ärzte empfehlen diesen Stuhl.

39828

1.1.2 Der Bildschirmarbeitsplatz

Ein voll ausgerüsteter Arbeitsplatz für verschiedene Aufgaben – der **multifunktionale Arbeitsplatz** – benötigt eine ausreichende Arbeitsfläche. Bildschirm, Tastatur, Vorlagenhalter, Drucker, Telefon, Arbeitsplatzbeleuchtung, Ablageschalen für Papier und Arbeitsutensilien sollen sinnvoll untergebracht sein. Folgende Punkte beeinflussen die Gestaltung des Bildschirmarbeitsplatzes:

- Bildschirm und Zusatzgeräte

- Kommunikationsgeräte

- Schreibfläche

- Ablagemöglichkeiten

Platz auf der Schreibfläche – dies ist eine Forderung an viele Bildschirmarbeitsplätze.

„Je qualifizierter die Arbeit ist, um so ergonomischer müssen die Arbeitsbedingungen sein." Dieser Satz gilt vor allem bei Bildschirmarbeitsplätzen. Durch höhenverstellbare Tischplatten wird für jede Körpergröße eine ideale Sitzhaltung erreicht. Eine zusätzliche Neigung der Tischplatte verbessert die Sicht- und Zugriffsebenen. Geräumige Kabelkanäle für Energie- und Informationsleitungen machen Schluß mit dem „Kabelsalat". Aufsatzelemente in der „3. Ebene" – z. B. Telefonschwenkarm, schwenkbarer Monitor, Papierablage – halten die Arbeitsfläche frei.

Die ständige Anpassung an veränderte Büro- und Kommunikationstechniken erfordert zukunftssichere Systemmöbel in Modulbauweise. Diese bausteinförmige Bauweise erlaubt das Zusammenlegen oder Teilen vom einfachen Arbeitsplatz bis zur Bürolandschaft.

Für die richtige **Sitzhaltung** am Bildschirm sind diese Punkte wichtig:

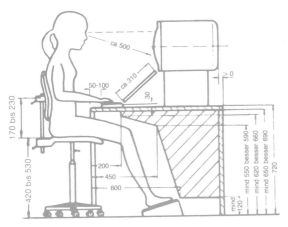

- Aufstellen der Geräte entsprechend dem Arbeitsablauf – Arbeitsmittel mit dem häufigsten Blickkontakt in die Mitte

- Sehabstand zum Bildschirm etwa 50 cm

- Tastatur in Höhe des waagerecht ausgestreckten Unterarmes

- Benutzen von Vorlagenhalter (Konzepthalter) und Fußstütze

Die richtige Sitzweise erleichtert die Arbeit am Bildschirm.

1.1.3 Kleinmöbel und Hilfsmittel

Rollbare Beistellwagen lassen sich überall dort einsetzen, wo schnell viele Kleinigkeiten gebraucht werden. Schubladen und mehrere Ablagefächer erleichtern die Arbeit durch eine übersichtliche Ordnung.

Mehr Platz auf dem Schreibtisch erreicht man auf folgende Weise: Die Funktionseinheit des Arbeitsplatz-Computers wird mit einer Spezialbefestigung auf der linken oder rechten Seite des Schreibtischs untergebracht.

Diese Spezialbefestigung schafft mehr Platz auf dem Schreibtisch.

Der Praxistip

☞ Bei einer nach oben gehaltenen Hand beim Schreiben ist die Gefahr einer Sehnenscheidenentzündung wesentlich größer als bei einer waagerecht oder nach unten gehaltenen Hand.

☞ Von Vorteil für das Auge ist, daß der Sehabstand verändert wird. Vorlage und Bildschirm sollten nicht in der gleichen Entfernung sein.

☞ Bei Bürodrehstühlen und -sesseln dürfen der Austausch und Reparaturen im Bereich der Gasfeder nur durch eingewiesenes Personal erfolgen.

☞ Ungepolsterte Stühle entsprechen nicht den arbeitsmedizinischen Erfordernissen im Bürobereich.

☞ Normgerechte bzw. geprüfte Gegenstände erkennt man z. B. an den Zeichen DIN, GS und VDE (Verband Deutscher Elektrotechniker).

☞ Möbel im Baukastenprinzip sind zukunftssicher.

☞ Wohlbefinden und Leistungssteigerung lassen sich durch eine wechselnde Arbeitshaltung erreichen.

Auf einen Blick

▶ Wer rund ein Drittel des Tages im Büro verbringt, sollte optimale Arbeitsbedingungen haben – dazu gehören ergonomische Büromöbel.

▶ Falsche Stühle mindern die Arbeitsleistung durch Energieaufwendung für die Körperhaltung.

▶ Die richtige Sitzhaltung ist am multifunktionalen Arbeitsplatz besonders wichtig.

▶ Systemmöbel in Modulbauweise sind zukunftssicher. Kleinmöbel bringen Ordnung und erleichtern die Arbeit.

398210

Aufgaben

1. Auf der Seite 6 sehen Sie zwei historische Aufnahmen aus der Bürowelt. Vergleichen Sie diese Aufnahmen mit dem Büro von heute. Fassen Sie das Ergebnis (mindestens 10 typische Merkmale) in einer Übersicht nach folgendem Muster zusammen:

Merkmal	1890	1960	heute

2. Erklären Sie kurz mit Ihren Worten den Begriff „Ergonomie".

3. Auf welcher Messe treffen sich die Büromöbelhersteller?

4. Schreiben Sie fünf Maßnahmen auf, um Gesundheitsschäden bei sitzender Bürotätigkeit möglichst zu vermeiden.

5. Zählen Sie vier Anforderungen auf, welche die Norm an einen Bürodrehstuhl stellt.

6. Geben Sie die Aussage des Diagramms (grafisches Schaubild) der Seite 8 wörtlich wieder.

7. Für welchen Stuhl würden Sie sich entscheiden: herkömmlicher Bürodrehstuhl oder Gesundheitsstuhl? Begründen Sie Ihre Entscheidung.

8. Was versteht man unter einem „multifunktionalen Arbeitsplatz"?

9. Erklären Sie folgende Begriffe:

   a) DIN

   b) VDE

   c) 3. Ebene

   d) Konzepthalter

   e) Sitzknick

   f) GS

   g) Kabelkanal

   h) Modulbauweise

   i) Monitor

   j) Kommunikationstechnik

   k) Sehabstand.

10. Diskutieren Sie folgende Sitzhaltungen:

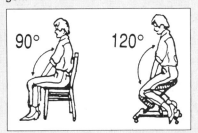

11. Nennen Sie praktische Einsatzmöglichkeiten für Kleinmöbel.

12. In der Regel befinden sich die Herstellerangaben eines Bürodrehstuhles unter der Sitzfläche. Untersuchen Sie einmal Ihren Drehstuhl und beurteilen Sie ihn aus ergonomischer Sicht.

13. Welche Stühle entsprechen nicht den arbeitsmedizinischen Erfordernissen im Bürobereich?

14. Durch welche einfache Maßnahme lassen sich Wohlbefinden und Leistungssteigerung erreichen?

15. Welche Möbelart ist zukunftssicher?

16. Wie kann dem Ermüden der Augen bei einer Bildschirmtätigkeit entgegengewirkt werden?

17. Wie läßt sich eine Sehnenscheidenentzündung vermeiden?

18. Beschreiben Sie mit Ihren eigenen Worten den Arbeitsplatz der folgenden Abbildung:

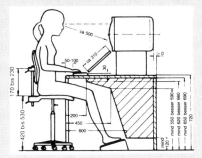

19. Welche vier Punkte sind für die richtige Sitzhaltung am Bildschirm von Bedeutung?

1.2 Der Arbeitsraum

Diese Lektion informiert Sie über:

✔ die unterschiedlichen Möglichkeiten, einen Arbeitsplatz einzurichten

✔ Mustereinrichtungen für das Management, das Sekretariat, die Sachbearbeitung und die Auftragsbearbeitung

✔ die Vor- und Nachteile von Kleinraum- und Großraumbüros

✔ die Vorteile des Raum-im-Raum-Systems

✔ mögliche Auswirkungen eines Büroraumes auf das Leistungsvermögen und das Wohlbefinden der Mitarbeiter

Wissenswertes

Das Programm für die Jahrtausendwende

Kelkheim. Das Programm für die Jahrtausendwende gibt es schon heute – wenn man die allgemein übliche Lebensdauer für Büromöbel mit zehn bis zwölf Jahren rechnet. Ein Büromöbelhersteller aus dem Taunus gibt für sein Büromöbelprogramm eine Liefergarantie von zehn Jahren. Wer also heute sein Büro einrichtet, erreicht spielend die Jahrtausendwende und kann dann immer noch garantiert nachkaufen. Und was kommt danach?

Wie die Büromöbel des Jahres 2000 aussehen, entscheidet die technische Entwicklung der Bürogeräte. Hier ist es Aufgabe der Büromöbelindustrie, sich auf die Schnellebigkeit der Geräte einzustellen.

Aus dem Lexikon

Faktur = Rechnung; fakturieren (berechnen)

Kommunikation = Mitteilung; Verbindung; Nachrichtenaustausch

Korrespondenz = Briefwechsel; korrespondieren

Management = Leitung eines Unternehmens; managen

Motivation = Beweggründe, die das Handeln eines Menschen bestimmen; motivieren (anregen)

„Die positive Auswirkung eines optimalen Arbeitsraumes liegt eher im psychologischen und medizinischen Bereich und läßt sich kaum errechnen."

München. Büroraum ist vor allem in Ballungsgebieten knapp und teuer. Zudem haben viele Mitarbeiter den Wunsch, abgeschirmt oder allein in ihren Räumen zu arbeiten. Jedoch beanspruchen Wände und Flure zusätzlichen Platz. Das bedeutet: Der Raum für den einzelnen Mitarbeiter ist so wirtschaftlich wie möglich zu nutzen.

An alle Niederlassungen

Die in der Norm festgelegte Höhe für Schreibtische beträgt 72 cm. Zahlreiche Erhebungen zeigen jedoch, daß dieses Maß vor allem für großgewachsene Menschen häufig zu niedrig ist. Deshalb hat sich die Geschäftsleitung entschlossen, nur noch höhenverstellbare Tische im Büro anzuschaffen.

gez. Ulrike Winter

Sehr geehrte Damen und Herren,

leider ist es mir aus gesundheitlichen Gründen nicht mehr möglich, bei Ihnen tätig zu sein. Die Einflüsse des Großraumbüros machen mich krank. Aus diesem Grund kündige ich hiermit mein Arbeitsverhältnis zum ..

398212

1.2.1 Das Management

Planen, entscheiden, verantworten, motivieren – das sind grundlegende Tätigkeiten des Managements. Entscheidung und Verantwortung erfordern Stille. Planung und Motivation erfordern ein Gespräch mit Gedankenaustausch. Vollkommene Abschirmung und die Möglichkeit, ein Gespräch auch in größerer Runde ungestört führen zu können, bestimmen die Einrichtung des Büroraums.

1.2.2 Das Sekretariat

Die Tätigkeitsvielfalt bestimmt die Einrichtung des Sekretariats.

Die Tätigkeit im Sekretariat ist sehr vielseitig: Terminverwaltung, zweites Gedächtnis, Nachrichtensammlung mit gezielter Weitergabe, Gesprächspartner für wichtige Lieferer und Kunden. Diese Bürosituation muß zusätzlichen Kommunikationsaufgaben gerecht werden, und gleichzeitig soll das Sekretariat „aufgeräumt" wirken. Im Sekretariat fällt viel „Korrespondenz" an. Die Einrichtung soll den Arbeitsfluß sinnvoll gliedern.

1.2.3 Die Sachbearbeitung

Miteinander arbeiten bedeutet miteinander reden. Der zwanglose Austausch von Sachinformationen kennzeichnet die Sachbearbeitung in einem Team. Auch wird einmal ein privates Wort gewechselt. Um die Kommunikation nicht zu stören, gilt folgende Anforderung für die Arbeitsplatzgestaltung: Soviel Kontakt wie nötig und soviel Abschirmung wie möglich. Eine durchdachte Verkabelung erlaubt z. B. den Einsatz eines Druckers für mehrere Arbeitsplatz-Computer.

Arbeitsräume für Sachbearbeitung und Auftragsbearbeitung sollen mit einer Einrichtung ausgestattet sein, die neben der Kommunikation auch ein ungestörtes Arbeiten ermöglicht.

1.2.4 Die Auftragsbearbeitung

Fakturierung ist in der Regel „Langzeitarbeit am Bildschirm". Entsprechend muß den typischen Belastungsproblemen durch einen Wechsel der Arbeitshaltung vorgebeugt werden. Weiterhin ist ein „Papiermanagement" notwendig. Kundenbestellung, Auftragsbestätigung, Lieferschein, Preislisten, Kataloge müssen zur Hand sein, um alle Informationen in eine Rechnung umzuwandeln. Der Arbeitsplatz-Computer steht im Vordergrund, ausreichende Ablageflächen sind notwendig.

398214

1.2.5 Das Kleinraumbüro

Das Kleinraumbüro (Zellenbüro) besteht aus Ein- oder Mehrpersonenräumen, die von einem oder mehreren Gängen aus betreten werden können. Viele Behörden oder kleine Unternehmen haben Kleinraumbüros, die sich oftmals in Altbauten befinden.

Der **Einpersonenraum** hat den Vorteil, daß konzentriertes Arbeiten ebenso möglich ist wie das Führen von vertraulichen Gesprächen.

Von Nachteil ist die mangelhafte Kommunikation mit anderen Mitarbeitern. Außerdem können lange Wegezeiten auftreten, z. B. beim Gang zum Kopiergerät oder zum Fernkopierer.

Der **Mehrpersonenraum** ist vorteilhaft, wenn gleiche Arbeit von mehreren Mitarbeitern erledigt werden soll. Jeder Mitarbeiter hat Verbindung zu seiner Gruppe. Auch die Raumausnutzung ist günstiger als bei einem Einpersonenraum.

Von Nachteil können Geräusche von Mitarbeitern und Büromaschinen sein. Telefongespräche und Besucher wirken störend. Auch kann es zu Beleuchtungsproblemen kommen, wenn zwei Schreibtische gegeneinander an einem Fenster aufgestellt werden.

1.2.6 Das Großraumbüro

Um 1960 wurden viele Kleinraumbüros durch ein Großraumbüro ersetzt. In einem Raum von mindesten 400 m² waren die Arbeitsplätze nach Abteilungen überwiegend reihenförmig angeordnet. Viele Arbeitsplätze waren auf einer großen, zusammenhängenden Bürofläche ohne bauliche Unterteilung untergebracht. Zahlreiche Mitarbeiter litten unter der Beziehungslosigkeit zur Außenwelt. Auch gab es akustische, klimatische und beleuchtungstechnische Probleme. Untersuchungen haben gezeigt, daß Großraumbüros teurer sind als herkömmliche Büros. Heute ist bekannt, daß die Baukosten von klimatisierten Großraumbüros 20 %, die Betriebkosten sogar 85 % höher sind als bei entsprechenden Kleinraumbüros ohne Klimaanlage. Häufig wegen Krankheit fehlende Mitarbeiter waren ein typisches Merkmal der damaligen Großraumbüros.

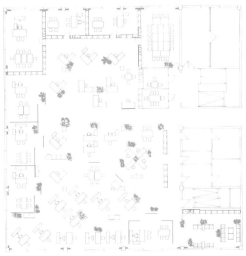

Nicht jeder Mitarbeiter fühlt sich einem klimatisierten Großraumbüro wohl.

1.2.7   Das Raum-im-Raum-System

Die Weiterentwicklung des Großraumbüros führt über die Bürolandschaft mit Pflanzen und Sichtschutz zum **Raum-im-Raum-System**. Bewegliche Einrichtungselemente lassen sich so anordnen, daß konzentriertes Arbeiten bei Gruppenkontakt möglich ist

Das Raum-im-Raum-System entstand aus dem Großraumbüro.

Das Raum-im-Raum-System hat wesentliche Vorteile gegenüber anderen Raumformen:

- Arbeitsgruppen mit abgeschirmten Arbeitsplätzen
- Möglichkeit der Anpassung an veränderte Arbeitsformen
- Anpassung an technische Neuerungen
- Zufriedene Mitarbeiter

Der Praxistip

☞ Wohlbefinden, Motivation und Leistungsfähigkeit eines Mitarbeiters hängen entscheidend von dem persönlichen Empfinden der Bürogestaltung ab.

☞ Vor dem Einrichten eines Arbeitsplatzes muß über den Tätigkeitsschwerpunkt nachgedacht werden, um für typische Anforderungen entsprechende Lösungen zu finden.

☞ Ein geringeres Einkommen in einer angenehmen Umgebung kann mehr Wert sein, als ein höheres Einkommen in unpersönlicher Atmosphäre.

Auf einen Blick

▶ Der Tätigkeitsschwerpunkt bestimmt die Arbeitsplatzgestaltung ebenso, wie persönliches Empfinden der Mitarbeiter.

▶ Neben den Einpersonen- und Mehrpersonenräumen gibt es das Großraumbüro.

▶ Bei dem „Raum-im-Raum-System" bilden bewegliche Einrichtungsgegenstände persönliche Arbeitsbereiche.

▶ Eine störungsfreie Verbindung bei gleichzeitiger Konzentration ist in einem Großraumbüro erforderlich.

398216

Aufgaben

1. „Eine optimale Einrichtung am Arbeitsplatz motiviert die Mitarbeiter." Diskutieren Sie diese Aussage.

2. Wovon wird die Büroeinrichtung im Jahre 2000 in starkem Maße beeinflußt?

3. Nach der Norm beträgt die Höhe eines Büromaschinentisches 65 cm. Was halten Sie davon?

4. Gestalten Sie eine Tabelle nach folgendem Muster:

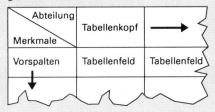

Tabellenkopf: Management, Sekretariat, Sachbearbeitung, Auftragsbearbeitung

Vorspalten: Optische Abschirmung, Akustische Abschirmung, Besuchergespräche, AC-Einsatz

Ergänzen Sie die Tabellenfelder entsprechend mit „ja" oder „nein". Vergleichen Sie dazu die Abbildung der Arbeitsplätze auf den Seiten 13 und 14.

5. Welche Tätigkeiten sind typisch für folgende Bereiche: Management, Sekretariat, Sachbearbeitung, Auftragsbearbeitung?

6. Schreiben Sie die deutsche Bedeutung für folgende Fremdwörter auf: fakturieren, motivieren, korrespondieren, managen, kommunizieren.

7. Bei welcher Raumart liegen die Betriebskosten 85 % höher als bei einem Kleinraumbüro?

8. Vergleichen Sie die Vor- und Nachteile von einem Einpersonenraum mit einem Mehrpersonenraum. Wofür würden Sie sich entscheiden?

9. Um welche Raumform eines Büros handelt es sich bei der folgenden Abbildung?

10. Beschreiben Sie stichwortartig ein Raum-im-Raum-System.

11. Bei der Kündigung auf Seite 12 handelt es sich um eine qualifizierte Mitarbeiterin. Sehen Sie eine Möglichkeit, die Mitarbeiterin zur Weiterarbeit zu bewegen? Geben Sie dazu Vorschläge an.

12. Welche beiden Schwerpunkte beeinflussen das Einrichten eines Arbeitsplatzes.

13. Wählen Sie drei typische Bürotätigkeiten aus, und skizzieren Sie dazu je einen Arbeitsplatz – Anordnung und Art der Möbel – nach Ihren Wünschen.

14. Die Befürworter und die Gegner des Großraumbüros konnten sich bis heute nicht einigen. Welche Argumente haben Sie – für oder gegen – ein Großraumbüro?

15. Welche Informationsquellen zur Einrichtung eines Büros kennen Sie (5 Beispiele)?

16. Ordnen Sie die Informationsquellen der Aufgabe 15 nach ihrem Informationswert (1 = gering, 5 = hoch).

1.3 Umwelt und Arbeitssicherheit im Büro

Diese Lektion informiert Sie über:

✔ die Beleuchtung am Arbeitsplatz

✔ das richtige Raumklima und sinnvollen Schallschutz im Büro

✔ die Wirkung von Farbgestaltung und Raumschmuck am Arbeitsplatz

✔ wichtige Grundlagen der Sicherheit am Arbeitsplatz

✔ Unfallursachen, Brandschutz und Erste Hilfe im Büro

Wissenswertes

Probleme der Bildschirmanwender

Problem Nr. 1 ist die Blendung, die durch Reflektion des Tages- oder Lampenlichtes auf der Bildschirmoberfläche hervorgerufen wird. Die Folge sind überanstrengte Augen. Untersuchungen haben gezeigt, daß unmittelbar vor dem herkömmlichen Bildschirm elektrische Ladungen von bis zu 30 000 Volt auftreten können. Diese statische Aufladung – das Problem Nr. 2 – „schießt" Staubkörnchen gegen die Augen, und das ist unangenehm. Das 3. Problem ist mangelnder Bildkontrast. Normale Bürobeleuchtung ist für die normale Büroarbeit gedacht, nicht für die Bildschirmarbeit. Die Folge ist, daß der Kontrast auf dem Bildschirm durch zu helle Beleuchtung beeinträchtigt wird.

Die Lösung der Probleme kann durch besondere Filter vor dem Monitor erfolgen. Besonders geeignet sind Glasfilter mit vergüteter Oberfläche. Glasfilter beseitigen fast vollständig Blendungs- und Spiegelungserscheinungen. Glasfilter können die statische Aufladung bis zu 100 % reduzieren und verbessern den Bildkontrast entscheidend. Die Bildschirmfilter lassen sich zum Reinigen abnehmen.

Elektrostatik, die („ruhende" oder statische Elektrizität); Versuch: Kamm an Wolle reiben und Papierschnitzel hochziehen

Köln. Im Büro war aus unerklärlichen Gründen ein Papierkorb in Brand geraten. Rita B. wollte den Brand mit dem Feuerlöscher löschen. Da sie mit dem Feuerlöscher nicht umgehen konnte und die Bedienungsanleitung unleserlich war, warf sie den Feuerlöscher in den Brandherd. Rita B. erlitt Verletzungen.

Die größte Gefahr für Ihren Computer können Sie sein!

Die statische Elektrizität kann zum Totalausfall führen! Im Winter wird es gefährlich: Die Zentralheizung entzieht der Luft sämtliche Feuchtigkeit; in wenigen Sekunden ist Ihr Körper mit 3 000 Volt aufgeladen. Statische Elektrizität ist ein Datenkiller, eine Gefahr für jede Diskette und jeden Arbeitsplatz-Computer. Schutz bieten Luftbefeuchter, Matten mit eingebauter Erdungsleitung und Anti-Statik-Teppichboden.

Hamburg. Im Büro steigt die Zahl der Unfälle, 15 % aller Unfälle ereignen sich auf Treppen. Hauptunfallursache ist zu schnelle Fortbewegung oder das Nichtbenutzen des Handlaufes. Jeder 10. Leiterunfall führt zur Rente. Dabei können Leiterunfälle nicht mit „Pech" oder „Schicksal" entschuldigt werden. Immer haben Leiterunfälle eine ganz reale Ursache.

398218

1.3.1 Die Beleuchtung

Eine gleichmäßige Raumbeleuchtung ist Voraussetzung für ein angenehmes Lichtempfinden. Jede Art von Blendung ist zu vermeiden, weil dadurch die Unfallgefahr zunimmt. Die Arbeitsplätze sollen so angeordnet sein, daß die Lichteinfallrichtung keine Hand- oder Körperschatten bildet, die auf der Arbeitsfläche stören.

Gut beleuchtete Räume steigern die Leistungsbereitschaft.

Bei **Bildschirmarbeitsplätzen** sollte der Monitor so aufgestellt werden, daß er zum Fenster im rechten Winkel steht. Die Beleuchtung muß genügend hell, gleichmäßig, blend- und flimmerfrei sein. Das Sehvermögen der Mitarbeiter, die am Bildschirm sitzen, sollte von einem Arzt regelmäßig überprüft werden. Die Erstuntersuchung erfolgt vor der Aufnahme der Tätigkeit. Nachuntersuchungen sind in fünfjährigem Abstand, bei Personen über 45 Jahren in dreijährigem Abstand nötig.

1.3.2 Das Raumklima

Das Behaglichkeitsempfinden des Menschen hängt vom Raumklima ab und wechselt je nach Tätigkeit und Bekleidung. Das Klima im Büro setzt sich zusammen aus der Lufttemperatur, der Luftfeuchtigkeit, der Luftbewegung und der Strahlungswärme. Strahlungswärme geben Körper ab, die im Raum sind, z. B. Personen, Glühlampen, Computer.
Der menschliche Körper kann Klimaschwankungen bis zu einer bestimmten Grenze ausgleichen. Werden bestimmte Werte überschritten, fühlt man sich nicht mehr wohl, die Leistungsbereitschaft sinkt. Das Raumklima im Büro sollte folgenden Mittelwerten entsprechen:

- Lufttemperatur 21 °C (294 Kelvin)
- Luftfeuchtigkeit 40 – 65 %
- Luftbewegung 0,1 m/s
- Sauerstoffgehalt 21 %

Eine künstliche Klimatisierung ersetzt in Großraumbüros das natürliche Klima. Dabei erfüllen Klimaanlagen mehrere Aufgaben: Heizung, Kühlung, Luftbefeuchtung, Luftzusammensetzung, Luftentstaubung und Geruchsbeseitigung. Raumklimageräte können in kleinen und mittelgroßen Büroräumen installiert werden. Hauptschwierigkeiten der künstlichen Klimatisierung sind Ermüdungserscheinungen und erhöhte Infektionsanfälligkeit.

1.3.3 Der Schallschutz

Der Geräuschpegel ist für ein ungestörtes Arbeiten mitentscheidend. Zu laute Büroräume vermindern die Konzentrationsfähigkeit, häufige Fehler sind die Folge. Geräuschbelästigungen können von außen (z. B. Straßenlärm) und im Büroraum selbst auftreten (z. B. Nadeldrucker). Verschiedene Maßnahmen bekämpfen wirksam den Lärm:

- Teppichboden
- Decken- und Wandverkleidungen
- Stellwände

- Geräuschgedämpfte Bürogeräte
- Isolierverglasung
- Gegenseitige Rücksichtnahme

Der Schallpegel sollte im Büro 55 bis 60 dB[1] nicht überschreiten. Dazu ein Vergleich: Flüstern erzeugt einen Schallpegel von 30 dB, lautes Rufen entspricht 80 dB.

1.3.4 Farbgestaltung und Raumschmuck

Farbe	Wirkung	Gedankenverbindung
Rot	erregend	Gefahr, Kraft
Gelb	lebhaft	Wärme, Krankheit
Grün	natürlich	Gras, Blätter
Blau	beruhigend	Himmel, Meer
Weiß	heiter	Freude, Hochzeit
Schwarz	bedrückend	Trauer, Tod

Farben und Raumschmuck tragen zum Wohlbefinden und zur Arbeitsfreude bei.

Farben wirken psychologisch unterschiedlich auf den Menschen. Farbkontraste üben eine belebende Wirkung in Arbeitsräumen mit eintönigen Tätigkeiten aus. Warme Farbtöne – z. B. Gelb, Rot, Orange und Grün – eignen sich für Räume mit wenig Sonnenlicht. Kalte Farbtöne – z. B. Blau – eignen sich für sonnendurchflutete Räume. Eine grüne Farbgestaltung wirkt beruhigend, z. B. in einem Besuchsraum mit starkem Besucherverkehr.

Ebenso wie zu Hause tragen Blumen, Pflanzen und Wandschmuck zum Wohlbefinden im Büro bei.

---

1 Dezibel (dB): Maß für den Schalldruck

398220

1.3.5 Grundlagen der Arbeitssicherheit

Die Verhütung von Arbeitsunfällen und Berufskrankheiten ist Aufgabe der staatlichen Gewerbeaufsichtsbehörden und der Berufsgenossenschaften. Die Berufsgenossenschaft – eine Zwangsvereinigung von Unternehmern (Berufsgenossen) gleicher oder verwandter Gewerbezweige – ist Träger der gesetzlichen Unfallversicherung. Der Arbeitsschutz ist gesetzlich verankert.

Neben der Verhütung von Arbeitsunfällen sorgt die gesetzliche Unfallversicherung nach Eintritt eines Arbeitsunfalls für den Verletzten, die Angehörigen und Hinterbliebenen. Eine Entschädigung erfolgt durch Heilbehandlung des Verletzten, durch Berufshilfe (z. B. Umschulung) oder Geldleistungen (z. B. Unfallrente). Als Arbeitsunfälle gelten alle Unfälle im Betrieb. Auch Unfälle auf dem direkten Weg zum Arbeitsort und zurück gelten als Arbeitsunfälle. Immer, wenn Alkohol die allein wesentliche Ursache für den Unfall ist, geht der gesetzliche Versicherungsschutz verloren. Im Büro ist die Verwaltungs-Berufsgenossenschaft mit Sitz in Hamburg zuständig.

Gesetze	Verordnungen	Sonstiges
Grundgesetz	Gewerbeordnung	DIN
Jugendarbeitsschutzgesetz	Arbeitszeitordnung	VDE
Mutterschutzgesetz	Verordnung über Arbeitsstätten	VDI[1]
Gerätesicherheitsgesetze	Verordnung über Arbeitsstoffe	DVGW[2]
Arbeitssicherheitsgesetz	Reichsversicherungsordnung	

In allen Betrieben mit mehr als 20 Beschäftigten hat der Unternehmer unter Mitwirkung des Betriebsrates (bei Behörden: Personalrat) Sicherheitsbeauftragte zu bestellen, die bei der Durchführung der Unfallverhütung helfen.

1.3.6 Unfallursachen

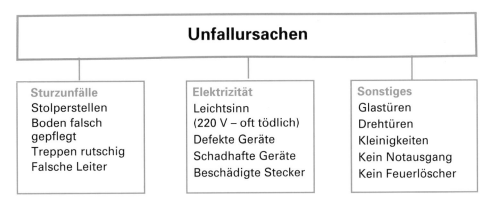

In diesem Schaubild:

Unfallursachen

Sturzunfälle	Elektrizität	Sonstiges
Stolperstellen	Leichtsinn	Glastüren
Boden falsch gepflegt	(220 V – oft tödlich)	Drehtüren
Treppen rutschig	Defekte Geräte	Kleinigkeiten
Falsche Leiter	Schadhafte Geräte	Kein Notausgang
	Beschädigte Stecker	Kein Feuerlöscher

1 Verein Deutscher Ingenieure, 2 Deutscher Verein von Gas- und Wasserfachmännern

Der **Brandschutz** in einem Betrieb sollte nicht vernachlässigt werden. „Ruhe ist die erste Bürgerpflicht." Auch wenn es brennt. Im Brandfall sollte erst einmal ruhig überlegt werden, ob statt des Notausgangs nicht der Feuerlöscher benutzt werden sollte. Das Feuer ist von oben nach unten zu bekämpfen. Wenn es wirklich einmal brennt, sollte man die Fenster und Türen schließen und das Gebäude auf dem gekennzeichneten Fluchtweg verlassen. Niemals sollte man den Aufzug benutzen, denn er könnte bei Stromausfall stehenbleiben.

Erste Hilfe ist kein Ersatz für ärztliche Hilfe, sondern eine Notwendigkeit, bis die richtige ärztliche Behandlung einsetzt. Eine richtig angewandte Erste Hilfe kann lebensrettend sein. In jedem Betrieb stehen Fachleute zur Verfügung, die in Erster Hilfe ausgebildet sind.

Der Praxistip

☞ Es gibt „geerdeten" Teppichboden, der eine elektrostatische Aufladung verhindert.

☞ Nach Möglichkeit sollte Tageslicht einer künstlichen Beleuchtung vorgezogen werden.

☞ Regulierbare Tischlampen vermeiden unpersönliche Helligkeit.

☞ Spezialglühlampen helfen beim Energiesparen.

☞ Schallschutzhauben für Nadeldrucker vermeiden Lärm und erleichtern die Kommunikation am Arbeitsplatz.

☞ „Wer langsam geht, kommt sicher zum Ziel."

☞ Die bundesweit einheitliche Telefonnummer für den Notruf ist 1 10, für Feuer 1 12.

☞ Der gesetzliche Unfallversicherungsschutz geht verloren, wenn man von und zur Arbeitsstelle – und dazu gehört auch die Schule – einen Umweg macht.

Auf einen Blick

▶ Beleuchtung, Raumklima, Schallschutz, Farbgestaltung und Raumschmuck beeinflussen das Wohlbefinden der Mitarbeiter und damit die Leistungsfähigkeit.

▶ Die Arbeit am Bildschirm erfordert eine augenärztliche Betreuung der Mitarbeiter.

▶ Grundlagen der Arbeitssicherheit sind Gesetze, Verordnungen und sonstige Regelungen.

▶ Häufige Unfälle im Büro sind Sturzunfälle und der falsche Umgang mit Elektrizität. Wirksamer Brandschutz und Möglichkeiten der Ersten Hilfe sind erforderlich.

398222

Aufgaben

1. Aus welchen vier Bestandteilen setzt sich das Raumklima im Büro zusammen?

2. Beurteilen Sie die Lichteinfallrichtung an Ihrem Arbeitsplatz bzw. an Ihrem Schülertisch.

3. Bei welcher Tätigkeit sollte Ihr Sehvermögen regelmäßig kontrolliert werden? Halten Sie dies für sinnvoll?

4. Diskutieren Sie folgende Aussagen.
A: „Ich könnte nie in einem Büro arbeiten, wo man die Fenster nicht öffnen kann." – B: „Wenn Sie erst einmal im heißen Sommer die Vorzüge einer Klimaanlage schätzen gelernt haben, möchten Sie sie nicht mehr missen."

5. Zählen Sie sechs Möglichkeiten für den Schallschutz im Büro auf.

6. Vergleichen Sie den Schallpegel eines Fahrzeuges (siehe KFZ-Schein) mit dem Schallpegel im Büro.

7. Wie empfinden Sie die Farbgestaltung der Abbildung auf Seite 20? Erarbeiten Sie einen Entwurf zu dem Thema „die optimale Farbgestaltung meines Arbeitsplatzes".

8. Bei der Arbeit mit einem herkömmlichen Bildschirm können Probleme auftreten. Schreiben Sie diese Probleme auf, und finden Sie eine Problemlösung.

9. Nennen Sie drei Situationen, wo Sie schon einmal die Wirkung von Elektrostatik festgestellt haben.

10. Beschreiben Sie in Ihrem Betrieb (Ihrer Schule) den Fluchtweg.

11. Was unternehmen Sie, wenn im Büro ein Papierkorb zu brennen beginnt?

12. Was sagt die folgende Karikatur hinsichtlich des Arbeitsplatzes aus? Welche Verbesserungsmöglichkeiten gibt es in diesem Fall?

13. Stellen Sie „10 Gebote für die Sicherheit im Büro" zusammen.

14. Welche Bedeutung hat die Erste Hilfe?

15. Was bedeutet dieses Schild?

16. Ein Schüler macht nach der Schule einen Umweg zu einem Schnellimbiß. Dabei verunglückt er aus eigener Unachtsamkeit schwer. Bezahlt die gesetzliche Unfallversicherung die Heilkosten? Begründen Sie Ihre Meinung.

17. Welche Gesetze und Verordnungen befassen sich mit der Grundlage der Arbeitssicherheit? Zählen Sie je vier auf.

2   Papier – Normung – Vordrucke

Historisches

Das eigentliche Wort „Papier" stammt von dem Griechen „Papyrus", einem Material, das im alten Ägypten aus der Papyrusstaude gewonnen wurde. In Ägypten schrieb man Briefe und Rechnungen auf Einzelblätter aus Papyrus. Größere Aufstellungen oder Listen rollte man zusammen.

Papierherstellung vor 1000 Jahren

105 n. Chr. berichtete der chinesische Landwirtschaftsminister Ts' ai Lun über das Papier.

Als Faserstoffe verwendeten die Chinesen die Bastfaser des Maulbeerbaums, Chinagras, Baumwolle und alte Gewebe.

Sie zerstampften die Faserbündel unter Zugabe von Wasser. Anschließend wurde der Faserbrei weiter mit Wasser verdünnt.

Schon damals schöpfte man das Blatt aus einer „Bütte", einem Mischbehälter mit einem Sieb zum Ablauf des Wassers. Das Blatt wurde gepreßt und getrocknet.

Um 600 drang das geheime Wissen um die Papierherstellung nach Japan, dann zu den Arabern und schließlich über Syrien nach Nordafrika und Sizilien. Erst um 1150 wurde in Spanien mit der Papierherstellung begonnen.

Ulman Stromer gründete 1390 bei Nürnberg eine Papiermühle, 1455 druckte Gutenberg die Bibel auf Papier.

398224

2.1 Papier

Diese Lektion informiert Sie über:

✔ die Papierherstellung und die Papierformate

✔ die wichtigsten Büropapiere

✔ verschiedene Arten von Briefhüllen

✔ das Thema „Papier und Umwelt"

✔ Praxistips zum Umgang mit Papier

Wissenswertes

Recycling auch im Büro?

Recycling bildet einen wichtigen Faktor zur Verringerung der Abfallmengen. Daneben werden teure Rohstoffe und Energie eingespart. Wiederverwertbar sind u. a. Papier, Glas, Metalle und einige Kunststoffe. Voraussetzung für Recycling ist die Trennung des Mülls.

Dies kann im Büro am Arbeitsplatz erfolgen. Erforderlich ist ein zweiter „grüner" Papierkorb für wiederverwertbares Papier. Weiterhin sollte ein Behälter für Sondermüll vorhanden sein, denn ausgediente Farbbänder und Tonerpatronen von Kopiergeräten gehören unter keinen Umständen in den Hausmüll.

Aus dem Lexikon

Recycling = Wiederverwendung bereits benutzter Rohstoffe

UWS = Abk. für Umweltschutz, z. B. UWS-Papier

Der Standpunkt

A: „Das papierlose Büro ist in greifbarer Nähe."

B: „Papier gibt es noch in 50 Jahren im Büro."

Über 150 kg Papier, Karton und Pappe verbraucht der Bundesbürger in einem Jahr – Jahr für Jahr.

„Auch wenn Papier nicht wiederverwendet wird, macht es kaum Probleme: ‚Es löst sich auf – wie ein Blatt vom Baum.'"

Ein riesiges Durcheinander

Das Preußische Ministerium für Handel und Gewerbe erlaubte ab 1897 für die Korrespondenz mit Behörden statt der Handschrift die Schreibmaschinenschrift. Geschrieben wurde auf das hohe Aktenformat (210 x 330 mm). Die Wirtschaft bevorzugte das breitere Quartformat (220 x 280 mm) oder bei kürzeren Mitteilungen das Oktavformat (140 x 220 mm). Dieses Durcheinander löste endlich 1922 die Norm DIN 476 auf: Das Format A4 setzte sich durch.

Zur Vereinfachung des Briefversandes wurden die in der Norm DIN 680 erwähnten Fensterbriefhüllen geschaffen. Die Fensterbriefhüllen haben zwei entscheidende Vorteile: Das doppelte Schreiben der Anschrift ist unnötig. Weiterhin ist es nicht mehr möglich, einen Brief in eine Briefhülle mit einer falschen Anschrift zu stecken – was peinlich sein kann.

2.1.1 Papierherstellung

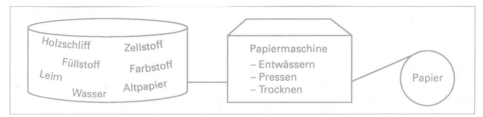

Papier benötigt bei der Herstellung viel Energie: Strom für die Antriebsmotoren, Dampf für den Trocknungsprozeß.

Holz ist der Hauptrohstoff für die Papierherstellung. Holz wird zunächst durch mechanisches Schleifen (Holzschliff) oder durch Aufkochen mit Chemikalien (Zellstoff) zu einem Halbstoff aufbereitet. Daneben können Altpapier, Stroh und Hadern als Rohstoffe für die Papierherstellung verwendet werden. Zusammen mit Hilfsstoffen, wie Farbe, Leim, Füllstoffe und sehr viel Wasser, wird daraus ein Ganzstoff hergestellt. Das ist der Faserbrei, der dann in der Papiermaschine durch Entwässern, Pressen und Trocknen zu einer dünnen Papierbahn weiterverarbeitet wird, anschließend erfolgt die Veredelung.

2.1.2 Papierformate

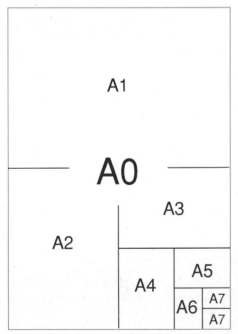

Das Format A0 (841 x 1189 mm = 1 m²) ist das Ausgangsformat für die Hauptreihe (A-Reihe). Durch Halbieren der längeren Seiten entstehen die jeweils kleineren Formate.

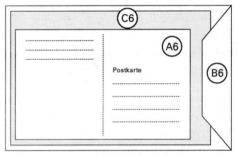

Neben der A-Reihe gibt es z. B. noch die C- und B-Formate für Briefhüllen, Aktendeckel oder Mappen. Dabei gilt: A paßt in C, und C paßt in B.

DIN 476 normt die Papierformate. Ein wichtiges Format für die Büropraxis ist das Format A4 mit einer Größe von 210 x 297 mm. Je nach Beschriftung spricht man von A4 hoch oder A4 quer. Im Bereich der Datenverarbeitung werden auch Papiere verwendet, die nicht den DIN-Formaten entsprechen. Dazu zählen z. B. Endlosformulare, die in der Weiterverarbeitung oftmals unhandlich sind.

398226

2.1.3 Papierarten

Das **Papiergewicht** bezieht sich auf das Ausgangsformat A0 mit einem Flächeninhalt von 1 m². Steht auf einem Papierpaket mit A4-Papier die Gewichtsangabe von 80 g/m², dann wiegt 1 m² (16 Blatt A4) dieses Papieres 80 g.

Bei der Papierherstellung richten sich die Papierfasern nach der Laufrichtung über ein Sieb aus. Je nachdem, wie das Papier geschnitten wird, unterscheidet man Breitbahn- und Schmalbahnpapier. Beim **Schmalbahnpapier** verlaufen die Fasern parallel zur längeren Papierseite. Dies garantiert einen einwandfreien Transport des Blattes in einem Kopiergerät oder Laserdrucker. Das Papierpaket ist mit „Schmalbahn" oder „SB" gekennzeichnet.

Zeitungspapier hat einen hohen Anteil an mechanisch zerfasertem Holz (Holzschliff), es ist holzhaltig. Demgegenüber enthält **holzfreies Papier** nur chemisch aufgeschlossenes Holz (Zellstoff).

Qualitativ sehr hochwertige Papiere haben ein Wasserzeichen. Dies kann z. B. ein Markenname sein, den man deutlich sieht, wenn man das Blatt gegen das Licht hält. Papiere mit Wasserzeichen sind wesentlich teurer.

Recyclingpapier (UWS-Papier) besteht überwiegend aus Altpapier. Während Recyclingpapier Mitte der 80er oftmals als primitiv oder billig vom Anwender beurteilt wurde, beweisen heute Tests, daß die Qualität des preisgünstigen Recyclingpapiers dem herkömmlichen Papier entspricht.

Neben der **Farbe** Weiß gibt es Papier – auch Recyclingpapier – in farbiger Ausführung. Farbiges Papier kann ein preiswertes Mittel zur Rationalisierung im Büro sein. Farbe erleichtert das Sortieren, Ablegen und Suchen.

Das Wort „**Computer-Papier**" oder „EDV-Papier" wird im Bürobereich für Papiere verwendet, die für Drucker mit Endlospapiereinrichtung geeignet sind. Computer-Papiere haben beidseitig einen Führungslochrand und sind perforiert. Die Perforation erleichtert das Abtrennen der Ränder und der einzelnen Blätter voneinander. Papiere mit Mikroperforation haben eine glatte Schnittkante an allen vier Seiten.

Büropapiere (Auswahl)

Name	Größe	Gewicht	Bemerkung
Durchschlagpapier	A4	40 g/m²	gelocht oder ungelocht
Stenoblock, Notizblock	A5	60 g/m²	mit oder ohne Mittellinie
Schreibmaschinenpapier	A4	80 g/m²	Recyclingpapier
Bankpostpapier	A4	80 g/m²	mit Wasserzeichen
Kopierpapier	A4	80 g/m²	Schmalbahn, auch farbig
Computer-Papier	12" x 240 mm	70 g/m²	Mikroperforation

2.1.4 Briefhüllen

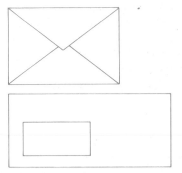

Briefhüllen gibt es in zahlreichen DIN-Formaten, Qualitäten und Farben. Der Verschluß kann gummiert oder selbstklebend sein. Praktisch sind **Fensterbriefhüllen,** denn das wiederholte Schreiben der Anschrift entfällt. Gebräuchlich ist dabei das Format DL (DIN lang) für A4-Briefe, die auf 1/3 A4 gefaltet werden. **Luftpostbriefhüllen** eignen sich als Umhüllung für Luftpostleichtbriefe (Aerogramme).

oben: Form U, Briefumschlag,
unten: Fensterbriefhülle DL

Daneben ist eine Vielzahl von **Versandtaschen** mit unterschiedlichen Abmessungen im Handel erhältlich. Gepolsterte Versandtaschen bieten einen stabilen Schutz bei gleichzeitig geringem Eigengewicht. Musterbeutel eignen sich zum Versand von kleinen Gegenständen. Wiederverwendbare Dauerversandtaschen aus Kunststoff dienen dem Versand der Briefpost oder Datenträgern.

Der Praxistip

☛ Computer-Papiere mit der Bezeichnung „12 Zoll x 240 mm A4 hoch" entsprechen in der Länge nicht genau dem Format A4. Nur EDV-Papiere mit der Abmessung 11 4/6 Zoll x 210 mm stimmen exakt mit dem A4-Format überein.

☛ 1 Zoll (1") = 1 inch (angelsächs. Längenmaß) = 2,54 cm

☛ Bei Grafikprogrammen im AC-Bereich entspricht „Portrait" dem Hochformat, „Landscap" steht für das Querformat.

☛ Der Einsatz von Recyclingpapier – auch beim Kopieren – spart Geld.

☛ Die Post erlaubt das Wiederverwenden von Briefhüllen.

Auf einen Blick

▶ Der Hauptrohstoff für die Papierherstellung ist Holz.

▶ Die Papierformate sind genormt, A4 hat die Größe von 210 x 297 mm.

▶ Das Papiergewicht bezieht sich auf das Ausgangsformat A0 (= 1 m²).

▶ Schmalbahnpapier eignet sich für Kopiergeräte und Druckmaschinen.

▶ Recyclingpapier schont die Umwelt – beim Herstellen und Vernichten.

▶ Briefhüllen und Versandtaschen gibt es in vielfältiger Ausführung.

DIN 476

398228

Aufgaben

1. Beschreiben Sie mit Ihren Worten die Herstellung von Papier: a) früher (im alten China) und b) heute.

2. Warum gibt es keine Briefhülle im Format A0?

3. Wie viele Visitenkarten (Format A8) lassen sich auf ein A4-Blatt drucken?

4. Wie entstehen – von A0 ausgehend – die kleineren Formate der A-Reihe?

5. Worauf bezieht sich das Papiergewicht?

6. Erklären Sie diese Begriffe stichwortartig: Aerogramm, B4-Versandtasche, Computerpapier, Durchschlagpapier, Landscap, Mikroperforation, Quartformat, Recyclingpapier, Schmalbahnpapier, UWS-Papier.

7. Welche Eigenschaften hat holzfreies Papier?

8. Zählen Sie 20 Gebrauchsformen von Papier aus dem Bereich „Alltag und Büro" auf.

9. Diskutieren Sie diese Aussage: „Der Rohstoff Holz ist eigentlich zu schade, um daraus Zeitungen herzustellen, die in der Regel noch am gleichen Tag in den Papierkorb wandern."

10. Ein sparsamer Mitarbeiter im Büro wirft „nutzlose" A4-Seiten nicht in den Papierkorb, sondern sammelt sie und verwendet die unbeschriftete Rückseite als Notizzettel. Was halten Sie davon?

11. Was sagen Ihnen diese Aufkleber auf einem Papierpaket?

> **Computer-Papier**
> **Listing Paper**
> **Papier ordinateur**
>
> 500   Blatt/sheets/feuilles
>
> 12 x 240 mm, 80 g/m²
> holzfrei/woodfree/sans bois

12. Warum bekommt man Probleme (Ausdruck verschiebt sich), wenn man das in Aufgabe 11 angesprochene Papier mit dem AC verarbeitet und das Textverarbeitungsprogramm auf A4 einstellt?

13. Erläutern Sie mit Ihren Worten die folgende Grafik:

Kostenersparnis mit Recyclingpapier (in Tausend DM)

☐ Recyclingpapier statt Standardpapier
☐ Recyclingpapier statt Papier mit Topqualität

14. Finden Sie mindestens 10 Vorschläge, die wachsende Papierflut im Büro sinnvoll einzudämmen.

2.2 Normung und Vordrucke

Diese Lektion informiert Sie über:

✔ die Bedeutung von DIN-Normen

✔ den Einsatz von Vordrucken im Büro

✔ Regeln für die Gestaltung von Vordrucken

✔ Hinweise zum Beschriften von Vordrucken

✔ Praxistips zur Anwendung von Normen

Wissenswertes

Geschäftspapiere von damals

Die Vorläufer der heutigen Geschäftspapiere reichen bis in das 16. Jahrhundert zurück. Zu Beginn des 17. Jahrhunderts entwickelten sich Geschäftskarten, mit denen Handwerker und Unternehmer um die Gunst der Kunden warben. Die Geschäftskorrespondenz sollte das Unternehmen repräsentieren: Größe, Bedeutung, Tradition und Solidität.

Im 19. Jahrhundert schmückte man Briefblätter mit künstlerischen Elementen, wie Wappen, Symbole und kaufmännische Schmuckgrafik. Die Abbildung von Firmengebäude und Medaillen für ausgezeichnete Produkte wurde zum Modegag.

Die Volksrepublik China hat das DIN-Regelwerk mit über 22 000 Normen übernommen. Anpassungen sollen „systemgerecht" erfolgen.

DIN 820 Teil 3 sagt selbst:

„Normung ist die planmäßige, durch die interessierten Kreise gemeinschaftlich durchgeführte Vereinheitlichung von materiellen und immateriellen Gegenständen zum Nutzen der Allgemeinheit."

Aus dem Lexikon

DIN = Abk. für Deutsches Institut für Normung e. V. mit Sitz in Berlin

Formular = Blatt, auf dem bestimmte Fragen schriftlich zu beantworten sind

Die aktuelle Frage

„Wer entwirft eigentlich die Vordrucke, bei denen der Zeilenabstand nie richtig ist?"

„Geschäftspapiere sind die Visitenkarte eines jeden Unternehmens."

Aus der Geschichte der Normung

1917 Gründung in Berlin: „Normenausschuß der Deutschen Industrie"

1922 Erste Norm für das Büro: DIN 476 Papierformate

1936 Anordnung, Schulbücher und -hefte nur noch in genormten Formaten herzustellen

1975 Namensänderung: „DIN Deutsches Institut für Normung e. V."

398230

2.2.1 Die Normung

Die Normung findet man überall: An der Tankstelle entspricht das Benzin einer Norm, der Ziegelstein ist genormt, die Tastatur hat ebenso eine Norm wie die Kugelschreibermine. Neben Gegenständen gibt es z. B. die Regeln für Maschinenschreiben oder die Regeln für die alphabetische Ordnung, die auch genormt sind.

Hersteller, Händler und Verbraucher sind Mitglieder der Normenausschüsse. Für den Bürobereich sind z. B. die Ausschüsse „Bürowesen" sowie „Papier und Pappe" zuständig. Normenausschüsse entwickeln Normen, die der Öffentlichkeit als „Gelbdruck" vorgestellt werden.

Jedermann, der ein berechtigtes Interesse nachweist, kann gegen einen Normentwurf Einspruch erheben. In weiteren Sitzungen berät der Normenausschuß über diese Einsprüche. Bei der Abschlußsitzung wird endgültig über die neue oder geänderte Norm entschieden. Das Ergebnis wird als DIN-Norm auf weißes Papier gedruckt und veröffentlicht. Die Norm mit dem jeweils neuesten Datum gilt.

Wichtige Normen (Auswahl, T = Teil)

DIN	Titel
2140 T 1	Büro- und Datentechnik; Textsysteme, Begriffe und Einteilung
5008	Regeln für Maschinenschreiben
9784 T 1	Büro- und Datentechnik; Drucker; Begriffe und Einteilung
32 742 T 7	Büro- und Datentechnik; Fernkopierer; Testvorlage
32 743 T 5	Büro- und Datentechnik; Endgeräte für die Textkommunikation; Papierformate, Schreibfeld, Textbegrenzung
32 748 T 1	Büro- und Datentechnik; Arbeitsplatz-Computer; Begriffe und Einteilung
33 400	Gestalten von Arbeitssystemen nach arbeitswissenschaftlichen Erkenntnissen; Begriffe und allgemeine Leitsätze
33 851	Büro- und Datentechnik; Gestaltung von Schriftstücken zur Übertragung mit technischen Kommunikationsmitteln

2.2.2 Vordrucke

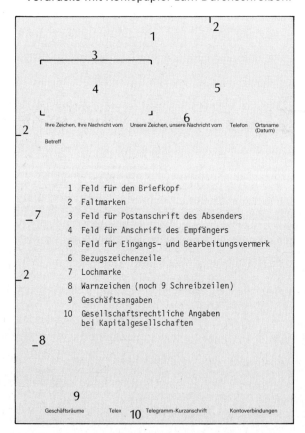

Im Büro findet man genormte und nicht genormte Vordrucke für zahlreiche Anwendungsgebiete.

„Von der Wiege bis zur Bahre – Formulare, Formulare ...".

Auch im Bürobereich gibt es zahlreiche Vordrucke, z. B. der Geschäftsbrief, die Kurzmitteilung oder eine Telefonnotiz ebenso wie die Reisekostenabrechnung, der Lieferschein, die Rechnung oder eine Quittung. Vordrucke können die Arbeit erleichtern und wesentlich beschleunigen.

Das Beschriften der Vordrucke erfolgt in der Regel von der Hand oder mit einer Maschine. Selbstdurchschreibende Vordrucksätze sind praktischer (und teurer) als Vordrucke mit Kohlepapier zum Durchschreiben.

```
 1  Feld für den Briefkopf
 2  Faltmarken
 3  Feld für Postanschrift des Absenders
 4  Feld für Anschrift des Empfängers
 5  Feld für Eingangs- und Bearbeitungsvermerk
 6  Bezugszeichenzeile
 7  Lochmarke
 8  Warnzeichen (noch 9 Schreibzeilen)
 9  Geschäftsangaben
10  Gesellschaftsrechtliche Angaben
    bei Kapitalgesellschaften
```

„Diese Norm soll dazu dienen, den Schriftverkehr durch einheitliche Anwendung der Vordrucke für Geschäftsbriefe zu erleichtern."

Ein wichtiger Vordruck im Büro ist der nach DIN 676 genormte **Geschäftsbrief** im Format A4. Daneben zeigt die Norm DIN 4991 Mustervordrucke für Anfrage, Angebot, Bestellung, Bestellungsannahme, Lieferschein und Rechnung.

Die **Kurzmitteilung** enthält zahlreiche Stichworte, die der Absender durch Ankreuzen markiert. Die Kurzmitteilung nach DIN 5012 ist so gestaltet, daß die Anschrift in eine Fensterbriefhülle DL paßt.

Der **Pendelbrief** entspricht dem Geschäftsbrief. Zum Beschriften mit der Hand ist der Vordruck liniert. Auf die linke Seite oder den oberen Teil schreibt der Absender seine Mitteilung, auf die rechte Seite oder den unteren Teil der Empfänger seine Antwort. Beide behalten den Durchschlag zurück.

Bei einer **Blitzantwort** schreibt der Empfänger seine Mitteilung auf das Original, fertigt eine Kopie an und sendet das Original wieder zurück.

398232

2.2.3 Vordruckgestaltung

Tag für Tag werben Unternehmen durch die Art, wie sie bei ihren Geschäftspartnern in Erscheinung treten: mit den Geschäftspapieren. Neben der eigentlichen Information vermitteln Geschäftsbriefe durch Gestaltung, Schriftart, Druck und Papier den ersten entscheidenden Eindruck. Geschäftsdrucksachen sollen ein einheitliches Erscheinungsbild vermitteln („Corporate Identity"). Dabei sind die für die Gestaltung bestehenden Normen ebenso wichtig wie das Widerspiegeln des Unternehmens, der Behörde oder der Privatperson.

Geschäftsvordrucke spiegeln das Bild der Unternehmen wider.

Praktisch ist Abrechnung für Teilzeitkräfte.

Eine Gesprächsnotiz ist immer nützlich.

Die Wirkung der einzelnen Farben spielt bei der Entwicklung erfolgreicher Geschäftspapiere eine große Rolle. Farben prägen das Erscheinungsbild einer Firma. Das Briefblatt einer Boutique fällt z. B. sehr modisch aus, demgegenüber wirkt der Briefvordruck eines Bankinstituts eher seriös.

Zum Beschriften mit der Hand benötigt ein Vordruck einen anderen Zeilenabstand als bei der Beschriftung mit der Schreibmaschine oder mit Computern. Die Anordnung einzelner Elemente eines Geschäftsvordruckes muß abgestimmt werden mit der Schrift und dem Zeilenabstand des Druckers. Vordrucke müssen sich nach der Maschine richten – nicht umgekehrt.

Die folgenden Regeln helfen, Fehler bei der Vordruckgestaltung zu vermeiden.

- Einheitliche Formate verwenden
- Datenfelder in der richtigen Reihenfolge anordnen
- Klare Vordruckbezeichnung in gut erkennbarer Schriftgröße wählen
- Kundenfreundliche Sprache in Zusatztexten formulieren

- Hinweise farbig hervorheben
- Felder für Bearbeitungsvermerke verständlich bezeichnen
- Erforderliche Abkürzungen im Fuß des Vordruckes erläutern
- Mehrere Unterschriftsfelder deutlich kennzeichnen

Der Praxistip

☞ Normen erhält man auf Bestellung im Buchhandel oder direkt beim Beuth-Verlag in 1000 Berlin 30.

☞ Das Anwenden von DIN-Normen ist freiwillig. In der Schule sind jedoch DIN 5008 Regeln für Maschinenschreiben und DIN 5009 Regeln für das Phonodiktat verbindlich für den Unterricht und die Leistungsbewertung.

☞ Vordrucke für nahezu alle geschäftlichen Bereiche gibt es in unterschiedlichen Formaten im Bürofachhandel.

☞ Beträgt der Zeilenabstand 8,46 mm, läßt sich der Vordruck sowohl von Hand als auch mit einer Maschine zeilengerecht ausfüllen.

Auf einen Blick

▶ Viele Normen behandeln das Büro.

▶ Vorteile der Normung sind z. B. rationelle Fertigung, geringer Lagerbestand, schnelle Ersatzteilbeschaffung und Kostensenkung.

▶ Einheitliche Vordrucke erleichtern und beschleunigen die Arbeit.

▶ DIN 676 normt den Geschäftsbrief.

▶ Geschäftsbriefe sind die Visitenkarte jedes Unternehmens, sie geben den „ersten Eindruck" wieder.

▶ Fehler sollten schon beim Entwurf von Vordrucken vermieden werden.

398234

Aufgaben

1. In welchem Jahr wurde die erste Norm für das Büro veröffentlicht?

2. Beschreiben Sie kurz, wie eine Norm entsteht.

3. Zählen Sie je 10 Normen auf, die im Alltag bzw. im Büro zu finden sind.

4. Bei der Ersatzbeschaffung von Farbbändern war es bei Typenhebelschreibmaschinen sehr einfach: Alle Farbbänder waren auf einer DIN-Spule erhältlich. Heute kann es vorkommen, daß es selbst innerhalb eines Fabrikates Modelle mit unterschiedlichen Farbbandkassetten gibt. Auch bei Farbbändern für Nadeldrucker ist die Vielfalt der Farbbandarten unübersehbar. Ein Bürobedarfskatalog wirbt so: „Bei uns bekommen Sie sofort das passende Farbband. Mehr als 3 000 Typen sind sofort lieferbar." Was halten Sie davon?

5. Vergleichen Sie doch einmal mehrere Kugelschreiberminen (klein, normal, mit Großraummine). Entsprechen alle Minen einer Norm?

6. Müssen Normen zwingend angewandt werden?

7. Welche Normen sind im Unterricht an Schulen verbindlich?

8. Diskutieren Sie die Aussage: „Geschäftspapiere sind die Visitenkarte eines jeden Unternehmens – auch im Zeitalter des Computerbriefes."

9. Im Mittelalter kannte man schon „Geschäftskarten". Wozu dienten diese Karten?

10. Beschreiben Sie kurz die Unterschiede zwischen einer Kurzmitteilung, einem Pendelbrief und einer Blitzantwort.

11. „Corporate Identity" ist ein Schlagwort unserer Zeit. Was versteht man darunter?

12. Entwerfen Sie je drei völlig unterschiedliche Briefköpfe für Unternehmen Ihrer Wahl. Welche Überlegungen liegen Ihrer Gestaltung zu Grunde?

13. Was halten Sie von der Gestaltung dieses Vordrucks, wenn Sie die Beschriftung mit einer Schreibmaschine vornehmen möchten?

Lohn-/Gehaltsabrechnung

Firma (Stempel)

Name _____

Zeitraum _____ Nr _____

Gehalt/ _____ Std. ...... à DM _____
Weihnachts-/Urlaubsgeld _____
_____ Überstunden .... à DM _____
Überstd.-/Akkord-Zuschläge _____
Sonderzahlung/Sachbezüge _____
Sonn-, Feiertags- und Nachtzuschläge aus Grundlohn DM _____
Fahrgeld-Erstattung _____

Vermögenswirksame Leistungen des Arbeitgebers

Brutto-Verdienst
Lohnsteuer-Freibetrag _____
Lohnsteuer Kl _____ aus
Kirchensteuer ev _____ kath _____
Sozial-versicherungs-beiträge Krankenkasse
Arbeitnehmer-anteil Rentenversicherung
  Arbeitslosenversicherung
Vorschuß/Abschlagszahlungen _____
Vermögenswirks. Leistg. an _____

Sonn-, Feiertags- und Nachtzuschläge _____
Auslagen-Erstattung _____
Ersatzkassen-Erstatt./Zuschuß z. freiw. Krankenvers. _____

Errechnet   **Auszuzahlender Betrag** _____

Datum _____   Abrechnung anerkannt und Betrag richtig erhalten

Zeichen _____   Datum _____   Unterschrift _____

14. Wie würden Sie das Problem in der Aufgabe 13 lösen?

15. Entwerfen Sie für die Personalabteilung einen Kurzbrief mit folgendem Inhalt: Antwort an Bewerber (z. B. Bewerber soll sich vorstellen, Bewerber soll sich noch gedulden, Bewerber kann nicht berücksichtigt werden, Bewerbungsunterlagen zurück, Bewerbungsunterlagen unvollständig ...).

16. Formulieren Sie zehn Regeln, die Fehler beim Entwerfen von Vordrucken verhindern sollen. Berücksichtigen Sie dabei auch Ihre Erfahrungen mit Vordrucken.

3　Die Postbearbeitung

Im Altertum gab es lediglich Boteneinrichtungen der Herrscher zur Beförderung von Regierungssachen. Der römische Kaiser Augustus faßte Reiter und Fuhrwerke im „cursus publicus" – einer Nachrichten- und Personenbeförderung zusammen.

Die ersten postähnlichen Einrichtungen wurden im 14./15. Jahrhundert in Italien zur Beförderung von Nachrichten und Briefen geschaffen. Beförderungsmittel war der reitende Bote. Die Stationen, wo Pferde und Boten gewechselt wurden, nannte man italienisch posta.

Albrecht Dürer mußte um 1490 persönlich dem Motiv für sein Bild begegnet sein „Das Postreiterlein".

1490 beauftragte Kaiser Maximilian I. den Kurierexperten im Auftrag des Papstes, Franz von Taxis, einen regelmäßigen Botendienst aufzubauen. Stafettenreiter sollten auf der wichtigen Verbindung von Innsbruck nach Mechelen in Belgien kaiserliche Depeschen und auch private Briefe durch das Kaiserreich tragen: die erste öffentliche Postlinie. Später verband ein Postnetz große Teile von Europa.

1840 ist ein Meilenstein in der Postgeschichte: Einführung der Briefmarke durch Rowland Hill in Großbritannien.

1871 wurde die Deutsche Reichspost gegründet. 1878 kam es auf Anregung des Generalpostmeisters Heinrich von Stephan zur Gründung des internationalen Weltpostvereins.

398236

3.1 Posteingang und Büroförderanlagen

Diese Lektion informiert Sie über:

✔ wichtige rechtliche Bestimmungen im Bereich der Postzustellung

✔ den Arbeitsablauf und die Tätigkeiten beim Posteingang

✔ Geräte und Maschinen, die im Posteingang eingesetzt werden

✔ Büroförderanlagen zum Transport von Schriftgut und Akten

✔ praktische Tips im Posteingang

Wissenswertes

Eine bedeutende Neuheit dieses Jahrzehnts

Das neue Posteingangssystem verringert geisttötende Routinearbeit.

Briefhüllen bis 4 mm Dicke werden unsortiert in den Anlageschacht gestapelt, vom System zugeführt, durch Schlitzmesser an 2 Seiten geöffnet und taktweise zur Entnahmestation befördert. Saugluft öffnet den Umschlag, der Inhalt kann entnommen werden.

Das System paßt sich automatisch dem Bedienungstempo an. Sofort nach Entnahme des Inhalts rückt der nächste Umschlag blitzschnell in die Entnahmestation.

Grundgesetz Artikel 10

(1) Das Briefgeheimnis sowie das Post- und Fernmeldegeheimnis sind unverletzlich.

(2) Beschränkungen dürfen nur auf Grund eines Gesetzes angeordnet werden.

Postlagernde Sendungen werden beim Zustellpostamt 14 Werktage zur Abholung bereitgehalten (Nachnahmesendungen 7 Werktage).*)

Gewöhnliche Briefsendungen gelten als zugestellt, wenn sie in einen für den Empfänger bestimmten Hausbriefkasten eingelegt sind.*)

Ein Einschreibbrief mit dem Vermerk „Eigenhändig" darf nicht an Verwandte oder sonstige Hausbewohner ausgeliefert werden. *)

„An A unter der Adresse von X"

„An A wohnhaft bei Y"

„An A in Firma Z"

Empfangsberechtigt ist nur A, sein Ehegatte oder sein Postbevollmächtigter. X, Y, Z gilt nicht als Empfänger.*)

Strafgesetzbuch § 299

(1) Wer einen verschlossenen Brief oder eine andere verschlossene Urkunde, die nicht zu seiner Kenntnisnahme bestimmt ist, vorsätzlich und unbefugterweise öffnet, wird mit Geldstrafe oder mit Gefängnis bis zu drei Monaten bestraft.

(2) Die Verfolgung tritt nur auf Antrag ein.

*) Allgemeine Geschäftsbedingungen der Deutschen Bundespost POSTDIENST

3.1.1 Der Posteingang

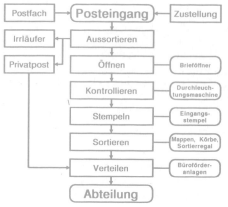

Bei der **Zustellung** wird die Post morgens ins Haus gebracht. Das **Postfach** im Postamt hat den Vorteil, daß die Post frühzeitig und mehrmals am Tage selbst abgeholt werden kann. Sendungen, die der Postfachempfänger quittieren muß – z. B. Einschreiben – erhält der Abholer am Postschalter. Ein Auslieferungsschein im Postfach weist darauf hin.

Empfangsberechtigt bei einem kleinen Betrieb ist in der Regel der Inhaber. Bei größeren Unternehmen und Behörden darf jede Person mit Postvollmacht Sendungen entgegennehmen.

Ist die Post in der Posteingangsstelle, erfolgt das **Aussortieren** von Irrläufern und Privatpost. Nur die Geschäftspost darf geöffnet werden (§ 45 der Postordnung). Der Zusatz „z. H." (zu Händen) sagt nur, daß die Sendung eine bestimmte Person erreichen soll. Empfangsberechtigt ist derjenige, der an erster Stelle in der Anschrift steht. Irrläufer gibt man an das Postamt zurück.

Das **Öffnen** der Post erfolgt mit einem Brieföffner oder mit Brieföffnermaschinen, die einen schmalen Streifen an der Briefhülle abschneiden. Das Kontrollieren der Briefhüllen nach dem Öffnen der Post ist sehr wichtig: Ist die Briefhülle wirklich leer? Sind die angegebenen Anlagen auch mitgesandt worden? Eine Durchleuchtungsmaschine erleichtert bei großen Postmengen die Arbeit.

Durch das **Stempeln** der Post mit dem Eingangsstempel ist das Eingangsdatum jederzeit nachweisbar. Briefe werden neben dem Anschriftfeld gestempelt (Ausnahme: Dokumente). Eingangsstempel gibt es in verschiedenen Ausführungen, z. B. mit einem Verteilerschlüssel und einem Erledigungsvermerk.

Beim **Sortieren** nach Sachbearbeitern oder Abteilungen helfen Mappen, Körbe oder ein Sortierregal. Zum **Verteilen** der Post gibt es die Selbstabholung im Postraum, einen Botendienst oder Büroförderanlagen.

```
Computer-Shop
z. H. Frau Eva Sommer
Postfach 47 11

5400 Koblenz
```

```
Frau
Eva Sommer
Computer-Shop
Postfach 47 11

5400 Koblenz
```

Geschäftsbrief   *Privatbrief*

398238

Die Durchleuchtungsmaschine kontrolliert, ob die geöffnete Briefhülle auch wirklich leer ist.

Wichtig ist beim Eingangsstempel, daß täglich das neue Datum eingestellt wird.

Posteingangssystem

Briefhüllen   Sortierfächer   Datierer (Elektrischer Posteingangs-stempel)

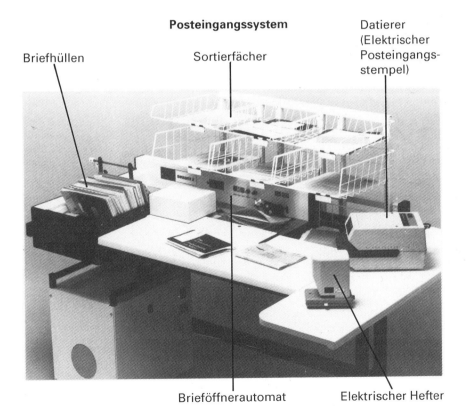

Brieföffnerautomat   Elektrischer Hefter

Das Posteingangssystem ermöglicht rationelles Arbeiten in einem Arbeitsgang.

3.1.2 Büroförderanlagen

Mit einer **Rohrpost** lassen sich einzelne Belege, dünne Aktenstücke oder kleinere Gegenstände sehr schnell transportieren. Rohrleitungen verbinden die einzelnen Sende- und Empfangsstationen. Druck- oder Saugluft transportieren die Rohrpostbüchsen durch das Leitungssystem.

Förderbandanlagen arbeiten ähnlich wie ein Fließband. Gegenüber der Rohrpost sind die Einsatzmöglichkeiten begrenzt, weil ein Transport nur in einer Ebene stattfinden kann.

Schienenförderanlagen bestehen aus einem Streckennetz mit Profilschienen und verschließbaren Behältern. Ein Elektromotor treibt den Behälter an. Im Gegensatz zur Rohrpost lassen sich Ordner, Bücher und Akten transportieren.

Der **selbstfahrende Umlaufwagen** transportiert umfangreiches Schriftgut automatisch zu den verschiedenen Arbeitsbereichen. Der Weg des Wagens läßt sich einstellen. Zum Erreichen anderer Stockwerke ruft und benutzt der Umlaufwagen selbständig Aufzüge, die Türen werden elektronisch geöffnet. Sicherheitsstoßstangen stoppen das Fahrzeug, falls es gegen ein Hindernis fährt.

Der Praxistip

☞ Skontoabzug bei Rechnungen zählt – falls nichts anderes vereinbart ist – ab dem Rechnungseingang und nicht ab dem Rechnungsdatum. Deshalb ist der Eingangsstempel hier von besonderer Bedeutung.

☞ Stempelfarben ohne Öl schmieren nicht.

☞ Elektrostempel mit Uhrzeitausdruck eignen sich besonders für Behörden mit rechtlich bedeutsamem Schriftverkehr.

☞ Ein Heftgerät läßt sich umstellen: feste Heftung und lösbare Heftung. Deshalb heftet man einen Scheck mit lösbarer Heftung an das Schreiben.

☞ Versandtaschen mit (oder aus) Kunststoff gehören nicht in den Papierkorb für Altpapier.

Auf einen Blick

▶ Das Grundgesetz schützt das Briefgeheimnis. Nur Geschäftspost darf geöffnet werden.

▶ Die Haupttätigkeiten im Posteingang sind: Sortieren, Öffnen, Kontrollieren, Stempeln, Sortieren und Verteilen der Post. S.40 Nr. 4

▶ Der Eingangsstempel dient dem Nachweis des Eingangsdatums.

▶ Ein Posteingangssystem rationalisiert die Postbearbeitung. Zum Befördern gibt es Rohrpost, Förderbandanlagen, Schienenförderanlagen und automatische Umlaufwagen. Nr. 3

398240

Aufgaben

1. Woher stammt der Name „Post"? *S. 36*

2. Nennen Sie einige Meilensteine in der Geschichte des Postwesens. *S. 36*

3. Welche Gesetze und Verordnungen befassen sich mit „Briefen"? *Grundgesetz, Strafgesetzbuch* *1830 1971 1878*

4. Zählen Sie die Tätigkeiten im Posteingang in der richtigen Reihenfolge auf. *S. 40*

5. Welche maschinellen Hilfsmittel des Posteingangs sind Ihnen bekannt? *S. 39*

6. Darf ein Brief mit dieser Anschrift im Posteingang geöffnet werden? Begründen Sie Ihre Antwort. *Nein*

> Herrn Prokurist
> Wolfgang Töpfermann
> Westerwaldkeramik GmbH
> Postfach 20 70
>
> 5430 Montabaur

7. Schreiben Sie zwei Vorteile auf, die ein Postfach hat.

8. Erteilen Sie einer Person Ihrer Wahl eine Postvollmacht (Vordrucke dafür beim Postamt besorgen).

9. Beschreiben Sie in Stichworten die Funktion eines Posteingangssystems. *S. 40*

10. Im Posteingang stellen Sie beim Öffnen eines Briefes fest, daß der in den Anlagen aufgeführte Scheck über 500 DM nicht beiliegt. Wie verhalten Sie sich?

11. Was unternehmen Sie mit „Irrläufern"?

12. Sie erhalten heute eine Rechnung mit dem Rechnungsdatum von vor 10 Tagen. Was muß unternommen werden?

13. Welche Schriftstücke sollten nicht mit dem Eingangsstempel gekennzeichnet werden? *Dokumente*

14. Entwerfen Sie Muster für einen Eingangsstempel mit einem Unternehmen Ihrer Wahl.

15. Welche Büroförderanlagen sind Ihnen bekannt? *S. 40 3.1, 2.*

16. Die untere Abbildung zeigt eine Rohrpostanlage in einem kleineren Kfz-Betrieb. Beschreiben Sie diese Anlage (grundsätzliche Funktion, Arbeitsablauf, Vor- und Nachteile). *Nacht. das wichtige Dinge vielleicht bei Kasse erst zu spät kommt.*

Rohrpostanlage

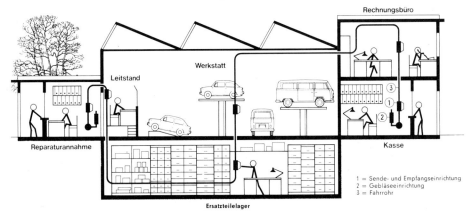

1 = Sende- und Empfangseinrichtung
2 = Gebläseeinrichtung
3 = Fahrrohr

3.2 Postausgang und Postdienste

Diese Lektion informiert Sie über:

✔ den Arbeitsablauf und die Tätigkeiten beim Postausgang

✔ die Besonderheiten beim Bearbeiten der Ausgangspost

✔ Merkmale bei Sendungsarten und Zusätzlichen Leistungen

✔ Möglichkeiten zum Versand gemäß Postordnung

✔ Praxistips für den Postausgang

Wissenswertes

Auszug aus einer Betriebsanweisung der Post-stelle eines großen Unternehmens:
Beim Standardbrief sind folgende Merkmale zu beachten:

Gewicht:	bis 20 g
Länge:	zwischen 14,0 und 23,5 cm
Breite:	zwischen 9,0 und 12,5 cm
Höhe:	bis 0,5 cm

Der kleine Unterschied
Man unterscheidet zwischen „Falzen" und „Falten". Das Falzen drückt eine höhere Qualität der „Teilung von Papierformaten" aus. Brieffalzmaschinen werden eingesetzt, um Schriftstücke automatisch und mit hoher Geschwindigkeit zu falzen.

Über Kosten
informiert das von der Deutschen Bundespost POSTDIENST, Bereich Unternehmenskommunikation, 5300 Bonn 1, herausgegebene Heft „Was kostet wieviel?" Es enthält die wichtigsten Bestimmungen über Entgelte (Gebühren) und ist bei jedem Postamt kostenlos erhältlich.

Das Adressieren von Massenpost
Für diese Büroarbeit bieten sich die folgenden Möglichkeiten an:

1. Wie bei der Tagespost werden Fensterbriefhüllen verwendet.
2. Es werden Etiketten aufgeklebt, die mit einem Kopiergerät, Drucker, Adreßcomputer oder Etikettierautomat erstellt werden.

Informieren Sie sich über die verschiedenen Möglichkeiten anhand von Prospekten.

Auszug aus einem Werbeprospekt:

Frankiermaschinen und ihre Arbeitstechnik
Unsere Frankiermaschinen unterscheiden sich hinsichtlich ihrer Arbeitstechnik nach drei Möglichkeiten:

1. **Wertvorgabesystem:** Es werden die Gebühren beim Postamt im Zählwerk der Frankiermaschine manuell eingestellt, Der Betrag liegt zwischen 100 und 15 000 DM. Nachteil dieses Verfahrens ist, daß die komplette Maschine bzw. das Vorgabewerk zum Postamt gebracht werden muß.

2. **Wertkartensystem:** Es werden Wertkarten, die beim Postamt in Höhe von 100 bis 500 DM erhältlich sind, in die Frankiermaschine eingelegt. Wenn der Betrag einer Wertkarte verbraucht ist, sperrt die Maschine. Nach dem Auswechseln der Wertkarte kann eine andere (unverbrauchte) eingefügt und weiter frankiert werden.

3. **Fernwertvorgabesystem:** Eine Eingabetastatur der Frankiermaschine ist über die Telefonleitung mit der Datenzentrale der Deutschen Bundespost verbunden. Nach Eingabe der Kenndaten und der gewünschten Wertvorgabe erhält der Anwender eine telefonische Computeransage einer Zahlenkombination. Nach Eingabe dieser Zahlenkombination in die Frankiermaschine kann über den gewünschten Portobetrag (600 bis 30 000 DM) verfügt werden. Vorteil dieses modernen Systems ist, daß man immer über ein Frankiervolumen verfügt, ohne zur Post gehen zu müssen.

398242

3.2.1 Der Postausgang

Durch Büroförderanlagen oder einen Botendienst wird die Ausgangspost der Abteilungen eines Betriebes einer zentralen Poststelle übergeben.

Hier unterscheidet man zwei grundsätzliche Arbeitsabläufe, die durch die Art der einzelnen Sendungen (Massen- oder Tagespost) bestimmt werden.

In Kleinbetrieben werden diese Aufgaben dezentral bzw. im Sekretariat ausgeführt.

Während das **Adressieren** der Tagespost meistens beim Schreiben der Briefe erfolgt, gibt es für die Massenpost unterschiedliche Möglichkeiten.

Nach dem **Kontrollieren** der Tagespost, die evtl. Anlagen enthalten kann, und dem **Zusammentragen** verschiedener Exemplare (Schriftstücke, Preislisten, Prospekte) der Massenpost erfolgt das Falzen der einzelnen Sendungen. Beim Falzen unterscheidet man verschiedene Falzarten, die je nach der verwendeten Briefhülle erfolgen.

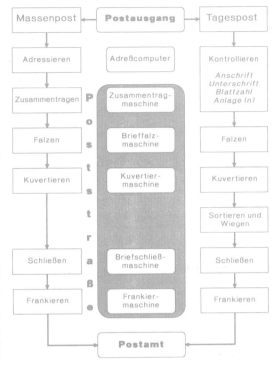

Das **Kuvertieren** bezeichnet das Einlegen der Schriftstücke in Briefhüllen. Bei Fensterbriefhüllen ist es wichtig, daß die Anschrift auch tatsächlich im Fenster zu lesen ist. Kuvertiermaschinen erledigen diesen Arbeitsschritt automatisch.

Das **Schließen** der Briefhüllen kann mit Briefschließmaschinen ausgeführt werden. Für die maschinelle Tätigkeit sind selbstklebende Briefhüllen zu empfehlen.

Bevor das **Frankieren** erfolgt, wird die Tagespost nach verschiedenen Portoklassen getrennt, die sich aus der Sendungsart, dem Gewicht und den Zusätzlichen Leistungen ergeben. Es kann entweder mit Postwertzeichen (Briefmarken) oder mit Hilfe einer Frankiermaschine frankiert werden.

Für alle Arbeitsschritte des Postausgangs gibt es leistungsfähige Maschinen, die entweder einzeln oder als **Poststraße** aufgestellt sind.

Die abgebildete Poststraße arbeitet vollautomatisch mit den folgenden Maschinen:

1 = Zusammentragmaschine,
2 = Brieffalzmaschine,
3 = Kuvertiermaschine,
4 = Briefschließmaschine,
5 = Frankiermaschine.

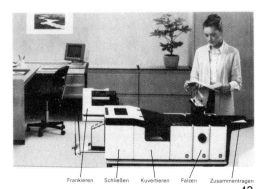

Frankieren   Schließen   Kuvertieren   Falzen   Zusammentragen

3.2.2 Sendungsarten (Was?)

Was?	Merkmal	Besonderheiten
Brief	schnelle Beförderung vertraulicher Informationen und Sachen	Höchstgewicht beim Standardbrief 20 g
Telebrief	Übermittlung einer Vorlage als Fernkopie (siehe S. 135)	Einlieferung: Post
Postkarte	schnelle Beförderung	amtliches Muster
Drucksache	vervielfältigte Informationen zu ermäßigtem Entgelt	offener Verschluß
Brief-Drucksache	vervielfältigter Grundtext mit Nachtragungen	offener Verschluß
Massen-Drucksache	wie Drucksache, Beifügen von Proben und Mustern	offener Verschluß, Einlieferung: Post
Warensendung	preiswerter Versand kleiner Gegenstände mit Rechnung	offener Verschluß
Wurfsendung	vervielfältigte Informationen, „An alle Haushaltungen"	offener Verschluß
Blindensendung	entgeltfreie Beförderung von Informationen für Blinde	offener Verschluß
Büchersendung	preisgünstige Beförderung von Büchern und Broschüren	offener Verschluß
Datapost	schneller regelmäßiger Versand von Briefen und Paketen	Einlieferung: beim gleichen Postamt
Päckchen	preiswerter Versand von Informationen und Gegenständen	Einlieferung: Post oder Briefkasten
Paket	Warenversand bis 20 kg auf dem Land- bzw. Seeweg	Einlieferung: Post
SAL-Paket	preiswerte Beförderung auf dem Land-/Luftweg	Einlieferung: Post

398244

3.2.3 Zusätzliche Leistungen (Wie?)

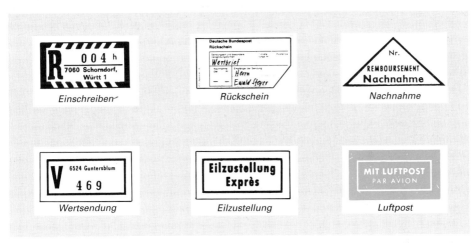

Zusätzliche Leistungen erkennt man an den Aufklebern.

Wie?	Merkmal	Besonderheiten
Einschreiben	Einlieferungsbescheinigung für den Absender	Haftung der Post: 50 DM
Rückschein	Auslieferungsbescheinigung erhält der Absender mit Originalunterschrift des Empfängers	nur bei Einschreiben oder Wertsendung
Eigenhändig	Auslieferung nur an den Empfänger persönlich	nur bei Einschreiben oder Wertsendung
Wertsendung	Einlieferungsbescheinigung für den Absender	Haftung der Post: Betrag des Wertes
Eilzustellung	Beschleunigte Zustellung am Bestimmungsort	Tag und Nacht möglich
Luftpost	Beförderung auf dem Luftweg	nur bestimmte Güter
Nachnahme	Übergabe von Sendungen nur gegen Barzahlung	Einziehen von Geldbeträgen
Kursbrief	Regelmäßige Beförderung auf auf einem bestimmten Postweg	nur gewöhnliche Briefe
Schnellsendung	beschleunigte Zustellung am Bestimmungsort	nur für Päckchen, Pakete und Postgut
Werbeantwort	vorbereitete Antwortkarte	„Entgelt zahlt der Empfänger der Werbeantwort."

Was kann wie versendet werden? (Auswahl)

Art \ Form	Höchst-gewicht	Ein-schreiben	Rück-schein	Eigen-händig	Wert-sendung	Eilzu-stellung	Luft-post
Brief	1000 g	●	○	●	●	●	●
Postkarte	–	●	○	○	–	●	●
Drucksache	500 g	–	–	–	–	–	–
Briefdrucksache	500 g	–	–	–	–	–	–
Massendrucksache	3000 g	–	–	–	–	–	–
Warensendung	500 g	–	–	–	–	–	–
Wurfsendung[1]	100 g	–	–	–	–	–	–
Blindensendung	7000 g	●	○	○	–	●	●
Büchersendung	2000 g	–	–	–	–	–	–
Päckchen	2000 g	●	○	○	–	●	●
Paket	20 kg	–	○	○	●	●	●

[1] an Haushaltungen ● immer zulässig ○ nur zulässig bei Einschreiben oder Wertsendung – nicht zulässig

Der Praxistip

☞ Die Kosten des Postausgangs können durch den Einsatz moderner Geräte der Telekommunikation (z. B. Telefon oder Telefax) erheblich gesenkt werden.

☞ Die wichtigsten Postentgelte sollte man kennen. Das Heft „Was kostet wieviel?" ist in Zusammenhang mit der Briefwaage für die Entgeltermittlung und für das Frankieren von Postsendungen unentbehrlich.

☞ Über die Wertkarten von Frankiermaschinen sollte ein Kontrollbuch geführt werden.

☞ Vergleichen Sie die Entgelte für Briefe und Päckchen. Bedenken Sie, daß der Versand von Päckchen zeitaufwendiger ist.

☞ Durch Vorausverfügungen (z. B. „Wenn unzustellbar, an Absender zurück") verfügt der Absender im voraus, was mit der Briefsendung geschehen soll, wenn diese nicht zugestellt werden kann.

Auf einen Blick

▶ Beim Postausgang unterscheidet man zwei grundsätzliche Arbeitsabläufe: Bearbeitung der Tagespost und Bearbeitung der Massenpost.

▶ Die Haupttätigkeiten im Postausgang sind: Zusammentragen, Falzen, Kuvertieren, Schließen, Wiegen und Frankieren der Sendungen.

▶ Moderne Postbearbeitungsmaschinen, die sich zu einer Poststraße zusammenstellen lassen, erleichtern die Arbeit beim Postausgang wesentlich.

▶ Man unterscheidet zwischen Sendungsarten (was?) und Zusätzlichen Leistungen (wie?).

398246

Aufgaben

1. Zählen Sie die Tätigkeiten im Postausgang auf. *S.46*

2. Welche maschinellen Hilfsmittel, die im Postausgang eingesetzt werden, sind Ihnen bekannt? *S 43*

3. Was versteht man unter einer „Poststraße" als Hilfsmittel für den Postausgang?

4. Was versteht man unter dem Arbeitsschritt „Frankieren", und welche Möglichkeiten gibt es? *S.43*

5. Wie lautet die Bezeichnung für die Maschine der folgenden Abbildung? Geben Sie die Vorteile dieser Maschine an. *S.43*

6. Beschreiben Sie den Begriff „Sendungsart". *S.46*

7. Nennen Sie zehn Beispiele zu Sendungsarten. *S.44*

8. Was versteht man unter dem Begriff „Standardbrief"?

9. Welche Merkmale und welche Besonderheit hat eine Drucksache?

10. Wie unterscheidet sich eine Drucksache von einer Briefdrucksache?

11. Beschreiben Sie den Begriff „Zusätzliche Leistungen". *S.45*

12. Nennen Sie zehn Beispiele zu Zusätzlichen Leistungen. *S.45*

13. Beschreiben Sie den Begriff „Eilzustellung". *S.45 Tag + Nacht*

14. Wie unterscheidet sich eine Eilzustellung von einer gewöhnlichen Sendung? *Tag + Nacht zugestellt*

15. Für welche Sendungsarten kommt die Zusätzliche Leistung „Schnellsendung" in Frage? *S.45 Pakete Päckchen + Post gut*

16. Beschreiben Sie die Merkmale und Besonderheiten der Zusätzlichen Leistung „Nachnahme". *S.45 nur gegen Entgelt*

17. Was ist bei der Zusätzlichen Leistung „Rückschein" erforderlich? *S.45 Ein o. Warens. Persönliche Unters. des Emp.*

18. Sie sollen einen Brief nach Japan versenden. Welche Zusätzliche Leistung wählen Sie, und worauf müssen Sie besonders achten?

19. Welche Zusätzlichen Leistungen gibt es für Briefe? *S.45 Kurs(piele)*

20. Ein Versandhaus versendet 1 000 Kataloge (je 300 g). Welche Sendungsarten sind möglich, und welche ist die kostengünstigste.

21. Wie hoch sind die Entgelte für einen Brief und ein Päckchen bei einem Gewicht von 120 g. Welche Möglichkeit des Postversandes empfehlen Sie? Begründen Sie Ihre Entscheidung.

22. Was versteht man unter dem Begriff „Einziehungsentgelt".

23. Geben Sie an, woraus sich das „Einziehungsentgelt" zusammensetzt.

24. Wie lassen sich die Kosten für den Postausgang in einem Unternehmen senken? Geben Sie praktische Beispiele an.

4   Ordnen und Speichern

Historisches

Das geordnete Speichern von Informationen war schon immer ein wichtiges Anliegen der Menschen.

Die alten Ägypter bewahrten ihre auf Papyrus geschriebenen Informationen als Rollen in Tonkrügen auf. Die zahlreichen Funde historischer Überreste sind ein Beweis, daß bereits ab 5000 v. Chr. mit diesem Material nach einem bestimmten System gearbeitet wurde.

Im Mittelalter wurden ganz einfach Nägel in die Wand geschlagen und Schriftstücke daran befestigt. Oftmals wurden hier auch nur Notizzettel z. B. als Erinnerung an wichtige Termine aufgespießt. Eine Abwandlung dieser historischen Registraturform ist die Pinnwand.

Mit Nadel und Faden wurden Schriftstücke auf einfache Art und Weise zusammengeheftet. Dieses Verfahren, das noch vor rd. 100 Jahren praktiziert wurde, ist der Vorläufer der heutigen gehefteten Ablage.

Daß ein Spiegel auch heute noch als Registratur verwendet wird, liegt wohl daran, daß man durch die regelmäßige Benutzung immer wieder an bestimmte Notizen oder Termine erinnert wird. Auf breiter Basis hat diese Möglichkeit jedoch heute keine Bedeutung mehr.

398248

4.1 Kartei

Diese Lektion informiert Sie über:

✔ Möglichkeiten der Ordnung bei Karteien und Schriftgutbehältern

✔ Informationsspeicher zur Verwaltung von Terminen, Personen und Sachen

✔ verschiedene Bestandteile und Formen einer Kartei

✔ Ordnungshilfsmittel für die Arbeit mit einer Kartei

✔ Praxistips für die Arbeit mit Karteien

Wissenswertes

Ordnung von Personennamen

Personennamen werden nach den Regeln für die alphabetische Ordnung folgendermaßen geordnet:

- Bestimmungsmerkmal ist der Anfangsbuchstabe gemäß ABC.
- Sofern die Anfangsbuchstaben übereinstimmen, ist die Reihenfolge der weiteren Buchstaben maßgebend.
- Erstes Ordnungswort ist der Familienname.
- Zweites Ordnungswort ist der Vorname.
- Drittes Ordnungswort ist der Ort.

Ordnung der Namen von Behörden, Unternehmen usw.

Bei Sachbezeichnungen ist das erste Wort für die Ordnung maßgebend. Folgendes bleibt unberücksichtigt:

- Präpositionen (z. B. am, zum)
- Konjunktionen (z. B. und, &)
- Artikel (der, die, das)

Ordnung von Orts- und Straßennamen

Alle Namensbestandteile bilden ein Ordnungswort. Die Angaben Straße, Platz usw. gelten als ausgeschrieben.

Karteien

sind zwar keine Erfindungen der Neuzeit. Aber können Sie sich ein Büro ohne Kartei vorstellen?

Die Norm DIN 5007

regelt die alphabetische Ordnung und gibt Auskunft über weitere Einzelheiten zu diesem Themenkreis.

Folgende Einsatzmöglichkeiten von Karteien gibt es in der Praxis:

- Terminkartei
- Personenkartei
- Sachkartei

Neben der alphabetischen Ordnung werden folgende Systeme unterschieden:

- numerische Ordnung – nach Ziffern, z. B. 4814, 4816
- chronologische Ordnung – nach dem Datum, z. B. 05.07.46, 19.09.92
- alphanumerische Ordnung – nach Buchstaben und Ziffern, z. B. HM-KS 654, HM-RM 537
- mnemotechnische Ordnung – nach Merkhilfen, z. B. Symbole

4.1.1 Begriff: Kartei

Eine Kartei ist eine geordnete Sammlung von Karteikarten. Eine Kartei eignet sich u. a. sehr gut für die Überwachung von Terminen (= Terminkartei). Daneben können jedoch auch andere Informationen innerhalb einer Sachkartei oder Personenkartei gespeichert werden.

Außer der Kartei gibt es andere Informationsspeicher, z. B. die Datei. Sie wird in modernen Büros immer mehr in Verbindung mit der EDV als Speichermedium eingesetzt. Trotz moderner Technik haben die älteren Arbeitsmittel, zu denen auch Terminkalender, Terminplaner und Plantafeln zählen, ihren festen Stellenwert.

4.1.2 Bestandteile einer Kartei

Karteibehälter (1) sollen den genormten Papiermaßen angepaßt sein. Die Behälter bestehen aus Holz, Kunststoff oder Metall. Die **Grundkarte** (2) ist der eigentliche Informationsträger der Kartei. Sie nimmt die laufenden Eintragungen auf. Als Material wird stärkeres Papier oder dünner Karton verwendet. Die **Leitkarte** (3) unterteilt die Grundkarten in Gruppen und gibt den Grundkarten einen besseren Halt. Deshalb bestehen Leitkarten aus Karton, Kunststoff oder Preßspan. **Ordnungsmittel** (4) beschleunigen die Bearbeitung.

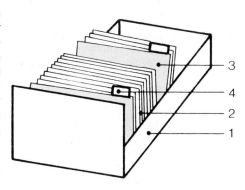

4.1.3 Gliederung einer Karteikarte

Der obere Rand einer Karteikarte, die **Kartenleiste** (1), kann zum Anbringen von Ordnungsmitteln vorgesehen sein. Im **Kartenkopf** (2) stehen einmalige Angaben, z. B. bei einer Terminkartei ein Datum. Der **Kartenrumpf** (3) wird für fortlaufende Eintragungen benutzt. Im **Kartenfuß** (4) sind z. B. die Bestellnummer der Karte, die Auflagenhöhe und das Druckdatum angegeben.

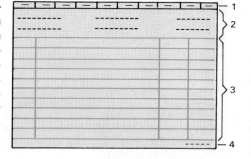

398250

4.1.4 Karteiformen

Es lassen sich zwei Karteiformen unterscheiden, die durch die Stellung der Karteikarten im Karteibehälter zu unterscheiden sind:

– Die **Steilkartei,** bei der alle Karten geradlinig hintereinander stehen. Die Handhabung ist einfach: Die Kartengruppe braucht nur aufgeschlagen und bis zur gesuchten Karte geblättert zu werden.

– Die **Staffelkartei,** bei der die einzelnen Karten schuppenartig versetzt – gestaffelt –
  angeordnet sind. Der Zugriff zu einer gesuchten Karte ist sehr schnell: Nachdem
  die Kartengruppe aufgeschlagen wurde, ist die gesuchte Karte sofort innerhalb
  einer Reihe anderer Karten sichtbar.

4.1.5 Ordnungshilfsmittel für Karteien

Neben der Farbe als Ordnungshilfsmittel gibt es noch andere Möglichkeiten, die in
der folgenden Übersicht aufgeführt sind. Man erreicht damit ein beschleunigtes Bearbeiten der Kartei.

Reiter	Tab	Kerbe

4.1.6 Vorteile einer Kartei

Listen, Geschäftsbücher, Terminkalender, Terminplaner und Plantafeln können
unter Umständen zeitsparender geführt werden als eine Karte. Die Kartei hat aber
eine Reihe von Eigenschaften, die nur von ihr geboten werden.

– Übersichtliche Ordnung

– Schneller Zugriff und schnelles Einordnen

– Beliebig ausbaufähig

– Sortierfähig

– Maschinell beschriftbar

– Aktueller Stand

Diese Vorteile sind zugleich die Voraussetzungen für den Einsatz von Karteien. Werden diese Eigenschaften nicht benötigt, dann sollten andere Mittel zur Informationsspeicherung vorgezogen werden.

4.1.7 Wirtschaftlichkeit

Im Vergleich zeigen die Karteiformen große Unterschiede. Besonders auffällig sind die Abweichungen bei den Merkmalen, die in der folgenden Übersicht aufgeführt sind:

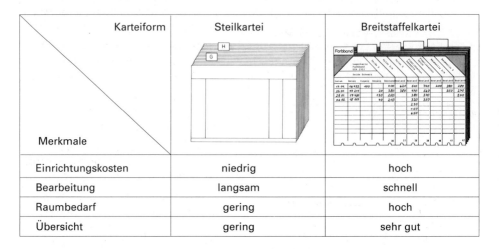

Karteiform / Merkmale	Steilkartei	Breitstaffelkartei
Einrichtungskosten	niedrig	hoch
Bearbeitung	langsam	schnell
Raumbedarf	gering	hoch
Übersicht	gering	sehr gut

Der Praxistip

☞ Ein schneller Zugriff und ein schnelles Einordnen von Karteikarten wird erreicht, indem ein Ordnungssystem angewendet wird, z. B. die alphabetische oder numerische Ordnung.

☞ Ordnungshilfsmittel, wie Reiter, Tabe, Kerben, Leitkarten und farbliche Markierungen, sind eine große Hilfe bei der Karteiführung.

☞ Karteikarten sollten so aufgebaut sein, daß sie maschinell beschriftbar sind. Achten Sie deshalb beim Gestalten einer Karteikarte darauf, daß sie schreibmaschinengerecht gestaltet ist.

☞ Eine Kartei ist immer auf dem neuesten Stand, wenn die Eintragungen laufend vorgenommen werden.

Auf einen Blick

▶ Eine Kartei ist eine geordnete Sammlung von Karteikarten zur Informationsspeicherung.

▶ Karteien können alphabetisch, numerisch, alphanumerisch, chronologisch oder mnemotechnisch geordnet sein.

▶ Man unterscheidet Steilkarteien und Staffelkarteien.

▶ Eine Kartei besteht aus einem Karteibehälter, den Leitkarten und den Grundkarten.

▶ Die Karteikarte gliedert sich in vier Bereiche: Kartenleiste, Kartenkopf, Kartenrumpf und Kartenfuß.

▶ Es werden folgende Ordnungshilfsmittel unterschieden: Farben, Reiter, Tabe und Kerben.

398252

Aufgaben

1. Beschreiben Sie den Begriff „Kartei".

2. Welche Einsatzmöglichkeiten für Karteien sind Ihnen bekannt?

3. Wie heißt die neuzeitliche Variante der Kartei?

4. Nennen und beschreiben Sie die Bestandteile einer Kartei.

5. Welcher Unterschied besteht zwischen einer Grundkarte und einer Leitkarte?

6. In welche Teile wird eine Karteikarte gegliedert?

7. Welche Angaben nimmt der Kartenrumpf einer Karteikarte auf?

8. In welchem Teil einer Karteikarte werden die Stammdaten eingetragen? Begründen Sie Ihre Aussage.

9. Was versteht man unter einem Druckdatum?

10. Bilden Sie ein Druckdatum, in dem Ihr Name und das heutige Datum in Erscheinung treten.

11. Wie werden Karteikarten hinsichtlich ihrer Stellung im Karteibehälter unterschieden? Nennen Sie die entsprechenden Begriffe, und beschreiben Sie diese.

12. Welche Karteiform wird hier beschrieben?

   a) Es handelt sich um eine Mitarbeiterkartei. Die Karten stehen in einem Karteibehälter hintereinander und sind alphabetisch geordnet.

   b) Es handelt sich um eine Werkzeugkartei. Die Karteikarten sind in einem Karteibehälter in gestaffelter Form angeordnet, und man kann von jeder Karte nur den rechten Rand sehen.

13. Welche Karteiform hat die folgenden Merkmale:

   a) niedrige Einrichtungskosten, langsame Bearbeitung, geringer Raumbedarf, geringe Übersicht

   b) hohe Einrichtungskosten, schnelle Bearbeitung, hoher Raumbedarf, sehr gute Übersicht

14. Welche Ordnungshilfsmittel für Karteien sind Ihnen bekannt?

15. In welchem Bereich einer Karteikarte werden die Ordnungshilfsmittel angebracht?

16. Für welches Ordnungshilfsmittel würden Sie sich beim Einrichten einer Kartei entscheiden? Begründen Sie Ihre Entscheidung.

17. Nennen Sie fünf Vorteile einer Kartei.

18. Was versteht man unter der Aussage „Eine Kartei ist beliebig ausbaufähig"? Vergleichen Sie die Kartei in diesem Zusammenhang mit einem Buch.

19. Worin sehen Sie die Gründe, wenn anstelle eines Arbeitsplatz-Computers mit einem Dateiverwaltungsprogramm eine Kartei eingesetzt wird?

20. Welche Merkmale beeinflussen die Wirtschaftlichkeit einer Kartei?

21. Nach welchen Regeln wird die Ordnung von Personennamen vorgenommen?

22. Welche weiteren Namen sind in der Norm lt. Aufgabe 21 aufgeführt?

23. Nennen Sie zwei Vorteile von Karteien gegenüber der Speicherung von Daten mit Hilfe eines Arbeitsplatz-Computers (Datei).

4.2 Registratur

Diese Lektion informiert Sie über:

✔ gesetzliche und betriebliche Gründe für die Schriftgutaufbewahrung

✔ die verschiedenen Ablagearten und Registraturformen

✔ wirtschaftliche Standorte für die Registratur

✔ Arten und Einsatzmöglichkeiten von Schriftgutbehältern

✔ neuzeitliche Möglichkeiten zur elektronischen Archivierung

✔ Praxistips für das Ablegen von Schriftstücken

Wissenswertes

Das **Handelsgesetzbuch** (HGB §§ 238 – 257) und die **Abgabeordnung** (§ 147) schreiben vor, daß verschiedene Schriftgutarten aufbewahrt werden müssen, und zwar 6 Jahre: empfangene Handelsbriefe, Wiedergaben abgesandter Handelsbriefe sowie Geschäftspapiere und sonstige Unterlagen mit steuerlicher Bedeutung; 10 Jahre: Bilanzen, Inventare und Handelsbücher.

Schriftgutbehälter

dienen zur Aufnahme von Informationen auf Papier. Für die Aufnahme elektronischer Daten gibt es die folgenden Möglichkeiten:
– Diskettenbehälter
– Versandtaschen
– Ringbücher
– Diskettenalben

Man unterscheidet zwei Aktenarten:

1. Einzelakten = zusammengefaßte Schriftstücke, die einen Vorgang betreffen, z. B. Personalakten, Kundenakten;

2. Sammelakten = verschiedene Schriftstücke oder Vorgänge, z. B. Bestellungen, Rechnungen

Mitarbeiter/in für die Registratur

ab sofort gesucht. Kenntnisse in der herkömmlichen Schriftgutablage sind erwünscht. Einarbeitung in unser elektronisches Ablagesystem wird geboten.

Bewerbung unter ULR 4973 an Dewezet, 3250 Hameln.

Aus dem Lexikon

Bilanz = Gegenüberstellung von Vermögen und Kapital für ein Geschäftsjahr

Inventar = Einrichtungsgegenstände eines Unternehmens; Vermögensverzeichnis

lateral = seitlich

vertikal = senkrecht; lotrecht

Folgende drei Anfangsbuchstaben deutscher Personennamen sind am häufigsten vertreten:

B = 10,2 %, H = 9,3 %, K = 9 %.
Berücksichtigen Sie dies beim Einrichten Ihrer Registratur.

398254

4.2.1 Gründe für die Schriftgutaufbewahrung

Gesetzliche Gründe nach dem Handelsgesetzbuch (HGB) und nach der Abgabeordnung (AO) sowie betriebliche Gründe sind für die Aufbewahrung von Schriftgut innerhalb der Registratur ausschlaggebend.

gesetzliche Aufbewahrung	betriebliche Aufbewahrung
empfangene Handelsbriefe (6 Jahre)	Briefe
Wiedergaben abgesandter Handelsbriefe (6 Jahre)	Kataloge
Bilanzen (10 Jahre)	Prospekte
Handelsbücher (10 Jahre)	Kundenverzeichnisse
Inventare (10 Jahre)	Unterlagen über die Firmengründung und Firmenentwicklung

4.2.2 Wertstufen des Schriftgutes

Um die Registratur nicht zu stark zu belasten, sollte Schriftgut nach dem Inhalt überprüft werden. Die folgenden Wertstufen sind dabei zu berücksichtigen:

ohne Wert: Das sind z. B. Kataloge, Massendrucksachen und Werbesendungen, die ohne Bedeutung sind und sofort vernichtet werden können.

Tageswert: Das sind z. B. Einladungen und unverlangte Angebote mit einmaligem Informationswert. Nach Kenntnisnahme sollte dieses Schriftgut vernichtet werden.

Prüfwert: Das sind z. B. Preislisten und Mahnungen, die kurze Zeit zur Überprüfung aufbewahrt und dann vernichtet werden.

Gesetzeswert: Das sind alle Unterlagen, die einen Handelsvorgang lückenlos darstellen, z. B. Handelsbriefe und Steuerunterlagen.

Dauerwert: Das sind z. B. Unterlagen über die Gründung eines Unternehmens, Grundstücksunterlagen und Patentschriften. Diese Schriftstücke müssen unabhängig vom Gesetz dauernd aufbewahrt werden.

4.2.3 Ablagearten

Die einfachste Form der Schriftgutablage ist die ungeheftete Ablage (= Loseblattablage). Dabei wird das Schriftgut ungelocht und ohne Heftung in einen Schriftgutbehälter gelegt. Die geheftete Ablage unterscheidet sich dadurch, daß hier das Schriftgut gelocht in einem Schriftgutbehälter abgeheftet wird. Dabei ist eine Ablage in Einzel- oder Sammelakten möglich.

4.2.4 Registraturformen

liegende Registratur   *laterale Stehregistratur*   *vertikale Hängeregistratur*   *laterale Hängeregistratur*

4.2.5 Standort

Man unterscheidet in der Berufspraxis zwischen Schriftgut, das noch bearbeitet werden muß (= „lebendes Schriftgut") und Schriftgut, dessen Bearbeitung bereits abgeschlossen ist (= „totes Schriftgut"). Dieser Unterschied wirkt sich auf den Standort der Registratur aus.

Die **Sekretariats- oder Arbeitsplatzregistratur** umfaßt Vorgänge, die sich noch in der Bearbeitung befinden. In der Sekretariatsregistratur werden oftmals vertrauliche Unterlagen aufbewahrt. Durch die unmittelbare Nähe zum Arbeitsplatz werden Laufwege vermieden.

Die **Abteilungs- oder Gruppenregistratur** ermöglicht mehreren Mitarbeitern den Zugriff auf Schriftgut, das noch bearbeitet werden muß.

In der **Zentralregistratur** wird das Schriftgut mehrerer Abteilungen eines Betriebes bzw. des gesamten Betriebes abgelegt und verwaltet. Um eine wirtschaftliche Arbeitsweise zu erzielen, sollte diese Registratur zentral innerhalb des Betriebsbereichs liegen.

Die **Altablage** ist oftmals der Zentralregistratur angegliedert. Dieser Bereich ist für „erledigtes" Schriftgut zuständig, das aufgrund der gesetzlichen Aufbewahrungsfristen noch nicht vernichtet werden darf.

Das **Archiv** ist eine Einrichtung für wertvolle Unterlagen, die vor Diebstahl und Feuer geschützt aufbewahrt werden müssen. In Kleinbetrieben wird diese Aufgabe durch einen Tresor erfüllt.

4.2.6 Schriftgutbehälter

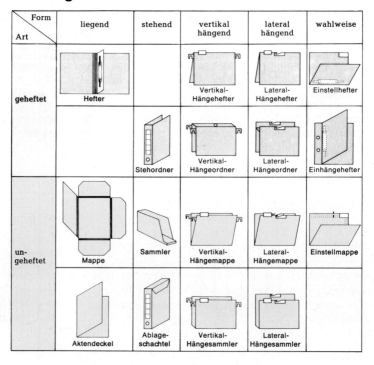

Art \ Form	liegend	stehend	vertikal hängend	lateral hängend	wahlweise
geheftet	Hefter		Vertikal-Hängehefter	Lateral-Hängehefter	Einstellhefter
	Stehordner		Vertikal-Hängeordner	Lateral-Hängeordner	Einhängehefter
un-geheftet	Mappe	Sammler	Vertikal-Hängemappe	Lateral-Hängemappe	Einstellmappe
	Aktendeckel	Ablage-schachtel	Vertikal-Hängesammler	Lateral-Hängesammler	

398256

4.2.7 Registraturmöbel

Alle Registraturmöbel sollen in ihrem Aufbau der Registraturform und der Menge des anfallenden Schriftgutes entsprechen. Die Zugriffszeit ist für die Auswahl der Möbel von entscheidender Bedeutung.

Schreibtisch

Der Unterbau eines Schreibtisches ist vor allem für die Hängeregistratur am Arbeitsplatz geeignet. Ein nachträglicher Einbau eines Registratureinsatzes ist möglich.

Ordnungsmittel für Mikrofilm

Zum Aufbewahren von Filmtaschen (Jackets) oder Mikroplanfilm (Fiches) eignen sich Tisch- und Drehständer zur Aufnahme von Schuppentafeln. Je nach Anwendungsfall wird der Mikrofilm in Klappordnern oder Ringbüchern aufbewahrt.

Beistellmöbel

Fahrbare und feststehende Beistellmöbel ergänzen die Ablage am Arbeitsplatz. Die Anwendungsmöglichkeiten sind sehr vielseitig, so daß alle Registraturformen übersichtlich im Griffbereich untergebracht werden können. Beistellmöbel gibt es in offenen und verschließbaren Ausführungen.

Regal

Regale sind für alle Registraturformen geeignet. Regale haben den Vorteil, daß sie je nach dem verfügbaren Raum zusammengestellt werden können. Verschiebbare Regalanlagen eignen sich zur Aufnahme von umfangreichem Schriftgut. Das Verschieben der einzelnen Regalreihen kann von Hand oder durch elektrischen Antrieb erfolgen. Ein Gang genügt für alle Regalreihen. Dadurch wird eine Raumersparnis von über 50 % gegenüber feststehenden Regalen erreicht.

Drehsäulen

Drehsäulen haben sich bei der Aufbewahrung von lebendem Schriftgut in Stehordnern bewährt. Drehsäulen verbessern die Raumausnutzung gegenüber feststehenden Regalen erheblich.

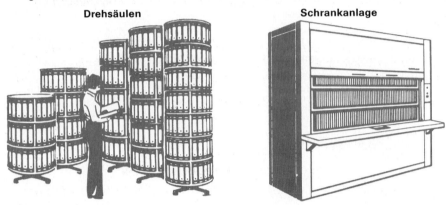

Drehsäulen **Schrankanlage**

Registraturschrank

Schränke können einzeln oder in Gruppen aufgestellt werden. Sie eignen sich für alle Registraturarten. Vorteilhaft ist, daß das Schriftgut unter Verschluß ist. Schrankanlagen („automatische Registraturgeräte") bringen auf Knopfdruck die gewünschten Schriftgutbehälter in Griffhöhe. Sie sind für alle Registraturformen geeignet. Sehr kurze Zugriffszeiten, hohe Sicherheit gegen unbefugtes Benutzen und bestmögliche Raumausnutzung zeichnen diese Anlagen aus. Die Außenmaße der Registraturschränke sind in DIN 4545 genormt.

4.2.8 Raumbedarf

Besonders bei größeren Registraturen muß der Raumbedarf sorgfältig eingeplant werden. Es ist entscheidend, ob nur eine Wandfläche oder ein ganzer Raum als Ablage eingerichtet werden soll. Der Raumbedarf wird beeinflußt von der Gangbreite und der Höhe und Stellfläche der Möbel. Bei der Vertikal-Hängeregistratur ist ein zusätzlicher Auszugsraum für die Auszüge erforderlich.

Querschnitt durch einen Stehordner

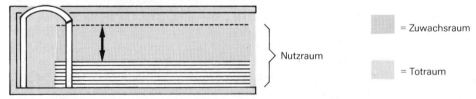

} Nutzraum

▨ = Zuwachsraum

▨ = Totraum

Das Fassungsvermögen eines Schriftgutbehälters ist abhängig von dem Nutzraum und dem Totraum. Totraum ist der Raum, der nicht für die Aufbewahrung von Schriftgut genutzt werden kann, z. B. die Eigenstärke des Schriftgutbehälters oder die Heftmechanik. Unter Zuwachsraum versteht man die Raumreserve, die für zukünftig anfallendes Schriftgut mit eingeplant werden muß. Bei der Vertikal- und Lateral-Hängeregistratur ist zusätzlich noch ein Bewegungsraum erforderlich, der zum mühelosen Ein- bzw. Aushängen der Schriftgutbehälter dient.

398258

4.2.9 Elektronisches Büroablagesystem

Das **papierlose Büro** ist noch in weiter Sicht. Immer dringender stellt sich bei der Papierflut die Frage, wie und wo diese Massen kostengünstig aufbewahrt werden sollen. Eine Lösung für dieses Problem ist das elektronische Büroablagesystem.

Geräte

Das elektronische Büroablagesystem ist mit einem Arbeitsplatz-Computer zu vergleichen, der mit Zusatzgeräten für besondere Aufgaben für die Schriftgutarchivierung ausgestattet ist und über folgende Einrichtungen verfügt:

- Arbeitsplatz–Computer mit Ganzseitenbildschirm
- Scanner (Lesegerät)   – Datenkassette
- Datenrecorder   – Laserdrucker

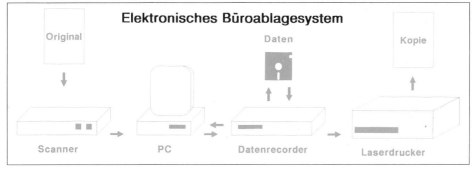

Elektronisches Büroablagesystem

Original — Daten — Kopie

Scanner — PC — Datenrecorder — Laserdrucker

Der Arbeitsplatz-Computer verbindet die Zusatzgeräte zu einem Ablagesystem. Die Suchmerkmale eines Schriftstückes, das abgelegt werden soll, werden über die Tastatur eingegeben. Anschließend liest der Scanner das Schriftstück, wandelt die Informationen in elektronische Signale um, die auf der Datenkassette im Datenrecorder gespeichert werden. Auf eine Datenkassette können 1 000 Seiten im Format A4 gespeichert werden. Das Original kann nun vernichtet werden. Wird das gespeicherte Schriftstück wieder benötigt, so kann es über die Suchmerkmale gefunden und im Bildschirm angezeigt werden. Der Laserdrucker stellt auf Wunsch eine originalgetreue Kopie her. Die Übersicht zeigt einen Vergleich zwischen herkömmlicher und elektronischer Ablage.

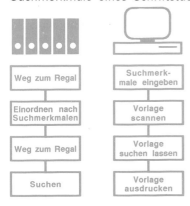

Weg zum Regal / Suchmerkmale eingeben

Einordnen nach Suchmerkmalen / Vorlage scannen

Weg zum Regal / Vorlage suchen lassen

Suchen / Vorlage ausdrucken

Vorteile

- einfach (keine Programmierkenntnisse erforderlich)
- platzsparend (1 000 Seiten A4 auf einer Datenkassette gegenüber 2 bis 4 Stehordnern)
- flexibel (Einführung des Systems ohne grundlegende Änderung der Ablage)
- kostensparend (keine Transportwege von Akten, einfaches Vervielfältigen von Schriftstücken, einfache Bedienung des Systems)

4.2.10 Kosten der Registratur

Die Registratur verursacht folgende Kosten:

– Personalkosten durch das
Ablegen und Suchen von Schriftstücken = rd. 75 %

– Materialkosten durch Schriftgutbehälter und Registratur-
möbel = rd. 5 %

– Raumkosten durch Miete und Ab-
schreibungen für Gebäude = rd. 20 %

Die nebenstehende Abbildung verdeutlicht die Unterschiede bei den einzelnen
Registraturformen bzw. Schriftgutbehältern.

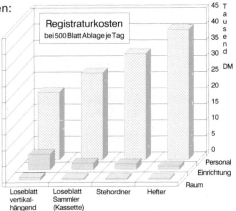

Der Praxistip

☛ Die Aufbewahrungsfristen beginnen am Ende des Kalenderjahres, in dem der Vorgang abgeschlossen wurde.

☛ Die Aufbewahrung von Schriftgut sollte nach einem Schriftgutkatalog erfolgen. In diesem Verzeichnis ist das gesamte Schriftgut eines Unternehmens alphabetisch aufgelistet, und es ist darin vermerkt, welches Schriftgut wie lange aufbewahrt werden muß.

☛ Man unterscheidet fünf Ordnungssysteme: 1. die alphabetische Ordnung (nach Buchstaben), 2. die numerische Ordnung (nach Ziffern), 3. die alphanumerische Ordnung (nach Buchstaben und Ziffern in Kombination), 4. die chronologische Ordnung (nach der Zeit) und 5. die mnemotechnische Ordnung (nach Merkhilfen).

☛ Geringe Einrichtungskosten sind der Vorteil der liegenden Registratur. Nachteilig wirken sich jedoch der große Raumbedarf, die mangelnde Übersicht, die umständliche Bearbeitung und der starke Aktenverschleiß aus.

☛ Eine gute Übersicht und ein schneller Zugriff sind die Vorteile der lateralen Stehregistratur, der vertikalen Hängeregistratur und der lateralen Hängeregistratur.

☛ Für Sammelakten sind die vertikale Hängeregistratur und die laterale Hängeregistratur nicht geeignet, dafür sollte man die laterale Stehregistratur wählen.

Auf einen Blick

▶ Die Schriftgutaufbewahrung erfolgt aus gesetzlichen und betrieblichen Gründen.

▶ Man unterscheidet Schriftgut nach fünf Wertstufen: ohne Wert, mit Tageswert, mit Prüfwert, mit Gesetzeswert und mit Dauerwert.

▶ Schriftgut kann in Behältern liegend, stehend oder hängend aufbewahrt werden.

▶ Das elektronische Büroablagesystem ist eine einfache und praxisnahe Möglichkeit, Schriftgut auf Datenträgern zu speichern.

398260

Aufgaben

1. Beschreiben Sie mit Ihren eigenen Worten den Begriff „Registratur".

2. Aus welchen Gründen wird in einem Betrieb eine Registratur eingerichtet?

3. Beschreiben Sie die Unterschiede zwischen Tages-, Gesetzes-, Prüf- und Dauerwert von Schriftgut. Geben Sie dazu je ein praktisches Beispiel an.

4. Was versteht man unter einem Schriftgutkatalog?

5. Erfassen Sie die Vor- und Nachteile der Loseblattablage bzw. der gehefteten Ablage in einer Übersicht.

6. Was versteht man (allgemein ausgedrückt) unter einem Schriftgutbehälter?

7. Welcher Unterschied besteht zwischen einer vertikalen Hängemappe und einer lateralen Hängemappe?

8. Erstellen Sie einen Ablaufplan für das Ablegen von Schriftgut in einem Ordner der lateralen Stehregistratur.

9. Welche Registraturen werden nach der Art des Standortes unterschieden?

10. Beschreiben Sie die Zentralregistratur.

11. Wodurch unterscheiden sich die Arbeitsplatzregistratur und die Abteilungsregistratur?

12. Beschreiben Sie den Unterschied zwischen Archiv und Altablage.

13. Wie hoch ist der Prozentsatz der Kosten für das Ablegen und Suchen von Schriftstücken?

14. Welche weiteren Kosten beeinflussen neben den in Aufgabe 13 genannten Kosten den Gesamtaufwand für die Registratur?

15. Beschreiben Sie kurz das elektronische Büroablagesystem.

16. Welche Vorteile bietet das elektronische Büroablagesystem?

17. Welche Registraturform für Einzelakten zeichnet sich durch eine besonders gute Übersicht, einen schnellen Zugriff und die Möglichkeit der Unterbringung im Schreibtisch aus?

18. Beschreiben Sie die Registraturform, die in der folgenden Abbildung dargestellt ist, mit allen Vor- und Nachteilen. Geben Sie Vorschläge, wie die Nachteile ausgeschaltet werden können.

19. Wodurch unterscheiden sich Einzel- und Sammelakten?

20. Durch welches Arbeitsmittel wird die Registratur in der Zukunft in starkem Maße beeinflußt. Welche Auswirkungen werden sich dadurch ergeben?

21. Welche Möglichkeiten gibt es zur Aufbewahrung von Disketten?

22. Nennen Sie drei Registraturmöbel, die in einem Büro anzufinden sind.

4.3 Mikroverfilmung

Diese Lektion informiert Sie über:

✔ den Einsatz verschiedener Mikrofilmformen am Arbeitsplatz

✔ die Arbeitsschritte im Bereich der Schriftgutverfilmung

✔ die Bedeutung und den Einsatz der Geräte und Verfahren

✔ die Verbindung des Mikrofilms mit der EDV

✔ Praxistips für die tägliche Arbeit im Bereich der Mikroverfilmung

Wissenswertes

Die Mikroverfilmung (= Mikrografie) ist ein fotografisches Verfahren mit der Möglichkeit, von Originalen stark verkleinerte Wiedergaben auf einem Mikrofilm zu erstellen.

Eine spürbare Senkung

der Porto- und Verpackungskosten erzielt man mit der Mikrografie.

Die Sicherungsverfilmung

erfaßt wertvolle Dokumente, die evtl. an mehreren Stellen diebstahlsicher und vor Brand geschützt aufbewahrt werden.

2 100 Seiten im Format A4

können Sie auf einem 16-mm-Mikrofilm von 30 m Länge aufnehmen!

Gesetzliche Grundlagen

Nach dem HGB können mit Ausnahme der Bilanz aufbewahrungspflichtige Unterlagen auch als Wiedergabe auf einem Bildträger aufbewahrt werden. Die Wiedergabe muß jedoch gewährleistet sein.

Bis zu 98 % Raumersparnis

erzielt man als Anwender der Mikrografie im Rahmen der Ersatzverfilmung.

Die Mikrografie am Arbeitsplatz wird als

Arbeitsverfilmung

bezeichnet. Hiermit wird ermöglicht, daß verfilmte Unterlagen (z. B. Ersatzteillisten, Arzneimittelverzeichnisse) mehreren Mitarbeitern zur Verfügung stehen.

398262

4.3.1 Mikrofilmformen

Die folgenden Mikrofilmformen ermöglichen es, daß Text und Bilder gespeichert werden können:

Rollfilm

Der Rollfilm wird entsprechend seiner Filmbreite von 16 mm und 35 mm unterschieden. Die Filmlänge beträgt 30 bis 65 m. Die Auswahl wird durch das Format der Vorlage und durch den Verwendungszweck getroffen. Die Aufbewahrung von Rollfilmen erfolgt in Kunststoff- oder Blechdosen.

Rollfilmkassette

Mit Rollfilmkassetten wird beim Aufsuchen bestimmter Bildstellen das Wechseln der Filmrollen wesentlich erleichtert. Außerdem können Ordnungsmerkmale sehr gut angebracht werden.

Rollfilme und Rollfilmkassetten werden unzerschnitten für die Ersatz- und Sicherheitsverfilmung verwendet.

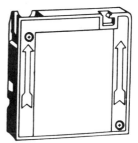

Filmtasche

Durchsichtige Filmtaschen (Jackets) im Format A6 dienen zur Aufnahme von Filmstreifen und Einzelbildern. Dazu wird der Rollfilm zerschnitten und die Filmstreifen eingetascht (jacketiert). Filmtaschen ermöglichen die Ergänzung unvollständiger Arbeitsvorgänge. Ordnungsmerkmale können auf einer Beschriftungsleiste am oberen Rand der Filmtasche angebracht werden. Mikrofilmtaschen werden wie Karteikarten abgestellt und benutzt.

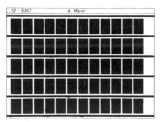

Mikroplanfilm

Der Mikroplanfilm (Microfiche) ist der Filmtasche ähnlich, da es sich um ein Duplikat auf einem Einzelfilm in Blattform handelt. Das genormte Format A6 (DIN 19054) hat 60 oder 72 Einzelbilder. Mikroplanfilme sind sehr gut für den Versand geeignet und werden im Bereich der Arbeitsverfilmung eingesetzt.

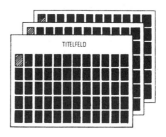

Mikrofilm-Lochkarte

Die Mikrofilm-Lochkarte spielt beim Verfilmen von technischen Unterlagen (Zeichnungen) eine große Rolle. Vorteilhaft ist, daß neben der Bildinformation zusätzliche Angaben in Loch- oder Klarschrift aufgenommen werden können.

4.3.2 Arbeitsschritte und Geräte

Aufnehmen (Verfilmen)

Schriftstücke oder Zeichnungen werden mit einer Kamera verfilmt. **Aufnahmegeräte** gibt es in verschiedenen Ausführungen für alle Filmformen. Die Belichtungszeit wird automatisch gesteuert. Die Bedienung ist einfach.

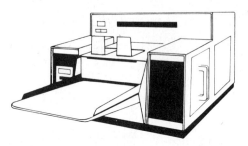

Bei der *Durchlaufkamera* durchläuft das Schriftgut das Aufnahmegerät. Durchlaufkameras eignen sich für das Verfilmen von Massenschriftgut und Endlosvordrucken.

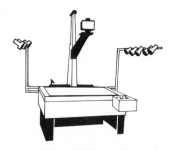

Eine *Schrittkamera* wird verwendet, wenn unterschiedliche Formate und gebundenes Schriftgut (z. B. Bücher) aufzunehmen sind. Nach jeder Aufnahme wird der Film schrittweise weiterbewegt.

Entwickeln

Nach dem Aufnehmen wird der Film in einem **Entwicklungsgerät** so bearbeitet, daß das Bild sichtbar wird. Eine „Dunkelkammer" ist nicht erforderlich, denn die Filme werden innerhalb des Gerätes bei Tageslicht entwickelt.

Prüfen und Lesen

Bevor der entwickelte Film weiterverarbeitet wird, muß gewährleistet sein, daß alle Aufnahmen den Anforderungen entsprechen. Das **Lesegerät** vergrößert das Filmbild auf einem Bildschirm. Lesegeräte werden nicht nur zur Kontrolle eingesetzt, sondern an jedem Arbeitsplatz, wo Mikrofilme eine Rolle spielen.

Duplizieren

Mit einem **Dupliziergerät** werden Mikrofilme vervielfältigt. Dieser Arbeitsschritt wird dann angewendet, wenn die Filme an mehreren Arbeitsplätzen gleichzeitig benötigt werden.

398264

Einfüllen

Mit einem **Einfüllgerät** (Jacketiergerät) werden die abgeschnittenen Filmstreifen in Filmtaschen (Jackets) geschoben. Ein Bildschirm am Einfüllgerät zeigt die Stelle an, wo der Film abgeschnitten werden soll.

Rückvergrößern

Ein **Rückvergrößerungsgerät** wird eingesetzt, um von einem Mikrofilm eine Papierkopie des Originalschriftstückes oder der Zeichnung zu erstellen. Verkleinerungen oder Vergrößerungen sind möglich. Rückvergrößerungsgeräte sind mit einem Bildschirm ausgestattet.

4.3.3 Arbeitsablauf

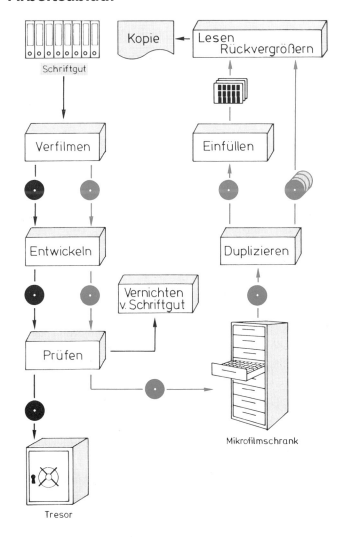

4.3.4 Mikroverfilmung und EDV

Die Verbindung zwischen dem Mikrofilm und der EDV ermöglicht es, daß Massendaten aus einem Computer in Sekundenschnelle anstatt auf Papier auf einem Mikrofilm ausgegeben werden können. Es werden dabei die Vorteile des Mikrofilms und der EDV miteinander verbunden. Diese Tätigkeit wird mit **COM** (= **C**omputer **O**utput on **M**icrofilm) bezeichnet. Fortschrittliche Unternehmen haben auf dieser Basis wirtschaftliche Auskunfts- und Speichersysteme aufgebaut.

4.3.5 Speicherdichte

Die Bankleitzahlen der deutschen Banken und Sparkassen können auf einem Mikroplanfilm im Format A6 aufgenommen und jederzeit schnell mit Hilfe eines Lesegerätes abgerufen werden. Ohne Mikrofilm müßten die Bankleitzahlen aus einem Buch mit über 1000 Seiten mühsam herausgesucht werden. Dieses Beispiel zeigt die hohe Speicherdichte des Mikrofilms gegenüber anderen Mitteln der Informationsspeicherung.

Der Praxistip

☛ Kostensenkung durch Raumersparnis, Zeitersparnis und Sicherheit erzielt ein Unternehmen, wenn es die Mikrografie einsetzt.

☛ Bei der Aufnahme unterschiedlich großer Vorlagen (Zeichnungen und Bücher) muß eine Schrittkamera verwendet werden. Das gilt auch für den Fall, daß Wert auf beste Aufnahmequalität gelegt wird.

☛ Ein Aufnahme- und Prüfprotokoll muß geführt werden, um einen Nachweis über die angefertigten Filme und über durchgeführte Prüfungen zu haben.

☛ Bevor das verfilmte Schriftgut vernichtet wird, muß unbedingt geprüft werden, ob die Aufnahmen vollständig und einwandfrei sind.

☛ Mikrofilme müssen nach einem Ordnungssystem abgelegt und verwaltet werden, das den „Grundsätzen ordnungsgemäßer Buchführung" entspricht.

Auf einen Blick

▶ Der Mikrofilm wird als Ersatz-, Arbeits- und Sicherungsfilm in fortschrittlichen Unternehmen eingesetzt.

▶ Folgende Mikrofilmformen werden verwendet: Rollfilm, Rollfilmkassette, Filmtasche, Mikroplanfilm und Mikrofilm-Lochkarte.

▶ Der Arbeitsablauf im Bereich der Mikrografie besteht aus den folgenden Tätigkeiten: Verfilmen, Entwickeln, Prüfen, Duplizieren, Einfüllen, Lesen und Rückvergrößern.

▶ COM (= Computer Output on Microfilm) eignet sich als Auskunfts- und Speichersystem.

398266

Aufgaben

1. Beschreiben Sie mit eigenen Worten den Begriff „Mikroverfilmung".

2. Mit welcher herkömmlichen Technik kann man die Mikroverfilmung vergleichen?

3. Welches Gesetz gibt Aussagen darüber, daß der Mikrofilm zur Aufbewahrung von Schriftgut und Zeichnungen erlaubt ist?

4. Welche Einschränkungen sieht das in Aufgabe 3 aufgeführte Gesetz vor?

5. Beschreiben Sie den Unterschied zwischen Arbeits-, Ersatz- und Sicherungsverfilmung anhand praktischer Beispiele.

6. Welche Filmformen werden zur Verfilmung von abgeschlossenen Vorgängen eingesetzt?

7. Welche Filmformen eignen sich für die Arbeitsverfilmung?

8. Beschreiben Sie den Arbeitsablauf bei der Verfilmung von Schriftgut.

9. Welche Tätigkeit muß vor dem Vernichten des verfilmten Schriftgutes unbedingt erfolgen?

10. Warum werden beim Verfilmen von Schriftgut in der Regel zwei Filme verwendet?

11. Welcher Unterschied besteht zwischen einer Filmtasche und einem Mikroplanfilm?

12. In welchen Arbeitsbereichen wird die Mikrofilm-Lochkarte verwendet? Zählen Sie die Merkmale dieser Filmform auf.

13. Der Ersatzteilkatalog für eine Autowerkstatt wird auf einem Rollfilm aufgenommen. Was halten Sie davon? Begründen Sie Ihre Meinung.

14. Mit welchem Gerät können Papierkopien vom Mikrofilm erstellt werden? Beschreiben Sie, warum diese Tätigkeit erforderlich ist.

15. Um welche Kameras handelt es sich bei den folgenden Abbildungen?

a)

b)

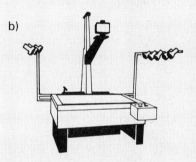

16. Welche Unterschiede bestehen zwischen den Kameras gemäß Aufgabe 15?

17. Beschreiben Sie den Begriff „Speicherdichte", und vergleichen Sie zwischen herkömmlichen Mitteln der Informationsspeicherung und dem Mikrofilm.

18. Was bedeutet der Begriff „COM"? Beschreiben Sie die Arbeitsweise und die Möglichkeiten.

19. Welche Vor- und Nachteile hat die Schriftgutverfilmung?

20. Welches Arbeitsmittel kann anstelle der Mikroverfilmung z. B. im Bereich der Arbeitsverfilmung verwendet werden? Geben Sie hierzu praktische Beispiele an.

5 Die Vervielfältigung

Historisches

1455 ist das Erscheinungsjahr der ersten Bibel im Buchdruckverfahren. Als Erfinder dieser damals revolutionierenden Technik gilt Johannes Gutenberg.

1762 wurden Schriftstücke noch mühsam durch Abschreiben vervielfältigt. Es ist das Erfindungsjahr des Copiste Secret, dessen Herzstück ein Mehrfachfederhalter war. Man konnte bis zu drei Schriftstücke in einem Arbeitsgang erstellen.

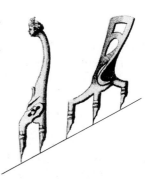

In den Büros der Gegenwart sind verschiedene Druck- und Kopierverfahren gemäß der folgenden Übersicht vertreten. Diese Verfahren sind jedoch aufgrund moderner Entwicklungen nicht mehr als wirtschaftlich anzusehen.

Druckverfahren

Bürohochdruckverfahren

Schablonendruckverfahren

Umdruckverfahren

Kopierverfahren

Fotokopierverfahren

fotothermisches Kopierverfahren

Thermokopierverfahren

398268

5   Vervielfältigungen

Diese Lektion informiert Sie über:

✔ einfache Möglichkeiten der Vervielfältigung

✔ neuzeitliche Kopier- und Druckverfahren

✔ Vergleichskriterien zwischen Kopieren und Drucken

✔ gesetzliche Bestimmungen beim Vervielfältigen

Wissenswertes

Reprografie

ist ein Sammelbegriff für Vervielfältigungen, dazu zählen

– Durchschriften   – Drucke

– Durchschläge   – Kopien

Die Reprografie in den Kontoren unserer Großväter sah so aus, daß Schreiber den ganzen Tag (länger als 8 Stunden) damit beschäftigt waren, Texte mit einer Gänsefeder abzuschreiben.

Hinweis an einem Kopiergerät einer Behörde:

Stellen Sie sich vor, dieses Kopiergerät ist defekt und Sie müßten Ihre Texte abschreiben. Würden Sie dann auch so viele Vervielfältigungen anfertigen?

Informieren Sie sich vor dem Kopieren über das

Urheberrecht!

So schützen Sie sich vor Strafe.

Auszug aus einer Betriebsanweisung:

... aus Rationalisierungsgründen sollen in Zukunft keine Durchschläge mit Kohlepapier, sondern nur noch Durchschläge mit selbstdurchschreibendem Papier (mit Farbreaktion) oder Kopien mit einem Kopiergerät erstellt werden. Ab 10 Vervielfältigungen sollen (wegen der Wirtschaftlichkeit) Kopien im Bürooffsetdruckverfahren angefertigt werden.

**Fachkraft
für den Bürooffsetdruck**

von mittlerem Wirtschaftsbetrieb im Raum Rinteln für sofort gesucht. Bewerbungen an Schaumburger Zeitung unter DH 32561, 3260 Rinteln

Kopieren braucht man nicht zu studieren!

Es ist kinderleicht.

5.1 Durchschriften und Durchschläge

Das Erstellen von **Durchschriften** mit der Hand (2 bis 4 Durchschriften in einem Arbeitsgang) und das Anfertigen von **Durchschlägen** mit der Schreibmaschine (6 bis 8 Durchschläge in einem Arbeitsgang) sind von den Arbeitsmitteln betrachtet die einfachsten Verfahren zum Vervielfältigen. Nachteilig sind die geringe Auflagenzahl und die Handhabung des Durchschreib- bzw. Kohlepapiers. Die moderne Variante dieser Vervielfältigungen ist der Einsatz selbstdurchschreibender Papiere.

5.2 Kopien

Eine Kopie ist mit einer Fotografie zu vergleichen: Zuerst erfolgt die **Aufnahme** (Belichtung) der Vorlage und danach die **Wiedergabe** (Entwicklung) auf Papier.

5.2.1 Elektrostatisches Kopieren

In der heutigen Büropraxis wird das elektrostatische Kopieren nach der **indirekten Methode** angewandt.

Die Elektrostatik (= ruhende Elektrizität) ermöglicht es, daß in Verbindung mit pulverförmigem oder flüssigem **Toner** auf unbeschichtetes **Papier** (= Normalpapier) oder **Transparentfolie** kopiert werden kann.

Die folgende Zeichnung mit dem Querschnitt durch ein Kopiergerät zeigt die Entstehung einer Kopie:

Beim Arbeitsablauf wird zunächst eine Trommel, die als „Zwischenbildträger" dient, elektrostatisch aufgeladen (1). Licht strahlt die Vorlage an und belichtet die Trommel (2). Dadurch entsteht ein „elektrisches", seitenverkehrtes Bild der Vorlage. Dieses Bild wird entwickelt, indem Toner an den noch aufgeladenen Stellen der Trommel haften bleibt (3). Anschließend erfolgt das Übertragen des Tonerbildes auf Papier (4). Wärme und Druck festigen das Tonerbild auf dem Papier (5). Für jeden Kopiervorgang wird die Trommel von 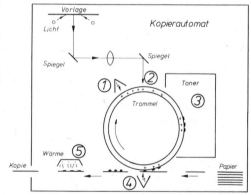 dem restlichen Toner gereinigt. Je nach Modell kann auch ein „Fotoleiterband" die Funktion der Trommel übernehmen.

Ein bedeutender Vorteil ist darin zu sehen, daß die Geräte sehr einfach zu bedienen sind.

Hochwertige elektrostatische Kopierer haben Einrichtungen zum Zoomen (Vergrößern und Verkleinern), Sortieren, Editieren, automatischen Einziehen der Vorlagen, automatischen Wenden der Vorlagen, Randversetzen usw.

398270

5.2.2 Digitales Farbkopieren

Die Mikroprozessortechnik hat auch den Bereich der Vervielfältigungsgeräte beeinflußt. In Verbindung mit der **Digitaltechnik** wurden digitale Farbkopierer entwickelt, die auf Normalpapier oder Transparentfolie eine Farbkopie in hochwertiger Qualität erstellen.

Beim Arbeitsablauf wird die Vorlage von Bildsensoren abgetastet, digitalisiert, gespeichert und wiedergegeben. Für die Wiedergabe wurden verschiedene Verfahren entwickelt, die sich durch erstklassige Qualität und Geschwindigkeit auszeichnen. Digital und mit mehreren Farben arbeitet der abgebildete Kopierer. Er hat einen Zoombereich von 50 bis 400 Prozent (Vergrößern und Verkleinern). Durch diese und weitere Möglichkeiten erfüllt er alle Wünsche hinsichtlich der Vervielfältigung.

Merkmale von Kopiergeräten

Begriff	Bedeutung
Originaleinzug	Automatisches Einziehen der Vorlage
Wendeautomatik	Automatisches Wenden der Vorlage von der Vorder- auf die Rückseite
Vergrößern/Verkleinern (Zoomen)	Vergrößern oder Verkleinern der Vorlage auf Tastendruck
Randlöschung	Entfernen dunkler Ränder oder Schatten (z. B. beim Kopieren von Büchern)
Randversatz	Verschieben der Ränder für Notizen oder zum Einbinden
Duplex-Funktion	Automatisches doppelseitiges Kopieren (z. B. Buchseiten)
Bildüberlagerung	Zusammenfassung von zwei Originalen auf einer Kopie
Editieren	Festlegung des zu kopierenden Ausschnittes bei einer Vorlage
Sorter	Sortiereinrichtung für Kopien Sortieren der Kopien in richtiger Reihenfolge (Seiten 1, 2, 3...)
Tonerfarben	Grundfarbe Schwarz, andere Farben durch Wechsel der Tonereinheit
Selbstdiagnose	Anzeige der Störungsursache im Bedienungsfeld
Chipkartenabrechnung	Zugang zum Kopiergerät nur über eine Chipkarte

5.3 Drucker

Der Begriff „Drucken" wird in der modernen Bürotechnik einmal für das Drucken mit einer Bürodruckmaschine nach DIN 9775 verwendet. Es entstehen „Drucke". Zum anderen bezeichnet man damit die Ausgabe von Daten über einen Drucker nach DIN 9784, der im Rahmen der Datenverarbeitung bzw. Textverarbeitung eingesetzt wird. Das Ergebnis dieser Arbeit sind „Ausdrucke".

5.3.1 Büro-Offsetdruck

Bei höheren Auflagen ist das Büro-Offset-druckverfahren den Kopierverfahren wirtschaftlich im Vorteil.

Wie bei jedem Druckverfahren ist auch beim Büro-Offsetdruck die Druckform eine wichtige Voraussetzung. Für kleine und mittlere Auflagen (bis zu 5 000 Drucke) eignen sich **Papierfolien**. Höhere Auflagen erreicht man mit **Metallfolien**.

Die Kombination eines Kopiergerätes mit einer Büro-Offsetdruckmaschine ist sehr wirtschaftlich. Mit dem Kopiergerät wird die Druckform erstellt, und anschließend kann mit der Büro-Offsetdruckmaschine gearbeitet werden.

Erstellen von Druckformen

Direktbeschriftung	Kopieren bzw. Fotografieren
mit der Hand	mit einem elektrostatischen Kopiergerät
mit der Schreibmaschine	mit einem Fotokopiergerät
mit einem EDV-Drucker	mit einer Reprokamera

Bei der Beschriftung einer Papierfolie mit der Hand sind besondere (fetthaltige) Kugelschreiber, Faserschreiber oder Fettstifte zu verwenden. Erfolgt die Beschriftung mit der Schreibmaschine, so muß ein Offsetfarbband oder ein Karbonfarbband verwendet werden. Bei der Verwendung von EDV-Druckern ist darauf zu achten, daß sie für den Büro-Offsetdruck geeignet sind.

Möglichkeiten zum Korrigieren von Druckformen

Papierfolien lassen sich mit einem Plastikradierer oder mit einem Glasradierer korrigieren. Metallfolien kann man mit einem Metallradierer, mit einem Glasradierer oder mit Korrekturschiefer verändern. Außerdem kann flüssiges Korrekturmittel verwendet werden.

Verfahren beim Büro-Offsetdruck

Die Folie wird mit der beschrifteten Seite nach außen auf den Folienzylinder (3) gespannt. Das Prinzip des Offsetdrucks geht darauf zurück, daß sich Fett und Wasser abstoßen. Das Feuchtwerk (1) hat die Aufgabe, die Folie durch Wasser (Fluid) anzufeuchten. Das Wasser bleibt an den nicht beschrifteten Stellen haften, von der fetthaltigen Beschriftung perlt es ab. Das Farbwerk (2) färbt die Folie ein. Dabei stoßen die feuchten, unbeschrifteten Stellen der Folie die Farbe ab, nur an den beschrifteten Stellen bleibt die Farbe haften. Da die Folie seitenrichtig beschriftet wurde, muß das Druckbild zunächst auf einen Gummituchzylinder (4) seitenverkehrt übertragen werden. Das Papier (5) wird zugeführt. Der Gegendruckzylinder (6) drückt das Papier gegen den Gummituchzylinder (4), und es entsteht der Druck (7).

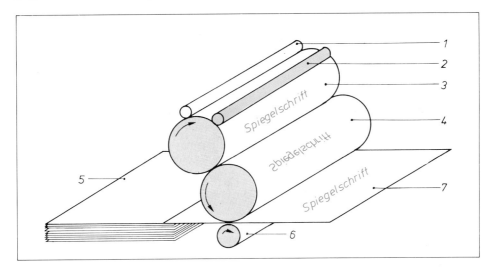

5.3.2 EDV-Druck (siehe auch Seiten 100 bis 101)

In Verbindung mit einem Arbeitsplatz-Computer können EDV-Drucke (Ausdrucke) erstellt werden. Die Vervielfältigung spielt in der Mehrzahl der Anwendungen eine untergeordnete Rolle, es handelt sich also nicht um ein Vervielfältigungssystem im herkömmlichen Sinne. Der Einsatz von Laserdruckern kann jedoch andere Arbeitsgewohnheiten hervorrufen.

5.4 Vergleich: Kopie : Druck

Merkmal	Kopie	Druck
Druckform	nicht erforderlich	erforderlich
Bedienung	einfach	schwierig
Qualität	gut	sehr gut
Farbe	möglich (teuer)	möglich (umständlich)

5.5   Standort der Maschinen und Geräte

Wesentliche Überlegungen bei der Organisation im Arbeitsbereich „Drucken und Kopieren" beziehen sich auf den Standort der Maschinen und Geräte. Die folgende Übersicht zeigt die Vorteile der verschiedenen Möglichkeiten:

Zentraler Standort	Dezentraler Standort
z. B. Hausdruckerei	am Arbeitsplatz
Es können leistungsfähige Systeme mit umfangreichen Zusatzeinrichtungen eingesetzt werden.	Vertrauliche Unterlagen bleiben am Arbeitsplatz.
Kontrollen (Kosten, Erfordernis usw.) sind leicht möglich.	Es kann schnell gearbeitet werden, da Wege- und Wartezeiten entfallen.

Der Praxistip

☞ Beim Anfertigen von Vervielfältigungen sollte die Wirtschaftlichkeit der Arbeitsweise berücksichtigt werden.

☞ Mit selbstdurchschreibenden Papieren bei Durchschriften und Durchschlägen arbeitet man schneller und sauberer als mit Durchschreibe- bzw. Kohlepapier.

☞ Beim Drucken und Kopieren von Vordrucken ist es ratsam, zunächst für Testzwecke eine kleine Auflage zu erstellen und erst nach praktischem Einsatz eine größere Anzahl von Vervielfältigungen anzufertigen.

☞ Offsetfolien sollten immer mit fetthaltiger Farbe beschriftet werden.

☞ Fetthaltige Kugelschreiberminen, Faserschreiber, Fettstifte bzw. fetthaltige Farbbänder (offsetfähige Gewebefarbbänder und Einmalkarbonfarbbänder) erfüllen diese Voraussetzungen.

☞ Papierfolien für das Büro-Offsetdruckverfahren können schnell mit einem elektrostatischen Kopiergerät erstellt werden, sofern eine Vorlage vorhanden ist.

☞ Beim Kopieren ist ein Blick in die Strahlungsquelle zu vermeiden, da ultraviolette und infrarote Strahlung entsteht, die sich schädlich auswirkt.

☞ Beim Umgang mit Toner sollten die entsprechenden Hinweise der Hersteller beachtet werden.

☞ Beim Vervielfältigen von Vorlagen mit dem Zeichen (C) (= Copyright) muß vorher die Rechtslage geklärt werden, um sich vor Strafe zu schützen.

Auf einen Blick

▶ Die einfachste Möglichkeit zur Anfertigung von Vervielfältigungen sind Durchschriften (handschriftlich) und Durchschläge (maschinenschriftlich), die in einem Arbeitsgang mit dem Original entstehen.

▶ Beim Drucken muß vorher in einem besonderen Arbeitsgang eine Druckform erstellt werden.

▶ Beim Kopieren kann eine vorhandene Vorlage verwendet werden.

▶ Kopieren ist sehr leicht, jedoch ist es in hoher Auflagenzahl unwirtschaftlich. Deshalb sollte bei größeren Auflagen eine Büro-Offsetdruckmaschine eingesetzt werden.

398274

Aufgaben

1. Welche Arten der Vervielfältigung sind Ihnen bekannt?

2. Nennen Sie die Vervielfältigungs-verfahren, die aufgrund der Arbeits-mittel zu den einfachsten Möglich-keiten zählen. Beschreiben Sie diese Verfahren.

3. Wie werden die Vervielfältigungs-verfahren bezeichnet, für die Geräte bzw. Maschinen verwendet werden müssen? Nennen Sie nur neuzeit-liche Verfahren.

4. Welche Vervielfältigungsverfahren sind zwar noch in den Büros vertre-ten, entsprechen jedoch nicht mehr dem modernen Stand der Technik?

5. Mit welcher Technik ist das Kopie-ren zu vergleichen? Geben Sie die Arbeitsschritte kurz an.

6. Welchen bedeutenden Vorteil ha-ben Kopiergeräte?

7. Beschreiben Sie die Entstehung ei-ner Kopie im elektrostatischen Kopierverfahren.

8. Mit welchen Einrichtungen sind hochwertige elektrostatische Kopie-rer ausgestattet?

9. Mit welcher Technik arbeiten Kopie-rer, mit denen man farbige Kopien erstellen kann?

10. Welches Material können Sie neben Normalpapier für die Anfertigung von Kopien verwenden? Nennen Sie ein praktisches Beispiel dafür.

11. Beschreiben Sie folgende Begriffe:

    a) Wendeautomatik

    b) Zoomen

    c) Selbstdiagnose

    d) Originaleinzug

    e) Duplexfunktion

12. Was versteht man unter einer Chip-kartenabrechnung, und in welchem Fall würden Sie diese Form der Ab-rechnung vorschlagen.

13. Worüber sollte man sich vor dem Vervielfältigen immer informieren?

14. Woran erkennen Sie ein gesetzlich geschütztes Druckwerk?

15. Welcher Faktor ist für den Einsatz eines Druckverfahrens in erster Linie ausschlaggebend?

16. Welche Voraussetzung muß beim Drucken gegeben sein?

17. Warum ist die Kombination eines elektrostatischen Kopiergerätes mit einer Büro-Offsetdruckmaschine sehr wirtschaftlich?

18. Nennen Sie je drei Möglichkeiten zur Direktbeschriftung und zum Kopieren von Druckformen für das Büro-Offsetdruckverfahren.

19. Beschreiben Sie drei Möglichkeiten für das Korrigieren von Druckfor-men. Für welche Möglichkeit wür-den Sie sich entscheiden? Begrün-den Sie Ihre Meinung.

20. Welches Grundprinzip wird beim Offsetdruckverfahren angewendet?

21. Beschreiben Sie den Unterschied zwischen Büro-Offsetdruck und EDV-Druck.

22. Wie würden Sie ein Kopiergerät und eine Druckmaschine einsetzen – zentral oder dezentral? Begründen Sie Ihre Meinung.

23. Für welches Vervielfältigungs-verfahren würden Sie sich ent-scheiden, wenn Sie einen Brief schreiben, über dessen Inhalt drei Abteilungen Ihres Unternehmens informiert werden müssen. Begründen Sie Ihre Meinung.

6   Die Textverarbeitung

Historisches

Ab dem 18. Jahrhundert begannen Einzelpersonen der verschiedensten Berufe mit dem Bau von Schreibmaschinen. Die Gründe waren das Bestreben nach schnellerem Schreiben und buchdruckähnlicher Schrift. Außerdem wollte man ein Verständigungsmittel für Blinde und Taubstumme haben.

1874 ist das Jahr, in dem zum ersten Male eine funktionstüchtige Scheibmaschine fabrikmäßig hergestellt wurde. Remington & Sons, ein amerikanischer Hersteller von Nähmaschinen und Gewehren stellte den „Typewriter" her. 1896 erfand Franz X. Wagner die Typenhebelschreibmaschine mit sichtbarer Schrift. Diese bedeutete den endgültigen Durchbruch der Schreibmaschine im Büro.

Die Remington veränderte die Arbeitsweise im Büro.

1877 gelang es dem amerikanischen Erfinder Thomas Alva Edison erstmals die menschliche Stimme aufzuzeichnen. Der Phonograph (Sprechmaschine) verwendete eine Wachswalze als Tonträger. Dem Dänen Poulsen gelang 1898 die elektromagnetische Sprachaufzeichnung mit Draht als Tonträger. Ab 1913 diente das „Ediphon" von Edison als Diktiergerät im Büro, die „Phonotypistin" schrieb nach Diktat.

Das erstmalige Aufzeichnen der menschlichen Stimme war eine Sensation.

398276

6.1   Elektronische Schreibmaschine

Diese Lektion informiert Sie über:
- ✔ die Bedeutung der Schreibmaschine für zahlreiche Berufe
- ✔ die Technik der Schreibmaschine
- ✔ Zubehör und Sonderausstattung der Schreibmaschine
- ✔ Anwendung der Schreibmaschine
- ✔ Praxistips für den täglichen Umgang mit der Schreibmaschine
- ✔ Praxistips zum Kopieren und Drucken
- ✔ Praxistips zum Umgang mit Papier

Wissenswertes

Wir sind ein Ingenieurbüro mit wachsendem Auftragsvolumen und suchen zur Verstärkung unseres Teams zum nächstmöglichen Eintrittstermin eine

Sekretärin

mit Maschinenschreibkenntnissen (mind. 300 Anschl.) und einwandfreier Beherrschung der deutschen Sprache. Wir bieten eine Dauerstellung mit überdurchschnittlicher Bezahlung. Ihre schriftliche Bewerbung richten Sie bitte an unsere Personalabteilung, z. H. Frau Winter, Ingenieurbüro Klaus Kaiser, Wilhelmstraße 7, 5427 Bad Ems

Deutsche Meisterschaften im Maschinenschreiben 1992

Auszug aus der Siegerliste – 10-Min.-Perfektion

1. Gabriele Monath
   (Berlin-Spandau)   627 Anschl.
2. Walter Willkomm
   (Berlin-Spandau)   669 Anschl.
3. Markus Lohnes (Offenbach)   567 Anschl.

Wer restauriert mir meine **historische Schreibmaschine** Underwood, Mod. 1?

Zuschriften unter 3489 an die Rhein-Lahn-Post, Postfach 48, 5407 Boppard

Cincinnati, USA. Am 25. Juli 1888 fand hier erstmals ein Wettkampf im Maschinenschreiben statt. Louis Traub – er bediente die Schreibmaschine mit zwei Fingern – trat gegen den Tastschreiber Frank E. McGurrin an. Die Aufgaben waren: 45 Minuten Diktat und 45 Minuten Abschrift eines unbekannten Textes. McGurrin gewann beide Durchgänge. Traub will die Konsequenz ziehen und seine Methode auf Tastschreiben umstellen.

Erfolgreiches Institut für Weiterbildung sucht

Lehrer(in) für Maschinenschreiben

für Abendlehrgänge.

Bewerbung unter 342 077 an den Moselkurier, Postfach 2 77, 5500 Trier

Großauswahl Schreibmaschinen

– fabrikneue Typenradmaschinen schon **ab 339,00 DM** –

Büroelektronik Uwe Freisberg, Münzplatz 10, 5400 Koblenz

6.1.1 Die Technik

Auf einer Diskette speichert diese Maschine rund 350 Seiten Text.

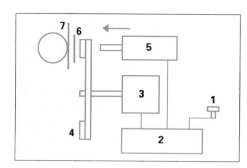

Der Querschnitt zeigt die Funktion einer elektronischen Typenradschreibmaschine.

Die Funktionsweise

Nach dem Betätigen einer Schreibtaste (1) steuert die Elektronik (2) über den Motor (3) das Typenrad (4). Befindet sich das entsprechende Zeichen vor der Schreibstelle, schleudert der Druckhammer (5) die Type gegen das Papier (7). Zwischen Type und Papier befindet sich ein Farbband (6), so daß das Schriftzeichen auf dem Papier abdruckt.

Unterschiedliche Speicher

Je nach Ausbaustufe können sich in der Maschine mehrere Speicher befinden. Der **Korrekturspeicher** nimmt den über die Tastatur eingegebenen Text automatisch auf. Die Zeichen können beliebig korrigiert werden. Nach einer Korrektur bewegt sich das Typenrad automatisch wieder an die Ausgangsposition zurück (Relocate-Funktion), so daß sofort weitergeschrieben werden kann.

Ein **Arbeitsspeicher** kann nicht nur Texte und Zahlen aufnehmen, sondern auch Formate und Funktionen speichern, die während des Schreibens benutzt werden. Vor dem Ausdruck können diese Texte in einem Display angezeigt und bearbeitet werden. Reicht der eingebaute Speicher nicht aus, so ist es je nach Modell möglich, ein Diskettenlaufwerk mit praktisch unbegrenztem Speicherumfang an die Schreibmaschine anzuschließen.

Daneben nimmt der **Konstantenspeicher** z. B. wiederkehrende Redewendungen, Anrede und Grußformeln oder ganze Briefe und Formulare auf.

398278

6.1.2 Zubehör und Sonderausstattung

Das **Typenrad** läßt sich einfach auswechseln, so daß mit unterschiedlichen Schriftarten geschrieben werden kann. Weiterhin ist der Schreibschritt (Buchstabenabstand) einstellbar:

- 10 Zeichen/Zoll = Pica
- 12 Zeichen/Zoll = Elite
- 15 Zeichen/Zoll = Mikro
- Proportionalschrift (PS)

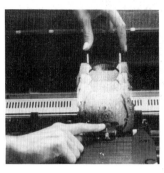

Mikro: Es ist eine Tatsache, daß

Elite: Es ist eine Tatsache,

Pica: Es ist eine Tatsac

Proportionalschrift:
Es ist eine Tatsache, d

Typenräder gibt es mit zahlreichen Schriftarten. Das Auswechseln eines Typenrades erleichtert die Schnellwechselkassette (Drop-in-Kassette)

Bei **Proportionalschrift** ist der Buchstabenabstand nicht gleich, sondern jeder Buchstabe bekommt den entsprechenden Raum wie bei dieser Druckschrift. Sollen **Sonderzeichen** – z. B. ein Markenzeichen – verwendet werden, so läßt sich das Typenrad ändern.

Die Tasten der nach DIN 2137 genormten **Tastatur** können drei- oder vierfach belegt sein. Es gibt Tastaturen, die mit einer Fremdsprachenfunktion ausgestattet sind. Je nach Land lassen sich die Tasten umbelegen – nur das Wechseln des Typenrades ist erforderlich, um fremde Sprachen zu schreiben.

Farbbänder gibt es auf Normspulen oder in Kassetten. Neben den Gewebebändern aus Seide oder Nylon haben sich Karbonfarbbänder mit ausgezeichnetem Schriftbild durchgesetzt.

Merkmal \ Material	Gewebe	Mehrfach-karbon	Einmal-karbon
Schriftbild	gut	sehr gut	sehr gut
urkundenecht	ja	ja	nein
Korrektur unsichtbar	nein	nein	ja
Kosten je Brief	gering	gering	hoch

Zur **Korrektur** von Schreibfehlern gibt es zwei Möglichkeiten. Hat die Maschine ein Zeilendisplay (Anzeigeeinrichtung), so kann vor dem Ausdruck eine Sofortkorrektur erfolgen. Daneben kann über die Korrektureinrichtung mit Korrekturband korrigiert werden. Die „Relocate-Funktion" führt das Druckwerk nach einer Korrektur wieder zur aktuellen Schreibposition.

Die **Rechtschreibprüfung** (Korrekturhilfe) bietet eine große Arbeitserleichterung. Ein akustisches Signal weist auf den Schreibfehler hin. Neben einem umfangreichen Wörterbuch ist es möglich, zusätzliche Wörter nach freier Wahl in ein Ergänzungswörterbuch hinzuzufügen. Korrekturhilfen gibt es auch in Fremdsprachen.

6.1.3   Anwendung

Die Typenradschreibmaschine benötigt zum Drucken ein mechanisches Druckwerk. Diese Art der Zeichenerzeugung erlaubt das preiswerte Herstellen von mehreren Durchschlägen. Das Schriftbild bei einem Karbonfarbband genügt hohen Anforderungen (Letter Quality – Briefqualität). Neben dem Einsatz der Schreibmaschine im Büro zur Erledigung des Schriftverkehrs (Korrespondenz) kann die Typenradschreibmaschine, falls sie einen entsprechenden Anschluß hat (Schnittstelle), als Typenraddrucker am Arbeitsplatz-Computer dienen.

In vielen Schulen erfolgt das Erlernen des Tastschreibens mit der Schreibmaschine. Tastschreiben ist Grundvoraussetzung für alle Anwendungen am Computer. Tragbare Schreibmaschinen passen sich unterschiedlichen Arbeitsbedingungen an, z. B. als Heimschreibmaschine mit problemlosem Aufstellen und Aufbewahren oder als Reiseschreibmaschine für Reporter.

6.1.4   Der Praxistip

☞ Läßt sich eine große Briefhülle wegen des Formates nicht mit der Schreibmaschine beschriften, so helfen selbstklebende Etiketten.

☞ Eine Einzelblattzuführung versorgt die Maschine automatisch mit Papier aus einer Papierkassette.

☞ Die Ersatzteilbeschaffung für ein Markenfabrikat ist in der Regel einfacher als für ein unbekanntes Fabrikat.

☞ Die Art des Farbbandes beeinflußt die Folgekosten.

☞ Letzte Rettung bei Schreibfehler: Überkleben und Kopieren.

☞ Ist der Textspeicher groß und das Display klein, so ist die Arbeit schwierig.

☞ Ein beschriebenes Einmalkarbon-Farbband läßt sich lesen wie ein offenes Buch. Sicherheit vor unbefugtem Lesen solcher Farbbänder gewährleistet der Kassettenvernichter (ähnlich einem Aktenvernichter).

☞ Mit einem „Interface" (Schnittstelle mit Anschlußmöglichkeit an einen Arbeitsplatz-Computer) läßt sich eine Schreibmaschine auch als Drucker einsetzen.

Auf einen Blick

▶ Das sichere Beherrschen der Tastatur mit Tastschreiben ist die Grundlage für die tägliche Arbeit im Büro.

▶ Hauptbestandteile einer elektronischen Schreibmaschine sind Tastatur, Druckwerk und Steuerungselektronik.

▶ Je nach Ausbaustufe können Textspeicher zur Korrektur und zum dauerhaften Speichern von Text vorhanden sein.

▶ Sinnvolles Zubehör und Sonderausstattungen erhöhen den Schreibkomfort.

398280

Aufgaben

1. Nennen Sie fünf Berufe, deren Ursprung auf die Schreibmaschine bzw. das Maschinenschreiben zurückgeht.

2. Diskutieren Sie diese Aussage: „Das Tastschreiben ist nicht nur an der Schreibmaschine, sondern auch am Arbeitsplatz-Computer unentbehrlich."

3. Nennen Sie einige Gründe, die Erfinder zum Bau von Schreibmaschinen anregten.

4. Der Berufsstand der „Schreiber" lehnte im vorigen Jahrhundert die Schreibmaschine ab. Warum?

5. Beschreiben Sie kurz die Funktionsweise einer elektronischen Typenradschreibmaschine.

6. Neben der Tastatur befindet sich eine Taste mit folgenden Einstellmöglichkeiten: 10, 12, 15, PS. Was kann hier eingestellt werden?

7. Welche Möglichkeiten zur Korrektur von Schreibfehlern sind Ihnen bekannt? Geben Sie auch die Vor- bzw. Nachteile der jeweiligen Korrekturmöglichkeit an.

8. Für diese Einsatzmöglichkeiten sollen Farbbänder eingekauft werden: Schulsekretariat zum Zeugnisschreiben, Anfertigen von Bewerbungsschreiben mit ausgezeichnetem Schriftbild (unsichtbaren Korrekturstellen), Schreiben von Urkunden bei einem Notar. Wie würden Sie entscheiden?

9. Beschreiben Sie kurz die Vorteile der elektronischen Rechtschreibhilfe.

10. Auch im Zeitalter des Computers gibt es noch Einsatzmöglichkeiten für Schreibmaschinen. Nennen Sie einige Einsatzgebiete aus Ihrer Sicht.

11. Eine Briefhülle paßt nicht in die Schreibmaschine. Wie können Sie sich helfen?

12. Ein Schreiben wurde mit einem Einmalkarbon-Farbband geschrieben und trägt den Vermerk „Vertraulich". Die Kassette wird nach Gebrauch in den Papierkorb geworfen. Was halten Sie davon?

13. Beurteilen Sie den folgenden Auszug aus einem Prospekt:

> **Zukunft bereits serienmäßig**
>
> Der Einsatz von umweltverträglichem Material und giftfreien Stoffen ist bei unseren Farbbändern bereits Gegenwart. Die Karbonbandkassette ist bis zu fünfzehnmal mit einem neuen Farbband nachladbar, die Kassette mit Nylonfarbband wird von einer Nachtränkpatrone automatisch getränkt. Die Erhöhung der Lebensdauer des Bandes beträgt 100 %.

14. Früher wurden viele Schreiben mit Durchschlägen angefertigt. Heute schreibt man ein Original und kopiert es mehrmals. Diskutieren Sie die beiden Möglichkeiten.

15. Ein Schüler entscheidet sich trotz der etwas höheren Kosten für eine Schreibmaschine mit Interface. Welche Überlegung ging dieser Entscheidung voraus?

6.2 Diktiergerät

Diese Lektion informiert Sie über:

✔ die Einsatzmöglichkeiten verschiedener Diktiergeräte

✔ neuzeitliche Tonträger und ihre Vorteile

✔ praxisgerechte Anwendung der Diktatsprache nach der Norm DIN 5009

✔ die Umsetzung der Diktatsprache in die Schrift

✔ Praxistips für eine wirtschaftliche Phonoansage

Wissenswertes

Ein riesengroßes Poster in einem Schreibzimmer eines Großunternehmens stellt folgende Frage: Haben Sie Ihre Schreibkraft schon einmal gefragt, ob Sie mit Ihrem Diktat zufrieden ist?

Phonotypist(in)

für unser modernes Großraumbüro zum sofortigen Arbeitsantritt gesucht. Neben einem Grundgehalt wird ein Leistungsgehalt gezahlt, das sich an der monatlichen Anschlagleistung orientiert.

Bewerbungen an WERBEAGENTUR HEUER, Striederweg 2, 3500 Kassel

Ältere Diktiergeräte

arbeiten mit Magnettonbändern, Magnettonplatten, Magnettonfolien oder Magnettonmanschetten als Tonträger.

Aus dem Lexikon

Magnetton = Einheit des magnetischen Moments

Phonotypist(in) = Schreibkraft, die vorwiegend nach einem Diktiergerät arbeitet

Stenodiktat = Diktat, das in Kurzschrift aufgenommen wird

Anweisungen sind Wünsche oder Anregungen zur Textgestaltung, die beim Diktieren durch Stopp und Text eingegrenzt werden. Konstanten werden ohne Stopp und Text angesagt. Konstanten sind übrigens feststehende Benennungen aus dem Duden und der Norm DIN 5008.

Grundregel Nr. 1 beim Diktieren:
* Erst starten, dann sprechen! *

Aus dem Prospekt eines Diktiergeräte-Herstellers:

Immer auf die richtige Distanz zum Mikrofon achten. Sprechen Sie so, als ob Ihre Schreibkraft Ihnen gegenübersitzt. Ein Mikrofon beißt nicht, halten Sie es seitlich in ca. 5 – 10 cm Abstand, und sprechen Sie in normaler Lautstärke. Danke.

398282

6.2.1 Möglichkeiten des Diktats

Für das Diktieren bieten sich die folgenden Möglichkeiten an:

– Maschinendiktat   – Stenodiktat   – Phonodiktat   – Stichwortbrief

6.2.2 Vorteile des Phonodiktats

Alle Möglichkeiten des Diktats haben sowohl Vorteile als auch Nachteile. Das Phonodiktat hat folgende Vorteile:

– Es ist ein örtlich und zeitlich unabhängiges Arbeiten der beteiligten Mitarbeiter möglich.

– Die Diktatsprache ermöglicht eine klare Verständigung.

– Diktiergeräte sind bedienungsfreundlich und nehmen wenig Platz in Anspruch.

6.2.3 Diktiergeräte

Ein Diktiergerät ist nach der Norm DIN 9765 „ein Gerät zum Aufzeichnen von Sprache auf einen Tonträger und zur Wiedergabe von Sprache".

Das **Bürodiktiergerät** verfügt über einen Netzanschluß, evtl. zusätzlich über eine Stromversorgung durch Batterien. Geräte, die am Arbeitsplatz des Diktierenden eingesetzt werden, sind kombinierte Aufnahme-Wiedergabegeräte. Geräte, am Arbeitsplatz der Schreibkraft sind oftmals nur Wiedergabegeräte.

Das **Handdiktiergerät** verfügt über eine netzunabhängige Stromversorgung. Die Abmessungen sind geringer als bei Bürodiktiergeräten. Der Vorteil dieser Geräte liegt darin, daß sie überall (evtl. auch auf Reisen) eingesetzt werden können.

Handdiktiergeräte sind klein und netzunabhängig.

Zentrale Diktieranlagen bestehen aus einem oder mehreren zentral aufgestellten Bürodiktiergeräten. Das Diktieren erfolgt vom Arbeitsplatz des Sachbearbeiters aus über Mikrofon, Telefon oder Sprechanlage auf Diktiergeräte, die zentral im Schreibdienst aufgestellt sind.

Diese Möglichkeit bietet sowohl für den Sachbearbeiter als auch für den Schreibdienst erhebliche Vorteile. Für den Betrieb wirken sich zentrale Diktieranlagen als kostensparende Maßnahme aus.

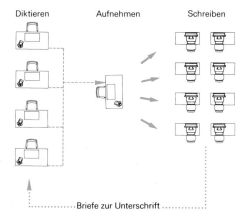

6.2.4 Tonträger

Die Minikassette bzw. Mikrokassette, die zur Zeit der Tonträger Nr. 1 ist, bietet folgende Vorteile:

- praxisgerechte Aufnahmezeit,
  z. B. 2 x 15 Minuten für rd. 10 Seiten A4
- geringe Abmessungen, dadurch gute Versandbedingungen
- einfache Handhabung
- schneller Zugriff zum Auffinden der Diktatstellen
- akustisches bzw. optisches Warnzeichen am Ende der Aufnahme

6.2.5 Digitales Liniendiktat-System

Die Festplatte eines Arbeitsplatz-Computers dient beim digitalen Liniendiktat-System als Speichermedium für Diktate. Bei diesem System handelt es sich um eine zentrale Diktieranlage, dessen Kernstück ein Arbeitsplatz-Computer ist, der in Verbindung mit einer besonderen Software und einer Steckkarte die Tonaufnahmen digitalisiert.

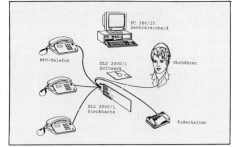

6.2.6 Zubehör zum Diktieren und Übertragen

Zum Aufnehmen von Diktaten werden **Handmikrofone mit Fernbedienung** verwendet. Zur Aufnahme von Gesprächen eignen sich **Konferenzmikrofone**. Die Wiedergabe einer Aufnahme kann über einen **Fußschalter** erfolgen, während das Übertragen von Diktaten oder Gesprächen mit einem **Ohrhörer, Stetofon oder Kopfhörer** möglich ist.

6.2.7 Regeln für das Phonodiktat

Die „Regeln für das Phonodiktat" sind in der Norm DIN 5009 festgelegt. Sowohl der Diktierende als auch die Schreibkraft (Phonotypist/in) sollten diese Regeln kennen und bei der Arbeit anwenden. Daneben sollen der Duden, Rechtschreibung (neueste Auflage) und die „Regeln für Maschinenschreiben" nach der Norm DIN 5008 wichtige Grundlagen für die Diktatsprache sein.

Bei vielen Texten sind **Anweisungen** erforderlich, z. B. **Textanweisungen** für das Unterstreichen, Sperren, Großbuchstaben, unbekannte Begriffe; **Formanweisungen** für Aufstellungen und numerische Inhaltsübersichten; **sonstige Anweisungen** für den Tonträgerwechsel.

Der folgende Satz aus der Diktatsprache zeigt, daß Anweisungen am Anfang mit „Stopp" und am Ende mit „Text" gekennzeichnet werden:

Beim Diktat soll man immer deutlich – *Stopp* – *unterstreichen deutlich* – *Text* – sprechen – *Punkt*

398284

Konstanten sind feststehende Benennungen aus dem Duden und der Norm DIN 5008 (Regeln für Maschinenschreiben), die neben Anweisungen innerhalb eines Phonodiktats zur besseren Verständigung zwischen Diktierenden und Schreibkräften dienen. Die folgende Übersicht zeigt wichtige Konstanten:

Textkonstanten	Formkonstanten	Ablaufkonstante
Punkt	Absatz	Versendungsform
Komma	Absatz – einrücken	Behandlungsvermerk
Fragezeichen	Absatz – Fluchtlinie	Anschrift
Ausrufezeichen	(Ende der Einrückung)	Bezugszeichen

6.2.8 Ansage und Übertragung

Die folgenden Beispiele zeigen die Umsetzung der Diktatsprache in die Schrift. In allen Fällen handelt es sich um Teile eines Briefes, wobei die Anforderungen der Normen beachtet wurden. Bitte vergleichen Sie die Unterschiede zwischen Ansage und Übertragung.

Ansage:

Hier spricht ... Abteilung ... Telefonnummer ... Bitte ein Schreiben auf Briefblatt A4 – ein Durchschlag – Anschrift – Frau Anja – Stopp – ich buchstabiere Voß – Viktor Otto Eszett – Text – Weserstraße – drei sechs – Postleitzahl – drei zwo fünf null – Hameln

Übertragung:

```
Frau
Anja Voß
Weserstraße 36

3250 Hameln
```

Ansage:

Betreff – Phonotypie-Seminar – Sehr geehrte Frau Voß – Komma – wir danken für Ihr Interesse an unserem Phonotypie-Seminar – Komma – das am kommenden Wochenende in – Stopp – sperren Hameln – Text – veranstaltet wird.

Übertragung:

```
Phonotypie-Seminar


Sehr geehrte Frau Voß,


wir danken für Ihr Interesse an unserem Phonotypie-Seminar,
das am kommenden Wochenende in   H a m e l n   veranstaltet
wird.
```

6.2.9 Postamtliche Buchstabiertafel

Zum Buchstabieren schwieriger Wörter und Bezeichnungen sollte man die postamtliche Buchstabiertafel verwenden.

Inland				Ausland			
A	= Anton	O	= Otto	A	= Amsterdam	N	= New York
Ä	= Ärger	Ö	= Ökonom	B	= Baltimore	O	= Oslo
B	= Berta	P	= Paula	C	= Casablanca	P	= Paris
C	= Cäsar	Q	= Quelle	D	= Danemark	Q	= Quebec
Ch	= Charlotte	R	= Richard	E	= Edison	R	= Roma
D	= Dora	S	= Samuel	F	= Florida	S	= Santiago
E	= Emil	Sch	= Schule	G	= Gallipoli	T	= Tripoli
F	= Friedrich	ß	= Eszett	H	= Havana	U	= Upsala
G	= Gustav	T	= Theodor	I	= Italia	V	= Valencia
H	= Heinrich	U	= Ulrich	J	= Jerusalem	W	= Washington
I	= Ida	Ü	= Übermut	K	= Kilogramme	X	= Xanthippe
J	= Julius	V	= Viktor	L	= Liverpool	Y	= Yokohama
K	= Kaufmann	W	= Wilhelm	M	= Madagaskar	Z	= Zürich
L	= Ludwig	X	= Xanthippe				
M	= Martha	Y	= Ypsilon				
N	= Nordpol	Z	= Zacharias				

Der Praxistip

☞ Um ein schreibgerechtes Phonodiktat zu erreichen, sollte man die Arbeitsabläufe des Maschinenschreibens berücksichtigen.

☞ Ein schriftlicher Diktatauftrag, in dem kurze Einzelheiten über das Diktat vermerkt sind (z. B. die Bezugszeichen), erleichtert die Verständigung zwischen den beteiligten Mitarbeitern.

☞ Beachten Sie neben einer guten Sprechtechnik die Regeln für das Phonodiktat (DIN 5009) und die Regeln für Maschinenschreiben (DIN 5008).

☞ Ein Seminar über das Thema „Diktieren" eignet sich sowohl für den Diktanten als auch für die Schreibkraft.

Auf einen Blick

▶ Neben dem Phonodiktat gibt es das Stenodiktat, das Maschinendiktat und den Stichwortbrief.

▶ Es wird zwischen Bürodiktiergerät, Handdiktiergerät und zentraler Diktieranlage unterschieden.

▶ Moderne Tonträger sind die Minikassette für Diktiergeräte und die Festplatte bei Einsatz des digitalen Liniendiktat-Systems.

▶ Als Zubehör zum Diktieren und Übertragen werden Handmikrofone mit Fernbedienung, Konferenzmikrofone, Fußschalter, Ohrhörer, Stetofone und Kopfhörer verwendet.

▶ In der Diktatsprache werden die Regeln für das Phonodiktat (DIN 5009) und die Regeln für Maschinenschreiben (DIN 5008) angewendet.

398286

Aufgaben

1. Welche vier Möglichkeiten des Diktats werden in der Praxis angewandt?

2. Beschreiben Sie die einzelnen Möglichkeiten des Diktats mit ihren Vor– und Nachteilen.

3. Begründen Sie, warum das Stenodiktat trotz der vielen Vorteile des Phonodiktats auch im modernen Büro von vielen Diktanten vorgezogen wird.

4. Beschreiben Sie den Begriff „Diktiergerät" mit eigenen Worten.

5. Welche Unterschiede bestehen zwischen einem Diktiergerät und einem Kassettenrecorder.

6. Welche Arten von Diktiergeräten werden unterschieden?

7. Nennen Sie die Vorteile einer zentralen Diktieranlage.

8. Was versteht man unter einem „digitalen Liniendiktatsystem"? Beschreiben Sie dieses System, und vergleichen Sie es mit einer herkömmlichen zentralen Diktieranlage.

9. Welche Anforderungen sollten praxisgerechte Diktiergeräte erfüllen?

10. Zählen Sie die Vorteile der Minikassette auf, und erläutern Sie die einzelnen Punkte.

11. Welche Tonträger werden bei älteren Diktiergeräten verwendet?

12. Nennen Sie das Zubehör für Diktiergeräte, und beschreiben Sie die Einsatzmöglichkeiten.

13. Warum haben sich Fußschalter für Diktiergeräte gegenüber Handschaltern in der Büropraxis durchgesetzt?

14. Beschreiben Sie das in der folgenden Abbildung dargestellte Zubehör für ein Diktiergerät, und zeigen Sie die Unterschiede zu einem Kopfhörer auf.

15. Aus welchen Grundlagen setzt sich die Diktatsprache zusammen?

16. Welches ist der Unterschied zwischen Anweisungen und Konstanten in der Diktatsprache?

17. Bei einem schreibgerechten Phonodiktat sollte der Diktierende die Arbeitsabläufe des Maschinenschreibens berücksichtigen. Erfassen Sie die einzelnen Punkte in einer Übersicht.

18. Wie würden Sie den folgenden Satz eines Briefes normgerecht diktieren?

    Das Diktiergerät KOMPAKTA wird als Neuentwicklung auf der Messe vorgestellt.

19. In welchen Fällen wird die postamtliche Buchstabiertafel angewandt?

20. Buchstabieren Sie Ihren Zunamen nach der postamtlichen Buchstabiertafel.

21. Diskutieren Sie den Inhalt der Stellenanzeige „Phonotypist(in)" von Seite 82.

22. Was könnte einen Sachbearbeiter veranlassen, sein Diktiergerät nicht zu benutzen, sondern anderen Möglichkeiten des Diktats den Vorzug zu geben? Geben Sie die Gründe an.

6.3 Textsystem

Diese Lektion informiert Sie über:

✔ die Unterschiede eines Textsystems gegenüber der Schreibmaschine

✔ die Grundtätigkeiten der Textverarbeitung

✔ den Arbeitsablauf vom Texthandbuch bis zum programmierten Brief

✔ Möglichkeiten, Technik und Merkmale von Textsystemen

✔ Praxistips für den Einsatz von Textsystemen

✔ Praxistips zum Kopieren und Drucken

✔ Praxistips zum Umgang mit Papier

Wissenswertes

Typenradschreibmaschinen

können im „Baukastenprinzip" zu einer Bildschirmschreibmaschine ergänzt werden. Voraussetzung für die Bezeichnung „Textsystem" nach der Norm DIN 2140 ist, daß eine Funktionseinheit vorhanden sein muß, die mit Hilfe von Programmen die Textverarbeitung durchführen kann.

Die Norm DIN 2140

wurde in den letzten Jahren mehrmals durch Änderungen der technischen Entwicklung angepaßt. Dabei hat sich die Bezeichnung des Arbeitsmittels wiederholt geändert. Folgende Bezeichnungen wurden aufgeführt:

– Schreibautomat
– Textautomat
– Textverarbeitendes System
– Textsystem

Wichtig: Nach der z. Z. gültigen Norm vom September 1987 lautet die Bezeichnung *Textsystem!*

Unterschiedliche Ergebnisse bei der Textverarbeitung

Zwei Experten testeten Programme

Hameln. Zwei Experten, die sich für einen Vergleich von Textverarbeitungsprogrammen zur Verfügung stellten, bewältigten mehrere Aufgaben gleichen Schwierigkeitsgrades. Der Kandidat A benötigte für die einwandfreie Anfertigung 48 Minuten, und der Kandidat B kam erst nach 64 Minuten zum Ziel. Der Grund für diesen Unterschied ist darin zu sehen, daß sie verschiedene Textverarbeitungsprogramme verwendeten. Bei beiden Herren handelt es sich um jahrelange Praktiker in diesem Bereich.

Korrespondenzanalyse und Interviewmethode

Die *Korrespondenzanalyse* ist die Grundlage für ein Texthandbuch. Man sammelt dabei Kopien oder Durchschläge der Ausgangspost während eines bestimmten Zeitraums. Bei der Untersuchung wird festgestellt, welche Texte sich am Arbeitsplatz ständig wiederholen und für die Programmierung geeignet sind.

Die *Interviewmethode* ist so aufgebaut, daß die Sachbearbeiter in einer Befragung die Texte angeben, die in einem Texthandbuch aufgenommen werden sollen.

398288

6.3.1 Einrichtungen eines Textsystems

Ein Textsystem besteht nach der Norm DIN 2140 aus den folgenden Einrichtungen:

Eingabeeinrichtung (Tastatur), Funktionseinheit (Zentraleinheit), Einrichtung zur Speicherung von Text (Diskettenlaufwerk bzw. Festplatte), Ausgabeeinrichtung (Drucker) und Bildschirm. Diese Einrichtungen sind auch an einem Arbeitsplatz-Computer zu finden. Ein Textsystem kann ein System sein, das ausschließlich für die Textverarbeitung eingesetzt wird bzw. auch ein Arbeitsplatz-Computer, der durch ein Textverarbeitungsprogramm gesteuert wird.

Die **Eingabeeinrichtung** (Tastatur) eines Textsystems gliedert sich in die folgenden Bereiche:

1 = Alphanumerische Tastatur nach DIN 2137

2 = Funktionstasten

3 = Sondertasten

4 = Numerische Tastatur

5 = Cursorsteuertasten

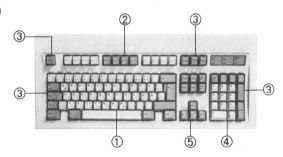

6.3.2 Textverarbeitung

Textverarbeitung ist ein Oberbegriff für verschiedene Büroarbeiten im Zusammenhang mit Texten, z. B. Konzipieren, Diktieren, Schreiben und Aufbewahren.

Innerhalb der elektronischen Textverarbeitung mit dem Textsystem unterscheidet man die folgenden **Grundtätigkeiten:**

- Erfassen (Eingeben) mit Hilfe der Tastatur

- Bearbeiten, d. h. korrigieren, mit Hervorhebungen versehen, umgestalten usw.

- Speichern auf einer Diskette bzw. auf der Festplatte

- Laden in den Arbeitsspeicher zur weiteren Bearbeitung

- Verarbeiten von Einzeltexten (z. B. Sätze) zum Ganztext (z. B. Brief)

- Drucken mit einem EDV-Drucker oder einer Schreibmaschine auf Papier

6.3.3 Texthandbuch und Schreibauftrag

```
=================================================  ===  ==================
Volltext                                           Nr.  und Kurztext
=================================================  ===  ==================
...              s-1              ......            10  Bezugszeichen
                                                        und Betreff
Ihr Besuch in der Rattenfängerstadt Hameln
=================================================  ===  ==================
Sehr geehrte ....                                   20  Einzelanrede
-------------------------------------------------  ---  ------------------
Sehr geehrte Damen und Herren,                      21  Allgemeinanrede
-------------------------------------------------  ---  ------------------
wir danken für Ihr Vertrauen und bestätigen unsere telefoni- 30 Einleitung
schen Vereinbarungen für Ihren Besuch in der Rattenfänger-
stadt Hameln. Folgende Unternehmungen haben wir für ... Per-
sonen geplant:
=================================================  ===  ==================
Stadtführung durch das historische Hameln am ... von ... bis 40 Stadtführung
ca. ... Uhr. Der Treffpunkt ist vor dem Hochzeitshaus in der
Osterstraße. Kosten je Teilnehmer: 2,00 DM.
-------------------------------------------------  ---  ------------------
Dampferfahrt auf der Weser von Hameln bis Ohr und zurück mit 41 Dampferfahrt 1
der "Weserflotte" am ... von ... bis ca. ... Uhr. Der Treff-
punkt ist am Dampferanleger an der Kaimauer. Kosten je Teil-
nehmer: 8,00 DM.
-------------------------------------------------  ---  ------------------
Dampferfahrt auf der Weser von Hameln bis Bodenwerder und    42 Dampferfahrt 2
zurück mit der "Weserflotte" am ... von ... bis ca. ... Uhr.
Der Treffpunkt ist am Dampferanleger an der Kaimauer. Kosten
je Teilnehmer: 25,00 DM.
-------------------------------------------------  ---  ------------------
Waldwanderung unter Leitung eines Oberförsters im Hamelner   43 Waldwanderung
Stadtwald "Klüt" auf einem Waldlehrpfad am ... von ... bis
ca. ... Uhr. Der Treffpunkt ist am Waldparkplatz "Finken-
born". Kosten je Teilnehmer: 3,00 DM.
-------------------------------------------------  ---  ------------------
Heimatabend in der Rattenfängerhalle mit volkstümlichen Mu-  44 Heimatabend
sikdarbietungen der Gruppe "Rattenfängertrio" am ... von ...
bis ca. ... Uhr. Der Treffpunkt in der Rattenfängerhalle,
Mühlenstraße 14. Ein reichhaltiges Abendbüffett ist vorge-
sehen. Kosten (ohne Getränke) je Teilnehmer: 30,00 DM.
=================================================  ===  ==================
Mit diesem Brief senden wir Ihnen einen Stadtplan. Eine ge-  50 Schluß,
naue Abrechnung wir nach den Veranstaltungen unter Berück-      Gruß und
sichtigung der genauen Teilnehmerzahl vornehmen.                Anlagenvermerk

Wir wünschen Ihnen einen angenehmen Aufenthalt in unserer
historischen Rattenfängerstadt.

Mit freundlichen Grüßen

TOURISTIK-ORGANISATION
RATTENFÄNGERSTADT HAMELN GMBH


Anlage
1 Stadtplan
=================================================  ===  ==================
8706
```

Entscheidungsgruppe

Variable

Im **Texthandbuch** ist der Wortlaut von Texten in Form von Textbausteinen aufgeführt. Innerhalb einer Entscheidungsgruppe bestehen meistens mehrere Auswahlmöglichkeiten. Alle Textbausteine sind mit Selektions- bzw. Auswahlnummern versehen und durch einen Suchbegriff (Kurzbezeichnung) schnell aufzufinden.

Im **Schreibauftrag** werden allgemeine Angaben zum Brief, die Selektionsnummern und Variable (= individuelle Einfügungen) vermerkt. Der Schreibauftrag dient als Arbeitsgrundlage für die Eingabe in das Textsystem.

Schreibauftrag

Anschrift: *Sekretärinnen-Verband Norddeutschland e.V. z.H. Frau Gisela Renker An den Eichen 3 2883 Stadland 1*

Ihre Zeichen, Ihre Nachricht vom

Textprogramm: *HM*

Kopien: *1*

Selektionsnummer	Variable
10	*09.12...*
20	*Frau Renker*
30	*39*
40	*Donnerstag, 25. Juli 19..., 10.00 11.30*
41	*Donnerstag, 25. Juli 19..., 15.00 17.00*
44	*Donnerstag, 25. Juli 19..., 20.00 23.30*

Bemerkungen

6.3.4 Programmierter Geschäftsbrief

Nach der Eingabe aller Angaben des Schreibauftrags in das Textsystem wird der Geschäftsbrief gedruckt; er ist das Ergebnis des Arbeitsablaufs im Rahmen der Textverarbeitung mit Hilfe eines Texthandbuchs.

Serienbriefe sind z. B. Angebote, Einladungen, Mahnungen, Werbebriefe, mit gleichem Inhalt, die an mehrere Empfänger versandt werden. Der Text wird dabei nur einmal erfaßt und nach einem bestimmten Programmablauf in Verbindung mit bereits erfaßten Empfängeranschriften wiederholt vom Textsystem gedruckt.

Vorteile programmierter Briefe:

– Die Arbeitsleistung des Sachbearbeiters und der Schreibkraft ist größer.

– Die Brieftexte sind gut formuliert.

– Es entfallen Rechtschreibfehler.

– Alle Angaben sind normgerecht angeordnet.

6.3.5 Überblick

Die technische Entwicklung im Bereich der Computertechnik hat auch Textsysteme stark beeinflußt. Die folgende Übersicht zeigt Möglichkeiten, die in modernen Büros eingesetzt werden, mit ihrer Technik und den Merkmalen:

Möglichkeit	Technik	Merkmal
Bildschirmschreibmaschine	integrierte Programme	gute Textverarbeitung, jedoch ohne zusätzliche Anwendungsbereiche
Arbeitsplatz-Computer	integrierte Programme variables Betriebsprogramm und variables Textverarbeitungsprogramm	Komfortable Textverarbeitung, die veränderten Bedürfnissen angepaßt werden kann. Zusatzanwendungen in vielen Arbeitsbereichen sind möglich.

Der Praxistip

☞ Zuerst sollte man sichere Kenntnisse im Maschinenschreiben und in der Briefgestaltung an der Schreibmaschine erwerben, anschließend sollte man sich mit der Arbeit am Textsystem und der Textverarbeitung vertraut machen. Dies sind wichtige Voraussetzungen, um im Schriftverkehr wirtschaftlich zu arbeiten.

☞ Bei der Aufstellung eines Texthandbuches ist eine Kombination aus Korrespondenzanalyse und Interviewmethode zu empfehlen, da bei der Korrespondenzanalyse bestimmte Fälle während eines begrenzten Untersuchungszeitraums nicht auftreten.

☞ Ein Textsystem bzw. ein Textverarbeitungsprogramm mit komfortabler Anschriftverwaltung erleichtert die Anfertigung von Serienbriefen erheblich.

Auf einen Blick

▶ Textsysteme können sowohl für die individuelle Korrespondenz als auch für die Textverarbeitung eingesetzt werden.

▶ Bei der Textverarbeitung werden die folgenden Grundtätigkeiten unterschieden: Erfassen, Bearbeiten, Speichern, Laden, Verarbeiten und Drucken von Texten.

▶ Das Texthandbuch und der Schreibauftrag sind wichtige Grundlagen für den programmierten Geschäftsbrief.

▶ Serienbriefe sind Briefe an mehrere Empfänger mit gleichem Inhalt. Die Anschriften der Empfänger werden im Textsystem gespeichert und nach dem Programmablauf verarbeitet.

398292

Aufgaben

1. Aus welchen Einrichtungen besteht ein Textsystem?

2. Welche zusätzlichen Tasten hat ein Textsystem gegenüber einer Schreibmaschine?

3. Was versteht man unter „Textverarbeitung" als Oberbegriff?

4. Welche Grundtätigkeiten umfaßt die elektronische Textverarbeitung am Textsystem?

5. Welche Arbeitsschritte am Textsystem werden als „Textbearbeitung" bezeichnet?

6. Beschreiben Sie mit eigenen Worten ein Texthandbuch.

7. Erläutern Sie, welche organisatorischen Maßnahmen zum Erstellen eines Texthandbuchs für die programmierte Textverarbeitung erforderlich sind.

8. Welche Nachteile hat die Korrespondenzanalyse?

9. Welches Verfahren würden Sie zum Erstellen eines Texthandbuchs wählen? Begründen Sie Ihre Meinung.

10. Welche Texte eignen sich nicht für die Textprogrammierung?

11. Erstellen Sie ein Texthandbuch für das Arbeitsgebiet „Mahnungen".

12. Was bedeuten die Begriffe „Entscheidungsgruppe" und „Variable"?

13. Was versteht man unter einem Schreibauftrag?

14. Beschreiben Sie den Begriff „Serienbrief", und nennen Sie Beispiele für den Einsatz in der Berufspraxis.

15. In welchen Fällen (allgemein bezeichnet) kann der Serienbrief nicht verwendet werden?

16. Welche Vorteile sehen Sie in der Anwendung der programmierten Textverarbeitung in den Büros?

17. Welche Unterschiede bestehen hinsichtlich der Technik zwischen einer Bildschirmschreibmaschine und einem Arbeitsplatz-Computer? Welche Auswirkungen haben diese Unterschiede auf den Einsatz in der Praxis?

18. Welche zusätzlichen Kenntnisse muß ein(e) Mitarbeiter(in) haben, wenn sie/er anstatt einer Schreibmaschine ein Textsystem für die Arbeit im Büro einsetzt?

19. Diskutieren Sie die Aussagen des Berichts „Unterschiedliche Ergebnisse bei der Textverarbeitung" von Seite 88. Welche Gründe haben wohl dazu geführt, daß der in dem Bericht erwähnte Kandidat A schneller zum Ziel seiner Arbeit kam?

20. Wie beurteilen Sie die Aussage „Die Textverarbeitung mit dem Textsystem kann die Kurzschrift ersetzen?"

21. Welchen Betrieben (Klein-, Mitteloder Großbetrieben) würden Sie den Einsatz von Textsystemen bzw. der programmierten Textverarbeitung empfehlen? Begründen Sie Ihre Meinung zu dieser Aussage.

22. Würden Sie Textsysteme auch im privaten Bereich mit gelegentlichem Schriftwechsel einsetzen? Geben Sie für Ihre Aussagen eine Begründung an.

7 Arbeitsplatz-Computer

Historisches

Der „Abacus", ein Hilfsmittel zum Rechnen, dessen Zähl-elemente Steinchen oder Perlen waren, ist der älteste Vorreiter des Computers. Diese Rechenbretter werden heute noch in Ostasien, Indien und Rußland benutzt.

1886 stellte Hermann Hollerith, USA, Sohn deutscher Auswanderer, eine Lochkarten-maschine vor; sie gilt als erstes Datenver-arbeitungssystem und wurde zur amerika-nischen Volkszählung im Jahre 1890 einge-setzt.

1946 ist der Beginn der 1. Computergeneration, deren Kern-stück der Elektronenrechner ENBiAC der Amerikaner Dr. J. P. Eckert und Prof. Dr. J. W. Mauchly war. Diese erste vollauto-matische Großrechenanlage verwendete erstmalig Röhren als Schaltelemente.

1955 begann die 2. Computergeneration mit der ersten Tran-sistoren-Rechenanlage. Der Transistor-Digital-Computer war die Gemeinschaftsarbeit von Technikern der Bell Laborites, USA.

1962 gilt als Anfang der 3. Computergeneration. Es wurde die Hybridtechnik angewandt, wobei Transistoren in Salzkorn-größe verwendet und die Einzelbauteile in kleinen Modulen zusammengefaßt wurden.

1968 ist der Beginn der 4. Computergene-ration: Mehrere Schaltkreise wurden auf einem Chip zusammengefaßt und ermög-lichten die Datenspeicherung auf kleinstem Raum.

1981 ist das Geburtsjahr des Personalcomputers (Arbeits-platz-Computer) mit dem Mikroprozessor 8088. Auf einem Siliziumplättchen (Chip) von rd. 30 mm^2 Fläche können rund 64000 Speicherzellen (bits) untergebracht werden.

398294

7.1 Hardware

Diese Lektion informiert Sie über:

✔ die Einrichtungen eines Arbeitsplatz-Computers nach der Norm DIN 32 748

✔ die Möglichkeiten der Eingabe von Text-, Grafik- und Bilddaten

✔ die unterschiedlichen Tasten bei Arbeitsplatz-Computern

✔ die Aufgaben der Funktionseinheit

✔ die Möglichkeiten der externen Datenspeicherung

✔ Praxistips für die tägliche Arbeit mit Arbeitsplatz-Computern

Wissenswertes

Was ist Hardware?

Zur **Hardware** (wörtlich: „harte Ware") eines Computersystems gehören alle Bestandteile, die man „anfassen" kann, Funktionseinheit und Peripheriegeräte (Tastatur, Bildschirm, Drucker usw.).

Computer und Programme

innerhalb eines Netzwerkes müssen einem einheitlichen Standard entsprechen, d. h., sie müssen kompatibel sein.

Die Geschwindigkeit einer Funktionseinheit wird mit der Taktfrequenz bezeichnet. Während XT-Arbeitsplatz-Computer mit einer Taktfrequenz von 4,77 Megahertz arbeiten, haben AT-Arbeitsplatz-Computer eine Taktfrequenz von 10, 12, 20, 25 oder mehr Megahertz. Die Taktfrequenz von z. B. 10 Megahertz sagt aus, daß 10 000 000mal pro Sekunde ein Arbeitsschritt ausgeführt werden kann. Diese Angaben sind also eine hervorragende Vergleichsgrundlage für die Arbeitsgeschwindigkeit.

Bei Arbeitsplatz-Computern gibt es verschiedene Standards:

PC = Personalcomputer, 64 KB Speicher, CPU 8088

XT = Extented Technology (erweiterte Technologie), 640 KB Speicher, CPU 8086 oder 8088

AT = Advanced Technology (fortgeschrittene Technologie), 1 MB und mehr Speicher, CPU 80286, 80386 oder 80486

Aus dem Lexikon

Computer = elektronische Rechenanlage; Rechner

Interface = Computer-Adapter; Schnittstelle zur Verbindung verschiedener Einrichtungen

KB = Kilobyte = 1 000 Bytes

Kommunikation = Austausch von Nachrichten

kompatibel = austauschbar; verträglich

MB = Megabyte = 1 000 000 Bytes

7.1.1 Bestandteile der Hardware

Ein Arbeitsplatz-Computer wird in der Norm DIN 32 748 so bezeichnet:

„Bürosystem für die Ein- und Ausgabe sowie Verarbeitung von Informationen"

Folgende **Einrichtungen** sollten vorhanden sein:

Eingabeeinrichtung	Tastatur, Maus, Scanner
Funktionseinheit	Zentraleinheit
Einrichtung zur Speicherung von Informationen	Diskettenlaufwerk bzw. Festplatte
Anzeigeeinrichtung	Bildschirm
Schnittstelle für die Ausgabeeinrichtung	Anschluß für einen Drucker bzw. eine Schreibmaschine

Neben einer Reihe von Unterscheidungsmerkmalen spielt der **Einsatzbereich** bei einem Computersystem eine entscheidende Rolle. Die folgenden Abbildungen zeigen zwei bedeutende Unterschiede.

Arbeitsplatz-Computer, der im Büro eingesetzt wird

Notebook, ein transportables System, auch für „unterwegs"

7.1.2 Eingabeeinrichtung

Mit der Eingabeeinrichtung werden Daten zur Verarbeitung in den Computer eingegeben. Es bieten sich die folgenden Möglichkeiten an:

Tastatur   Maus   Scanner

Die Tastatur ist nach der Norm DIN 2137 mit 48 Tasten belegt, außerdem hat sie verschiedene Sondertasten.

Die Maus dient zum Steuern des Cursors und erledigt innerhalb der Anwenderprogramme bestimmte Arbeitsschritte.

Der Scanner erfaßt Text-, Grafik- und Bildvorlagen mit einer Optik und ermöglicht die Computerverarbeitung.

Die Tastatur eines Arbeitsplatz-Computers mit den verschiedenen Sondertasten ist auf Seite 89 dargestellt.

398296

Normung, Bezeichnung und Kennzeichnung der Tasten

Die Norm DIN 2137 Alphanumerische Tastatur berücksichtigt nur 48 Tasten, die mit Schriftzeichen belegt ist (Schreibmaschinentastatur). Die Funktionstasten (Eingabetaste, Umschalttaste usw.) sind mit ihren Symbolen in der Norm DIN 2130 aufgeführt.

Verschiedene Tasten des Arbeitsplatz-Computers werden unterschiedlich gekennzeichnet und bezeichnet. Die folgende Übersicht zeigt die Unterschiede bei den wichtigsten Tasten.

Möglichkeit(en) der Bezeichnung	deutsche Bezeichnung	Funktion
Return Enter CR Newline	(Eingabetaste)	a) Bestätigung einer Eingabe b) Zeilenschaltung
Shift	Umschalttaste	Umschalten zwischen Klein- und Großbuchstaben sowie Ziffern und Zeichen
Space	Leerschritttaste	Einfügen von Leerschritten bzw. Löschen des Zeichens rechts vom Cursor
Backspace	Korrekturtaste	Korrektur der Zeichen links vom Cursor
Esc (escape)	–	frei programmierbar
Alt	Alternativtaste	frei programmierbar
Strg bzw. Ctrl	–	frei programmierbar
Home bzw. Pos 1	–	frei programmierbar, oftmals: Cursor an den Bildschirmanfang
End	Ende	Cursor an das Zeilenende
Ins Einfg	Einfügen	Einfügen von Zeichen und Wörtern
Del Entf	Entfernen	Entfernen von Zeichen und Wörtern
Tab	Tabulator	Tabulatorfunktion(en)
PgDn (paging down)	Bild ↓	Vorwärtsblättern des Bildschirms
PgUp (paging up)	Bild ↑	Rückwärtsblättern des Bildschirms

7.1.3 Funktionseinheit

Die Funktionseinheit = Zentraleinheit = Mikroprozessor = CPU (Central Processing Unit) ist mit den anderen Einrichtungen des Computers verbunden und löst die verschiedenen Verarbeitungsvorgänge aus. Die Bestandteile der Funktionseinheit und deren Aufgaben sind in der folgenden Übersicht aufgeführt:

Bezeichnung	Aufgabe
Steuerwerk	Erkennen und Durchführen von Befehlen
Rechenwerk	Bearbeiten von Rechenvorgängen
Arbeitsspeicher	Speichern von Arbeitsergebnissen

Der **Arbeitsspeicher** wird auch als **interner Speicher** bezeichnet und gliedert sich in zwei Bereiche:

RAM (Random Acces Memory), der **Arbeitsspeicher mit wahlfreiem Zugriff,** kann vom Anwender geändert werden. In diesen Speicher werden das Betriebsprogramm und Anwenderprogramme geladen. Hier werden auch Daten (z. B. Briefe oder Textbausteine) abgelegt und wieder herausgelesen. Bei Stromausfall geht der Speicherinhalt verloren.

ROM (Read Only Memory), der Nur-Lese-Speicher, ist vom Anwender nicht zu verändern. Hier sind die fest programmierten Teile des Betriebssystems, die für die Inbetriebnahme des Computers erforderlich sind, gespeichert. Nach dem Einschalten des Computers meldet sich das Grundbetriebssystem und zeigt an, daß eine Eingabe möglich ist.

Das Kernstück der Funktionseinheit eines Computers sind **Mikrochips,** das sind Silizium-Plättchen, die durch Spezialverfahren als Träger digitaler Schaltungen mit mehreren hunderttausend Transistorfunktionen auf kleinstem Raum geeignet sind.

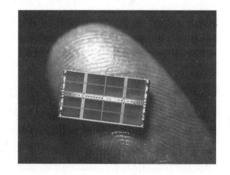

Die **Speicherkapazität** eines Arbeitsspeichers wird in Kilobyte (KB) oder Megabyte (MB) angegeben. XT-Systeme haben meistens einen 640-KB-Speicher, AT-Systeme arbeiten mit Arbeitsspeichern in der Größenordnung von 1 bis 4 MB.

Speichererweiterungen sind durch separate Steckkarten möglich und oft erforderlich, da umfangreiche Textverarbeitungs-, Kommunikations- und Desktop-publishing-Programme einen sehr großen Arbeitsspeicher benötigen.

Schnittstellen = Interfaces werden benötigt, um an die Funktionseinheit andere Einrichtungen (Tastatur, Bildschirm, Diskettenlaufwerk und Drucker) anschließen zu können. Diese Aufgabe erfüllt eine Steckverbindung und ein Steuerprogramm.

Das **Bussystem** übernimmt die Übertragung und Steuerung der Daten vom internen zum externen Speicher und zu den Ausgabegeräten.

398298

7.1.4 Externe Speicher

Da der interne Speicher in der Funktionseinheit oftmals für umfangreiche Programme und Daten nicht ausreicht bzw. sein Inhalt bei Stromunterbrechung nicht mehr zur Verfügung steht, werden Massenspeicher verwendet. Nach der Norm DIN 32 748 wird dieser externe Speicher als **„Einrichtung zur Speicherung von Informationen"** bezeichnet, dazu zählen folgende Möglichkeiten:

∗ Diskettenlaufwerk   ∗ Festplattenlaufwerk   ∗ Bandlaufwerk   ∗ Optischer Speicher

Der externe Speicher kann durch Erweiterung des internen Speichers sämtliche Programme und Daten aufnehmen. Er steht für die Eingabe jederzeit zur Verfügung.

Die **Diskette** wird in zwei Ausführungen als Minidiskette (5,25 Zoll) oder als Mikrodiskette (3,5 Zoll) für Arbeitsplatz-Computer verwendet. Die Normaldiskette (8 Zoll) spielt eine untergeordnete Rolle. Die Speicherkapazität beträgt bei Minidisketten 360 KB bzw. 1,2 MB, bei Mikrodisketten 720 KB bzw. 1,44 MB.

Die fachgerechte Behandlung ist besonders bei den empfindlichen Minidisketten zu beachten. Um sich vor Datenverlusten zu schützen, sollten die folgenden Hinweise beachtet werden:

| Nie unnötig herausnehmen | Nie berühren! | Nur mit Filzstift schreiben | Nicht radieren | Nicht mit Büroklammern versehen | Vor Magnetisierung schützen | Aufrecht lagern | Vor Wärme schützen |

Die **Festplatte** ist meistens im Bereich der Zentraleinheit fest installiert und hat eine größere Speicherkapazität (zwischen 10 und 140 MB) als eine Diskette. Die Festplatte zählt zur Grundausrüstung eines leistungsfähigen Arbeitsplatz-Computers, denn neben der hohen Speichermöglichkeit ist der Zugriff auf Daten wesentlich schneller als bei Disketten.

Neben der hier beschriebenen Festplatte gibt es **transportable Festplatten**. Außerdem werden oftmals **Bandlaufwerke** für die Datenspeicherung eingesetzt.

Optische Speicher, die nach dem Prinzip des CD-Players (Laserstrahl) arbeiten, sind die neueste Entwicklung auf dem Gebiet der externen Speicher, sie zeichnen sich durch schnellste Arbeitsweise und größte Speicherkapazität im Vergleich zu den anderen Massenspeichern aus.

7.1.5　Anzeigeeinrichtung

Als Anzeigeeinrichtung innerhalb des Programmablaufs sind Arbeitsplatz-Computer mit einem **Bildschirm** ausgestattet; hier erscheinen Menüs, Aufforderungen, Befehle und Kommandos. Im Bereich der Textverarbeitung ermöglicht der Bildschirm z. B. das Erfassen, Bearbeiten und Verarbeiten von Texten, indem ein Editierfeld vorgesehen ist, das als Arbeitsgrundlage dient. Bildschirme helfen, die Papierflut in den Büros einzuschränken.

Jeder Bildschirm arbeitet mit einer **Grafikkarte,** die sich in einem Steckplatz (Slot) des Computers befindet. Das Zusammenwirken von Software, Grafikkarte und Bildschirm ist für die Darstellung des Bildes zuständig. Ein Multiscan-Bildschirm (Mehrfach-Synchronisationsmonitor) kann wahlweise von unterschiedlichen Grafikkarten unterstützt werden und wird dadurch gegenwärtigen und zukünftigen Anforderungen gerecht.

Die Maße eines Bildschirms in der Diagonalen werden in Zoll angegeben, wobei 12- und 14-Zoll-Bildschirme am häufigsten vertreten sind. Für die Textverarbeitung und für CAD-Zeichnungen sind Ganzseitenbildschirme zu empfehlen.

7.1.6　Drucker

Die **Schnittstelle für die Ausgabeeinrichtung** ist die Verbindung zwischen Arbeitsplatz-Computer und EDV-Drucker. Ein Drucker wird nach der Norm DIN 9784 so beschrieben: „Gerät der Büro- und Datentechnik, das zur Ausgabe visuell erkennbarer Zeichen auf Papier dient und eine Einrichtung zur Aufnahme und Führung des Papiers hat".

Drucker lassen sich einteilen in mechanische und nichtmechanische Konstruktionen.

Mechanische Drucker arbeiten mit elektromechanisch oder elektromagnetisch bewegten Druckerzeugern im Zusammenhang mit einem Farbband. Diese Drucker werden auch als „anschlagerzeugend" (= Impact-Drucker) bezeichnet.

Nichtmechanische Drucker haben als Grundlage das Matrixverfahren. Hierbei kann auf ein Farbband verzichtet werden, da kein Anschlag entsteht. Diese Drucker werden auch als „anschlagfrei" (= Non-Impact-Drucker) bezeichnet.

3982100

Mechanische Drucker

Typenraddrucker bzw. auch Typenradschreibmaschinen erzielen ein sehr gutes Schriftbild. Die Typenräder können gewechselt werden, so kann man unterschiedliche Schriftfamilien wählen. Große Nachteile sind die geringe Ausgabegeschwindigkeit und die Lärmbelästigung.

Nadeldrucker erreichen ihre Druckqualität in Text und Grafik durch die Anzahl der Nadeln im Druckkopf. Vorteilhaft bei dieser Technik ist die Auswahlmöglichkeit verschiedener Schriftfamilien und Schriftarten durch einfache Arbeitsschritte. Der hohe Geräuschpegel wird oft als störend empfunden.

Nichtmechanische Drucker

Tintenstrahldrucker erzeugen die Zeichen in Form einer Matrix, indem Tinte auf das Papier gespritzt wird. Der große Vorteil dieser Drucker ist die geräuscharme Arbeitsweise. Ein Einsatz ist sowohl im Text- als auch im Grafikbereich möglich.

Laserdrucker haben die moderne Laserstrahltechnik und die Arbeitsweise des elektrostatischen Kopierens als Grundlage. Durch diese Technik werden eine hohe Geschwindigkeit und beste Druckqualitäten erreicht. Es besteht eine große Auswahl an Schriftfamilien. Die Arbeitsweise ist fast geräuschlos.

Technische Einzelheiten

Allgemein kann gesagt werden, daß mit erhöhten finanziellen Aufwendungen die Ausgabequalität und der Bedienungskomfort steigen. Die folgende Übersicht zeigt technische Einzelheiten.

	Typenrad	Nadel	Tintenstrahl	Laserstrahl
Schriftbild	sehr gut	gut[1]	gut	sehr gut
Durchschläge	bis 5	bis 3	nein	nein
Urkundenechtheit	ja	ja	ja	nein[2]
Papier	einzel endlos	einzel endlos	einzel endlos	einzel
Geschwindigkeit[1]	20 Z./s	200 Z./s	200 Z./s	ab 6 S./min
Farbe/Grafik	nein	ja	ja	ja
Geräusch	laut	sehr laut	sehr leise	sehr leise
Verbrauchsmaterial	Farbband	Farbband	Tinte	Toner Trommel
Wartungskosten	gering	gering	mittel	hoch
Marktanteil	gering	hoch	gering	gering
Verkaufszahlen	fallend	gleich	gleich	steigend
Preis	niedrig	niedrig	mittel	hoch

1 Briefqualität   2 „ja" – wenn Prüfgutachten vorliegt

7.1.7 Netzwerke und Kommunikation

Unter einem **Netzwerk** versteht man die Verbindung mehrerer Computer an verschiedenen Orten zur **Kommunikation** über ein gemeinsames Netz. Damit der Datenaustausch auch funktioniert, muß ein gemeinsamer Standard vorliegen, d. h., die Hardware und auch die Software müssen kompatibel sein. Durch die Anwendung der Netzwerktechnik ergeben sich folgende Vorteile:

- Austausch von Daten zwischen verschiedenen Arbeitsplätzen
- Gemeinschaftliche Nutzung von Zusatzgeräten
- Gemeinschaftliche Nutzung von Software

Der Praxistip

☞ Bei der Arbeit am Computer sollten die „Sicherheitsregeln für Bildschirmarbeitsplätze im Bürobereich" der Verwaltungsberufsgenossenschaft beachtet werden, da die physische und psychische Gesundheit des Menschen stark angegriffen wird.

☞ Die Anwendung der Maus erleichtert die Steuerung von Arbeitsschritten bei vielen Anwenderprogrammen.

☞ Mit einem Scanner erleichtert man sich das „Einlesen" vorhandener Text-, Grafik- und Bildvorlagen für die Weiterverarbeitung mit dem Computer.

☞ Informieren Sie sich, wie Sie Ihre Festplatte vor dem Abschalten des Computers gegen äußere Einwirkung durch Erschütterungen oder Stöße sichern können. Wenden Sie diese „Sicherung" immer an.

☞ Wenn Sie die Ratschläge zur Behandlung von Disketten beachten, schützen Sie sich vor Datenverlust.

☞ Erkundigen Sie sich vor der Anschaffung eines Druckers nach allen Vor- und Nachteilen, indem Sie verschiedene Konstruktionsmerkmale vergleichen.

Auf einen Blick

▶ Ein Arbeitsplatz-Computer besteht nach der Norm DIN 32 748 aus den folgenden Einrichtungen: Eingabeeinrichtung, Funktionseinheit, Einrichtung zur Speicherung von Informationen, Anzeigeeinrichtung und Schnittstelle für die Ausgabeeinrichtung.

▶ Mit der Eingabeeinrichtung (Tastatur, Maus, Scanner) werden Daten (Text-, Grafik- und Bilddaten) in den Computer zur Verarbeitung eingegeben.

▶ Die Funktionseinheit (Zentraleinheit) ist mit den anderen Einrichtungen des Computers durch Schnittstellen verbunden und löst die verschiedenen Verarbeitungsvorgänge aus.

▶ Die externen Speicher (Festplatte, Diskette usw.) werden als Massenspeicher für umfangreiche Datenmengen eingesetzt.

▶ Die Anzeigeeinrichtung (Bildschirm) zeigt die eingegebenen Zeichen und Befehle an. Auf der Anzeigeeinrichtung erscheinen auch Hinweise für den Programmablauf in Form von Menüs.

▶ Der Drucker ist durch die Schnittstelle für die Ausgabeeinrichtung mit dem Arbeitsplatz-Computer verbunden. Durch diese Einrichtung wird es ermöglicht, die im Computer verarbeiteten Daten auf dem Papier sichtbar erscheinen zu lassen.

3982102

Aufgaben

1. Über welche Einrichtungen sollte ein Arbeitsplatz-Computer nach der Norm DIN 32 748 verfügen?

2. Beschreiben Sie ein „Notebook", und erläutern Sie den großen Vorteil dieses Arbeitsmittels.

3. Welche Arten der Eingabeeinrichtung werden unterschieden?

4. Was versteht man unter der „Einrichtung zur Speicherung von Informationen"?

5. Wozu dient eine Maus im Bereich der Computertechnik?

6. Beschreiben Sie einen Scanner.

7. Welche Tasten sind sowohl an einer Schreibmaschine als auch an einem Arbeitsplatz-Computer zu finden? Welche Tasten hat ein Arbeitsplatz-Computer zusätzlich? Geben Sie allgemeine Bezeichnungen an.

8. Welche Doppelfunktion hat die Eingabetaste eines Arbeitsplatz-Computers? Geben Sie die verschiedenen Bezeichnungen für diese Taste an.

9. Nennen Sie die Bestandteile und die Aufgaben der Funktionseinheit eines Arbeitsplatz-Computers.

10. In welche Bereiche gliedert sich der Arbeitsspeicher, und welche Merkmale sind von Bedeutung?

11. In welcher Einheit wird die Speicherkapazität eines Arbeitsplatz-Computers angegeben?

12. Nennen Sie die Möglichkeiten zur externen Speicherung von Daten.

13. Beschreiben Sie den Begriff „Diskette".

14. Wie lautet die Bezeichnung der hier abgebildeten Diskette? Geben Sie an, welche Vorteile diese Diskette hat.

15. Nennen Sie die Maßnahmen zur fachgerechten Behandlung von Disketten.

16. Beschreiben Sie den Arbeitsablauf für das Beschriften von Minidisketten.

17. Welche Unterschiede bestehen zwischen einer Diskette und einer Festplatte?

18. Wozu dient der Bildschirm eines Arbeitsplatz-Computers?

19. In welche Konstruktionsgruppen lassen sich Drucker einteilen? Beschreiben Sie die Möglichkeiten, und nennen Sie Beispiele.

20. Welche Merkmale hat ein Nadeldrucker?

21. Welche Vor- und Nachteile hat ein Laserdrucker?

22. Für welchen Drucker würden **Sie** sich entscheiden? Begründen Sie Ihre Entscheidung.

23. Diskutieren Sie die Aussage: „Ein Computer ist ein wichtiger Schritt zum papierlosen Büro."

7.2   Software

Diese Lektion informiert Sie über:

✔ die Bedeutung und die Bereiche der Software

✔ wichtige Aufgaben des Betriebssystems

✔ bedeutende Merkmale verschiedener Betriebssysteme

✔ die Möglichkeiten zum Einsatz von Anwendungssoftware

✔ die Arbeitsweise und Einsatzmöglichkeiten von Desktop publishing

✔ den Umgang mit Programmiersprachen

✔ Praxistips für die Anschaffung und Arbeit mit Software

Wissenswertes

Kennen Sie diese Sprachen?

Die Maschinensprache, nach der ein Computer arbeitet, setzt sich aus einer Folge von Bytes zusammen, die aus den Ziffern 1 (Strom an) und 0 (Strom aus) bestehen. Die Programmiersprache, nach der ein Mensch ein Programm erstellt, ist an die englische Sprache angelehnt. Sie wird in der Zentraleinheit des Computers in die Maschinensprache übersetzt.

WYSIWYG

(What You See Is What You Get) bedeutet im übertragenen Sinn: Was Du am Bildschirm siehst, wird auf dem Druck erscheinen. Dies ist ein wichtiger Grundsatz für alle Anwendungsprogramme. Informieren Sie sich vor dem Kauf, ob das betreffende Anwendungsprogramm nach diesem Grundsatz arbeitet.

Desktop publishing (DTP)

wird in Fachzeitschriften auch so bezeichnet: Computer-Aided Publishing (CAP) (computerunterstütztes bzw. -gestaltetes Drucken)

Electronic Technical Publishing (ETP) (elektronisches Drucken) Printing-On-Demand (POD) (Druck auf Abruf)

MS-DOS

ist die Abkürzung für Microsoft Disk Operating System. Auf deutsch: System, das mit Disketten arbeitet. Microsoft ist die Bezeichnung des amerikanischen Softwareproduzenten, der das Betriebssystem MS-DOS entwickelt hat.

Wichtige Befehle des Betriebssystems MS-DOS

Tätigkeit	Beispiel bzw. Befehl
Laufwerk wechseln	A>C:
Bildschirm löschen	CLS
Datei kopieren	A>COPY DATEINAME C:
Datei löschen	A>DEL DATEINAME
Inhaltsverzeichnis anzeigen	A>DIR
Disketteninhalt kopieren	C>DISKCOPY A: B:
Diskette formatieren	C>FORMAT A:
Dateiinhalt auf dem Bildschirm anzeigen	A>TYPE DATEINAME

7.2.1 Software

Unter Software versteht man alle Programme, die ein Computer zum Arbeiten benötigt. Man unterscheidet bei der Software zwei Bereiche:

- Betriebssystemsoftware

- Anwendungssoftware

7.2.2 Betriebssystem

Das Betriebssystem enthält alle Programme, die ein Computer für den Betrieb benötigt. Folgende Aufgaben werden durch das Betriebssystem ausgeführt:

- Verwaltung der Hardware

- Verbindung zu den Anwendungsprogrammen

- Steuerung der Programmausführung

- Verwaltung der Dateien auf der Festplatte bzw. auf der Diskette

MS-DOS (Microsoft Disk Operating System) ist das Standardbetriebssystem im Bereich der Arbeitsplatz-Computer.

Die technische Entwicklung hat verschiedene Betriebssysteme hervorgebracht. Der größte Computerhersteller hat sich 1981 für das Betriebssystem DOS entschieden. Die Mehrzahl der Arbeitsplatz-Computer arbeitet mit der Weiterentwicklung dieses Programms, mit MS-DOS. Die nebenstehende Abbildung zeigt die Haupt- und Dienstprogramme des Betriebssystems mit ihren Funktionen bzw. Möglichkeiten.

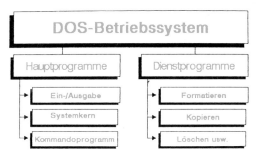

Neben dem Betriebssystem MS-DOS gibt es andere Betriebssysteme, die vorher bzw. später entwickelt wurden, z. B.

CP/M (Control-Program for Microprocessors) war lange Zeit das Standardbetriebssystem für Computer mit einer 8080-CPU. Heute ist dieses Betriebssystem nur noch im Bereich der Heim- und Spielcomputer vertreten; im Bereich der Arbeitsplatz-Computer spielt es keine Rolle mehr.

UNIX und **XENIX** sind Betriebssysteme für Arbeitsplatz-Computer mit 80286- bzw. 80386-CPU und unterstützen den Mehrplatzbetrieb, d. h., es können mehrere Bildschirme zur gleichen Zeit gesteuert und benutzt werden.

OS/2 (Operating System/2) ist ein Betriebssystem, mit dem man gleichzeitig mit mehreren Anwenderprogrammen, z. B. Textverarbeitung und Grafikprogramm, arbeiten kann. Diese Anwendung wird als Multitasking bezeichnet. OS/2 verwaltet einen Hauptspeicher bis zu 16 MB und Festplatten über 32 MB und ist für Arbeitsplatz-Computer mit einer 80286- bzw. 80386-CPU geeignet.

7.2.3   Anwendungssoftware

Für das Betriebssystem MS-DOS wurden innerhalb der letzten zehn Jahre über 20 000 Anwendungsprogramme entwickelt. Anwendungsprogramme sind zur Lösung bestimmter Probleme sofort einzusetzen. Die folgende Übersicht zeigt einen Ausschnitt aus der Vielfalt der Möglichkeiten.

Programm	Beispiel
Textverarbeitung	PC-Text, TEX-ASS, MS-WORD, Word Perfect, WordStar
Datenbanksysteme	CLIPPER, DBase, Oracle, RBase
Kalkulationsprogramm	Excel, MS-MULTIPLAN, QubeCalc
Grafikprogramm	GEM Draw, MS Chart, PaintBrush
Integrierte Software	Framework, Lotus 1-2-3, MS-WORKS
Tools-Anwendung	Norton Utilities, PC-Tools
Desktop publishing	PageMaker, Ventura Publisher
Programmiersprachen	BASIC, COBOL, FORTRAN, C, PASCAL
Spezielle Anwendungen	Wissenschaft (Lisp, PROLOG)
CAD-Anwendung	(AutoCAD, CADdy)
Spiele	(Flight Simulator)

Textverarbeitung ist ein Hauptanwendungsgebiet des Arbeitsplatz-Computers. Nicht nur das Bearbeiten von Texten (z. B. Korrigieren und Formatieren) ist möglich, sondern auch das Verarbeiten von Textbausteinen und das Anfertigen von Serienbriefen.

Datenbanksysteme ersetzen die herkömmliche Kartei, wobei in festgelegten Datenfeldern, die auf dem Bildschirm erscheinen, wichtige Angaben erfaßt, anschließend gespeichert und jederzeit wieder abgerufen bzw. verarbeitet werden können.

Kalkulationsprogramme eignen sich für Berechnungen von Angeboten, statistische Auswertungen von Daten und Kalkulationen aller Art.

Grafikprogramme ermöglichen das Anfertigen von maßgenauen Abbildungen in hoher Qualität, wobei der Bildschirm als „elektronisches Zeichenbrett" eingesetzt wird.

Integrierte Software bedeutet, daß mehrere Programme, u. a. Textverarbeitungsprogramm, Datenbanksystem und Kalkulationsprogramm in einem Programm zusammengefaßt sind. Dabei können z. B. bei einem Angebot gleichzeitig Texte (Textverarbeitungsprogramm), Anschriften (Datenbanksystem) und Preise (Kalkulationsprogramm) miteinander verknüpft werden.

Tools-Anwendungen beinhalten „Werkzeuge" für das Arbeiten am Computer und erleichtern z. B. das Formatieren und die Dateiverwaltung. Sie sind als Erleichterungen gegenüber der Arbeit mit dem Betriebssystem anzusehen.

Desktop publishing (DTP)

Dies wird als „Drucken und Verlegen vom Schreibtisch aus" beschrieben. Es handelt sich um ein Verfahren, bei dem Dokumente jeder Art mit Hilfe eines Arbeitsplatz-Computers erstellt und anschließend mit einem Laserdrucker gedruckt werden. Dafür ist ein besonderes DTP-Anwendungsprogramm erforderlich.

Für die Arbeitsweise mit einem DTP-System ist nur ein Mitarbeiter erforderlich. Z. B. übernimmt ein Autor alle Aufgaben von der Idee bzw. vom Konzept bis zur fertigen Drucksache. Als Arbeitsmittel werden ein Arbeitsplatz-Computer, ein Scanner und ein Laserdrucker benötigt. Mit dem Arbeitsplatz-Computer werden die Texte wie bei der Textverarbeitung erfaßt, bearbeitet und verarbeitet. Der Scanner erfaßt Bilder bzw. Grafiken und ersetzt weitgehend den Fotografen. Der Laserdrucker übernimmt die Aufgaben, die bisher von der Druckerei ausgeführt wurden. Herkömmliche Arbeitsabläufe, wie z. B. Anfertigen des Manuskripts, Setzen, Drucken und Korrekturlesen, entfallen.

DTP-System mit Arbeitsplatz-Computer, Scanner und Drucker

Desktop publishing ersetzt herkömmliche Arbeitsweisen, die aus der folgenden Übersicht ersichtlich sind:

herkömmliche Arbeitsweise	Beispiel
innerbetriebliche Anfertigung durch Schreibmaschine und Textsystem	Briefe Geschäftsberichte Sitzungsunterlagen
außerbetriebliche Anfertigung durch Offsetdruck	Preislisten Speise- und Getränkekarten Vordrucke
außerbetriebliche Anfertigung durch Repro- und Offsetdruck	Bildbroschüren Handbücher Hauszeitschriften

Die Vorteile beim DTP-System sind vielfältig. Neben den Gestaltungsmöglichkeiten und der optischen Wirkung der erstellten Unterlagen ergibt sich die Papiereinsparung.

7.2.4 Programmiersprachen

Der Computer benötigt für seine Arbeit ein Programm, das aus einer bestimmten Folge von Anweisungen besteht. Dieses Programm wird in der Zentraleinheit verarbeitet, die jedoch nur die Maschinensprache versteht.

Da die Maschinensprache sehr schwierig ist, werden Programme in einer für den Menschen verständlicheren Programmiersprache geschrieben. Diese Programmiersprache wird anschließend im Computer in die Maschinensprache übersetzt, wozu es die folgenden Möglichkeiten gibt:

– Interpreter   **– Compiler**

Der Interpreter übersetzt das Programm während des Ablaufs zeilenweise. Der Compiler wandelt das gesamte Programm sofort in die Maschinensprache um und erzielt dadurch eine schnellere Arbeitsweise als ein Interpreter. Es gibt eine Reihe von Programmiersprachen, die sowohl als Interpreter- wie auch als Compilersystem erhältlich sind. Die bekanntesten Programmiersprachen sind:

– Assembler   **– BASIC**   **– Pascal**   **– C**

Der Praxistip

☞ Die Kosten für die Anwendungssoftware sind oftmals höher als die Kosten für die Hardware. Kaufen Sie deshalb nur Software, die Ihren Wünschen und Bedürfnissen entspricht. Unbekannte Software sollte man vorher testen.

☞ Arbeiten Sie sich Schritt für Schritt in ein Anwendungsprogramm ein. Beginnen Sie mit einem neuen Arbeitsgebiet erst, wenn Sie vollständige Sicherheit haben.

☞ Desktop publishing erfordert eine längere Einarbeitungszeit als Textverarbeitung. Sollten Sie mit Anwendungsprogrammen aus beiden Bereichen arbeiten wollen, sollten Sie mit der Textverarbeitung beginnen. Nach dem Motto „Vom Leichten zum Schweren."

☞ Das Programmieren ist nicht unbedingt für jeden Computer-Anwender erforderlich, da es viel Anwendungssoftware zu kaufen gibt. Sollten Sie trotzdem programmieren, sollten Sie den folgenden Grundsatz beachten: „Erst planen, dann programmieren."

Auf einen Blick

▶ Software ist die Vielfalt der Programme, die ein Computer zum Arbeiten benötigt.

▶ Man unterscheidet bei der Software zwei Bereiche: Betriebssystem (als Grundlage für den Betrieb) und Anwendungsprogramme (für besondere Aufgaben).

▶ Die Textverarbeitung ist im Bereich der Anwendungssoftware das Hauptanwendungsgebiet eines Arbeitsplatz-Computers.

▶ Programmiersprachen, z. B. Assembler, BASIC, Pascal und C, dienen zum Erstellen von Anwendungsprogrammen.

3982108

Aufgaben

1. Was versteht man unter dem Begriff „Software"?

2. Welche Bereiche werden bei der Software unterschieden?

3. Beschreiben Sie den Begriff „Betriebssystem", und geben Sie an, welche Aufgaben das Betriebssystem übernimmt.

4. Welches Betriebssystem ist bei Arbeitsplatz-Computern am weitesten verbreitet und zählt als allgemeiner Standard?

5. Nennen Sie weitere Betriebssysteme, mit denen Computer arbeiten.

6. Welche Merkmale hat das Betriebssystem UNIX?

7. Mit welchem Betriebssystem kann man gleichzeitig mehrere Anwenderprogramme bearbeiten, und welche Anforderungen stellt dieses Programm an den Arbeitsplatz-Computer?

8. Zählen Sie fünf Bereiche auf, für die Anwenderprogramme auf der Grundlage des Betriebssystems MS-DOS entwickelt wurden.

9. Welcher Bereich gilt als Hauptanwendungsgebiet eines Arbeitsplatz-Computers?

10. Welche Arbeitsschritte sind mit einem Textverarbeitungsprogramm möglich?

11. Beschreiben Sie den Begriff „Datenbanksystem".

12. Was versteht man unter dem Begriff „Integrierte Software"? Nennen Sie praktische Beispiele aus der Praxis.

13. Wie bezeichnet man Programme (allgemein), die für Berechnungen von Angeboten, statistische Auswertungen von Daten und Kalkulationen aller Art verwendet werden?

14. Beschreiben Sie den Begriff „Tools-Anwendungen".

15. Wofür steht die Abkürzung „DTP", und was versteht man unter diesem Begriff?

16. Welche anderen Abkürzungen werden für „DTP" in Fachzeitschriften und bei Vorträgen verwendet?

17. Vergleichen Sie die Arbeitsweise eines DTP-Systems mit der herkömmlichen Arbeit. Nennen und beschreiben Sie dabei alle Schritte, die bei der neuzeitlichen Arbeitsweise entfallen.

18. Nennen Sie praktische Anwendungen für den Einsatz von DTP im Büro eines Mittelbetriebs.

19. Welche Vorteile hat das Anfertigen von Drucksachen mit einem DTP-System?

20. Welche Unterschiede bestehen zwischen Textverarbeitung und Desktop publishing? Erwähnen Sie bei Ihren Beschreibungen folgende Punkte:

    a) Kenntnisse des Anwenders

    b) Hardware-Voraussetzungen

    c) Software-Voraussetzungen

    d) Arbeitsergebnis

21. Beschreiben Sie den Begriff „EDV-Programm".

22. Welche Aufgabe hat eine Programmiersprache?

23. Welche Möglichkeiten der Programmübersetzung kennen Sie? Beschreiben Sie die beiden Begriffe in Kurzform.

24. Nennen Sie die bekanntesten Programmiersprachen, die im Bereich der Arbeitsplatz-Computer eine Rolle spielen.

25. Welcher Grundsatz ist beim Programmieren zu beachten?

7.3 Daten

Diese Lektion informiert Sie über:

✔ die Möglichkeiten zur Verarbeitung von Zeichen mit Hilfe von Dualzahlen

✔ den ASCII-Code und die Bedeutung von Bit und Byte

✔ das EVA-Prinzip und die Grundtätigkeiten am Computer

✔ die Maßnahmen zur Vermeidung von Datenverlusten

✔ den Datenschutz und die Rechte des Bürgers bzw. Pflichten des Anwenders

✔ Praxistips für den Umgang mit Daten im Bereich der EDV

Wissenswertes

*Die Standardisierung der Zeichen im **ASCII-Code** ermöglicht es, daß Daten zwischen verschiedenen standardisierten Programmen ausgetauscht werden können.*

Aus dem Lexikon

Bit = kleinste Einheit des Binärsystems = Dualsystem, kann nur die Werte 0 oder 1 annehmen

Byte = kleinste Verarbeitungseinheit eines Computers, 8 Bits = 1 Byte

Daten = Informationen, die aus Zahlen, Texten, Fakten und Symbolen bestehen, z. B. Namen, Telefonnummern, Umsatzzahlen

Dualzahl = Binärzahl; Kombination einer Zahl aus Nullen und Einsen; in der EDV sind D. die Grundlage der Verarbeitung

Ein Log-Buch,

das als Arbeitsprotokoll dient, soll jederzeit über die Arbeiten am Computer zuverlässige Auskunft geben und die folgenden Fragen beantworten:

Wer?   Wann?   Was?

EVA bedeutet in der EDV
* **E**ingabe
* **V**erarbeitung
* **A**usgabe

Strafgesetzbuch § 202 sagt folgendes aus:

Eine unerlaubte Handlung begeht, wer „unbefugt nicht unmittelbar wahrnehmbar gespeicherte oder übermittelte Daten, die nicht für ihn bestimmt oder gegen unberechtigten Zugang besonders gesichert sind, sich oder einem anderen verschafft".

Die Überwachung des Datenschutzes erfolgt auf breiter Basis

Berlin. Die Überwachung des Datenschutzes im privaten, betrieblichen und öffentlichen Bereich erfolgt durch den Bürger selbst, die Aufsichtsbehörden der Länder, die Datenschutzbeauftragten der Betriebe, den Betriebsrat (Personalrat) und durch Bundes- und Landesdatenschutzbeauftragte.

Vertragsklausel in einem Software-Lizenzvertrag:

Die Software und das zugehörige Schriftmaterial sind urheberrechtlich geschützt.

3982110

7.3.1   Dualzahlen und ASCII-Code

Die **kleinste Verarbeitungsgrundlage** von Daten ist die
Dualzahl. Eine Dualzahl ist auf der linken Seite der
nebenstehenden Gleichung aufgeführt. Ein Computer
verwendet diese Zahlen als Grundlage für seine
Rechentätigkeit.

$$1000001 = A$$

Die Rechengrundlage sind nur zwei Zahlenwerte, nämlich 0 und 1. Wenn diese bei-
den Zahlenwerte nach einem bestimmten System in Dualzahlen codiert werden
(Binärcode), so kann man jede Zahl, jeden Buchstaben und jedes Zeichen darstellen.
Dies ist die Ausgangsbasis für die optische Darstellung sämtlicher Daten.

Da ein Computer mit Strom arbeitet, erhalten die Binärcode-Ziffern innerhalb eines
Verarbeitungsvorganges folgende Werte:

Strom aus = 0   –   Strom an = 1

Diese „Zustände" verarbeitet der Computer innerhalb von Bruchteilen einer
Sekunde.

Der **ASCII-Code** (**A**merican **S**tandard **C**ode for **I**nformation **I**nterchange) ist der internationale Standard, in dem 256 unterschiedliche Zeichen codiert werden. Dieser Code
ist so aufgebaut, daß jedes Zeichen aus sieben Dualzahlen und einem Steuerzeichen
besteht.

Der Großbuchstabe A wird gemäß der folgenden Übersicht vereinfacht ausgedrückt
durch Stromschaltungen so dargestellt: Einmal an (= 1), fünfmal aus (= 00000), einmal an (= 1).

Art des Zeichens	Darstellung	Dualzahl	ASCII-Code-Nr.
Ziffer	0	0110000	048
	1	0110001	049
	2	0110010	050
Kleinbuchstabe	a	1100001	097
	b	1100010	098
	c	1100011	099
Großbuchstabe	A	1000001	065
	B	1000010	066
	C	1000011	067

Die Übersicht zeigt nur eine Auswahl; neben den aufgeführten Ziffern, Klein- und
Großbuchstaben können auch noch Satz- und Sonderzeichen dargestellt werden.

Der ASCII-Code ist für den Austausch von Daten sehr gut geeignet, weil alle standardisierten Programme diese Zeichen übernehmen und verarbeiten können.

Durch Betätigen der Alt-Taste bzw. der Strg- und Alt-Taste erscheinen in Verbindung
mit den entsprechenden ASCII-Code-Nummern (0 – 255) die betreffenden Zeichen auf
dem Bildschirm und können auch gedruckt werden. Diese Möglichkeit zeigt, daß der
Computer weitaus mehr Zeichen darstellen kann, als die Tastatur vorsieht.

7.3.2   Bit und Byte

Die kleinste Einheit einer Dualzahl ist die Ziffer 0 oder die 1, die auch als **Bit** bezeichnet wird. Für die Darstellung eines lesbaren Zeichens benötigt der Computer 7 Bit-Gruppen mit Ziffern und eine Bit-Gruppe als Steuerzeichen, also insgesamt 8 Bit-Gruppen. Die 8 Bit-Gruppen ergeben 1 **Byte**.

Bit + Bit + Bit + Bit + Bit + Bit + Bit + Bit   =   Byte

Ein Computer kann in seinem Speicher nur ein volles Byte oder ein Mehrfaches davon verarbeiten.

7.3.3   Eingabe, Verarbeitung und Ausgabe

Die drei Tätigkeiten, Eingabe, Verarbeitung und Ausgabe (abgekürzt: EVA), gehören zu den Grundfunktionen der EDV.

Die folgende Übersicht zeigt die **Grundtätigkeiten der EDV** in Verbindung mit Arbeitsschritten bzw. Ergebnissen:

Grundtätigkeit	Arbeitsschritt bzw. Ergebnis
Eingabe	Buchstaben, Ziffern und Zeichen werden über die Tastatur eingegeben.
Verarbeitung	Dualzahlen = Bytes werden in der Zentraleinheit verarbeitet.
Ausgabe	Buchstaben, Ziffern und Zeichen werden auf einem Drucker ausgegeben.

7.3.4   Arten von Daten

Dualzahlen bzw. Bytes sind Träger von Zeichen. Diese Zeichen beinhalten Informationen und werden als **Daten** bezeichnet, wobei man folgende Möglichkeiten unterscheidet:

Unterscheidungs-merkmal	Möglichkeiten		
Zeichen	a) numerische Daten = Ziffern und Zeichen	b) alphabetische Daten = Buchstaben bzw. Wörter	c) alphanumerische Daten = Kombinationen aus a) und b)
	Beispiel: 7040	Beispiel: EDV	Beispiel: Büro 2000
Veränderlichkeit	d) Stammdaten = feste Daten	e) Bewegungsdaten = veränderliche Daten	
	Beispiel: Ulrike Kaiser (Vor- und Zuname)	Beispiel: 23,40 DM (Preis)	

Computer und EDV-Programme in Verbindung mit der menschlichen Leistung ermöglichen es, daß Daten eingegeben, in Bytes umgewandelt, verarbeitet und ausgegeben werden. Dies ist die Grundlage für eine schnelle und gründliche Arbeit auf

3982112

7.3.5 Datenverluste

Um Datenverlusten vorzubeugen, werden im Bereich der EDV laufend Maßnahmen getroffen. Das größte Risiko ist der Mensch, daneben spielen Einflüsse durch höhere Gewalt, wie Feuer, Wasser, Erdbeben, Gewitter und Stromunterbrechung, eine Rolle. Grundsätzlich lassen sich die Ursachen für Datenverluste in vier Bereiche gliedern:

- Gerätefehler
- Bedienungsfehler
- Programmfehler
- Manipulationen

Es gibt viele Maßnahmen, die das Sicherheitsrisiko einschränken, z. B.:

- Geräte und Datenträger werden verschlossen aufbewahrt.
- Es wird eine laufende Datensicherung durchgeführt.
- Der Kopierbefehl ist nur zur Datensicherung möglich.
- Die Diskettenlaufwerke werden gesperrt.
- Der Zugang zum Computer ist nur mit einer Chipkarte möglich.
- Es wird ein Arbeitsprotokoll (Log-Buch) geführt.
- Es werden Viren-Suchprogramme eingesetzt.

7.3.6 Datenschutz

Der Datenschutz ist in den letzten Jahren durch den verstärkten Einsatz von Arbeitsplatz-Computern in den Mittelpunkt vieler Diskussionen der betroffenen Bürger geraten und hat die Bemühungen der Anwender angeregt. Das **Bundesdatenschutzgesetz** (BDSG) sagt in § 1 folgendes aus:

„Aufgabe des Datenschutzes ist es, durch den Schutz personenbezogener Daten vor Mißbrauch bei ihrer Speicherung, Übermittlung, Veränderung und Löschung (Datenverlust) der Beeinträchtigung schutzwürdiger Belange der Betroffenen entgegenzuwirken."

Die **Rechte des Bürgers** und somit die **Pflichten des Anwenders** sehen folgendermaßen aus:

- Mitteilung über Datenspeicherung und regelmäßige Datenweitergabe
- Auskunft über Daten
- Berichtigung falscher Daten
- Löschen oder Sperren von unzulässigen, überflüssigen und bestrittenen Daten

Die **Überwachung des Datenschutzes** zeigt die folgende Übersicht:

Privatbereich	Betriebsbereich	öffentlicher Bereich
jeder Bürger und die Aufsichtsbehörden	Datenschutzbeauftragte und der Betriebs- bzw. Personalrat	Bundes- und Landesschutzbeauftragte

7.3.7 Urheberschutz

Das Urheberrechtsgesetz und das Strafgesetzbuch sichern den Herstellern von Software das ausschließliche Verwertungsrecht zu. Nach § 1 des Gesetzes gegen den unlauteren Wettbewerb stellt das Kopieren fremder Programme und der Verkauf solcher Kopien eine verbotene Handlung dar.

Da die meisten Programme nicht kopiergeschützt sind, werden Lizenzverträge abgeschlossen. Diese Verträge können z. B. folgende Bedingungen und somit **Pflichten für den Erwerber** beinhalten:

– Mit dem Programm darf nur auf einem Computer gearbeitet werden.

– Die Programmhandbücher dürfen nicht kopiert werden.

– Die Software darf nicht von einem Computer zu einem anderen kopiert werden.

– Die Software darf nicht verschenkt, vermietet oder verliehen werden.

Neben der Nutzung besteht das Recht für den Erwerber, von dem Programm eine Sicherheitskopie anzufertigen.

Der Praxistip

☞ Legen Sie Sicherheitskopien Ihrer Programme an, und bewahren Sie die Originale an einem sicheren Ort auf.

☞ Wiederholtes Zwischenspeichern beim Arbeiten am Computer wird empfohlen, um z. B. bei einem Stromausfall den Datenverlust einzuschränken.

☞ Wenn ein Anwenderprogramm auf der Basis des ASCII-Codes arbeitet, können die damit erfaßten und gespeicherten Daten auf andere standardisierte Programme übertragen werden.

☞ Gegen den Erwerber eines kopierten Programms kann ein Softwarehersteller gesetzlich vorgehen, indem er einen Unterlassungsanspruch und Schadenersatz geltend macht.

Auf einen Blick

▶ Die kleinste Verarbeitungsgrundlage von Daten ist die Dualzahl bzw. ein Byte.

▶ Der ASCII-Code ist der internationale Standard, in dem 256 Zeichen codiert werden.

▶ Eingabe, Verarbeitung und Ausgabe (EVA) sind die Grundtätigkeiten der EDV.

▶ Daten werden nach Zeichen und Veränderlichkeit unterschieden.

▶ Das größte Risiko bei Datenverlusten ist der Mensch.

▶ Die Überwachung des Datenschutzes erfolgt im privaten, betrieblichen und öffentlichen Bereich.

▶ Der Urheberschutz gilt im gesamten Softwarebereich.

3982114

Aufgaben

1. Beschreiben Sie den Begriff „Daten" mit eigenen Worten.

2. Geben Sie den Grund an, warum ein Computer mit Dualzahlen arbeitet.

3. Wie heißt der internationale Standard, in dem 256 unterschiedliche Zeichen dargestellt werden, und wofür steht die Abkürzung dieser Bezeichnung?

4. Sofern Ihnen ein Arbeitsplatz-Computer zur Verfügung steht, erzeugen Sie ASCII-Code-Zeichen auf Ihrem Bildschirm, indem Sie die Angaben der Erläuterung von Seite 111 (letzter Absatz) beachten.

   Geben Sie die folgenden ASCII-Code-Nummern ein: 67, 111, 109, 112, 117, 116, 101, 114

   Wenn Ihnen kein Computer zur Verfügung steht, können Sie sich auch in der ASCII-Code-Tabelle eines EDV-Handbuchs informieren.

   Wie lautet das Wort, das durch den ASCII-Code dargestellt wird?

5. Erläutern Sie das Grundprinzip des in Aufgabe 3 angegebenen Standards. Geben Sie an, welche Arten von Zeichen berücksichtigt werden.

6. Was versteht man unter Bit und Byte?

7. Wie wird das Grundprinzip der EDV bezeichnet, und welche Grundtätigkeiten sind darin enthalten? Geben Sie bei Ihren Beschreibungen praktische Beispiele an.

8. Nach welchen Unterscheidungsmerkmalen werden Daten geordnet? Geben Sie dazu Anwendungen aus der Praxis an.

9. Nennen Sie die Ursachen der höheren Gewalt, die für einen Datenverlust verantwortlich sind.

10. In welche Fehlerbereiche lassen sich Datenverluste grundsätzlich gliedern?

11. Geben Sie Maßnahmen an, die das Sicherheitsrisiko im Bereich der EDV einschränken.

12. Wie kann man sich bei der EDV-Arbeit vor „Computerviren" schützen?

13. Entwerfen Sie eine Seite eines Arbeitsprotokolls, das in Form eines Log-Buches neben einem Arbeitsplatz-Computer zur Eintragung ausliegt.

14. Was kann man durch den Einsatz der in Aufgabe 13 aufgeführten Maßnahme erreichen?

15. Welches Gesetz schützt den Bürger vor Mißbrauch seiner persönlichen Daten im Bereich der EDV?

16. Geben Sie wichtige Inhalte des in Aufgabe 15 aufgeführten Gesetzes an.

17. Welche Stellen überwachen den Datenschutz im privaten, betrieblichen und öffentlichen Bereich?

18. Geben Sie die Gesetze an, die beim Urheberschutz von EDV-Software gelten.

19. Durch welche Maßnahme verpflichten Softwarehersteller die Erwerber ihrer Programme zur Beachtung des Urheberschutzes?

20. Welche Rechte haben die Erwerber von Software?

21. Welche Pflichten haben die Erwerber von Software?

8   Die Telekommunikation

Historisches

Die Nachrichtenübertragung begann mit einfachen Hilfsmitteln. Viele Meilensteine mit Entwicklungen in mehreren Ländern der Erde prägen die Geschichte bis zum heutigen ISDN mit komfortablen Endgeräten zur Übertragung von Sprache, Text, Bild und Daten.

1837 stellte der amerikanische Kunstmaler Samuel Finley Breese Morse den ersten brauchbaren Schreibtelegrafen vor. Sieben Jahre später erfolgte die erste Telegrammübertragung auf der Basis des Morsealphabets.

1861 gelang es erstmals, Sprache in elektrische Impulse und umgekehrt umzuwandeln: Johann Philip Reis stellte in Frankfurt ein Versuchsmodell des Telefons vor.

A = Mikrofon

B = Batterie

C = Empfänger

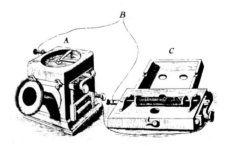

1876 erfand der Taubstummenlehrer Graham Bell, USA, das erste gebrauchsfähige Telefon.

1881 wurde das erste Fernsprechamt in Berlin eröffnet.

1933 erfolgte die Einführung des Telexdienstes zum Austausch schriftlicher Nachrichten.

3982116

8.1 ISDN – Telefon – Sprachspeicher

Diese Lektion informiert Sie über:

✔ die Technik und Dienste der modernen Netzübertragung im ISDN

✔ die verschiedenen Anschluß- und Anlagenarten für Telefone

✔ die Kosten beim Telefonieren

✔ die besonderen Einrichtungen zum Telefonieren

✔ die Einsatzmöglichkeiten von Sprachspeichersystemen

✔ Praxistips für den täglichen Umgang innerhalb der mündlichen Telekommunikation

Wissenswertes

Die Glasfasertechnik

Um 1970 wurde erforscht, daß ein Lichtwellenleiter – die Glasfaser – gute Voraussetzungen für eine Nachrichtenübermittlung bietet. Die Nachrichten werden nicht mehr als elektrische Signale, sondern in Form optischer „Lichtblitze" übertragen. Dabei werden elektrische Signale in optische Signale umgewandelt, über die Glasfaserstrecke gesendet und am Ende der Strecke wieder in elektrische Signale umgeformt. Die Glasfasertechnik spielt im Bereich des diensteintegrierenden digitalen Fernmeldenetzes (ISDN) der Deutschen Bundespost Telekom eine entscheidende Rolle.

Welche Vorteile hat das ISDN?
– Die Endgeräte sind komfortabler im Vergleich zum herkömmlichen System.
– Die Übertragungsgeschwindigkeit ist sehr hoch.
– Die Übertragungsqualität ist hervorragend.
– Es können mehrere Dienste unter einer Rufnummer erreicht werden.
– Die Verbindung ist weltweit.

Aus dem Lexikon

analog = ähnlich, entsprechend

digital = ziffernmäßig

Digitalisierung der Netze

Berlin. Mit der Umstellung des analogen Fernsprechnetzes auf Digitaltechnik folgte die Deutsche Bundespost Telekom einer allgemeinen technologischen Entwicklung, die mittelfristig zu ökonomischen Systemkonzepten führt sowie als Vorleistung für eine weitergehende Diensteintegration im ISDN gilt. Der vollständige Ausbau des Telefonnetzes mit digitaler Vermittlungstechnik wird voraussichtlich im Jahre 2020 abgeschlossen sein.

Tips für das Telefonieren

1. Nennen Sie laut und deutlich Ihren Namen.
2. Begrüßen Sie Ihren Gesprächspartner freundlich.
3. Sprechen Sie langsam, und legen Sie Sprechpausen ein.
4. Buchstabieren Sie schwierige Wörter, Namen und Begriffe nach der postamtlichen Buchstabiertafel.
5. Erwähnen Sie alle Punkte, die Sie sich (in einer Gesprächsvorbereitung) notiert haben.
6. Verabschieden Sie sich von Ihrem Gesprächspartner.
7. Fertigen Sie von dem Gespräch eine Gesprächsnotiz an.

Wie Sie zum Sprachspeicherdienst kommen

(nach dem Prospekt „Sprachspeicherdienst" der Deutschen Bundespost Telekom)

Die Technische Vertriebsberatung Ihres Fernmeldeamtes, deren Rufnummer Sie im Telefonbuch unter „Post" finden, erteilt ausführliche Informationen über den Sprachspeicherdienst. Außerdem können Sie die zentralen Sprachspeicherdienst-Beratungsstellen kostenlos unter den folgenden Service-130-Rufnummern erreichen:

– Berlin: 01 30 03 01   – Essen: 01 30 02 01   – Hannover: 01 30 05 01

8.1.1 Begriff: ISDN

ISDN (= Integrated Services Digital Network) bedeutet „diensteintegrierendes digitales Telekommunikationsnetz". Dieses Netz ist auf der Grundlage der Digitaltechnik aus dem ursprünglichen Telefonnetz entstanden und dient verschiedenen Endgeräten als Übertragungskanal.

8.1.2 Von der Analog- zur Digitaltechnik

Bei der **Analogtechnik** werden die Schallwellen der Sprache im Mikrofon in elektrische Schwingungen umgewandelt und übertragen. Beim Empfänger werden diese elektrischen Schwingungen im Hörer wieder in Schallwellen zurückgewandelt. Analog bedeutet „ähnlich, entsprechend" – die elektrischen Schwingungen auf der Leitung sind ähnliche, entsprechende bzw. analoge Umwandlungen der Schallwellen.

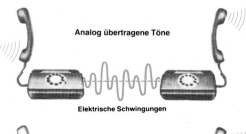

Analog übertragene Töne

Elektrische Schwingungen

Digital übertragene Töne

Elektrische Impulse

Bei der **Digitaltechnik** werden die Schallwellen wie bei der Analogtechnik in elektrische Schwingungen umgewandelt, jedoch anschließend schnell abgetastet und „digitalisiert", d. h., in Bit-Folgen verschlüsselt und als elektrische Impulse übertragen. Beim Empfänger werden die elektrischen Impulse wieder in elektrische Schwingungen zurückgewandelt, und im Hörer sind sie als Schallwellen wahrzunehmen.

Digital bedeutet „ziffernmäßig" – die Übertragung benötigt nur zwei Signale, nämlich 0 und 1 oder Strom/kein Strom. Bei einer digitalen Übertragung müssen alle Informationen in digitaler Form vorliegen. Im Bereich der Datenübertragung von Computer zu Computer oder von Teletex zu Teletex wird nach dem gleichen Prinzip gearbeitet. Aus diesem Grund ist es sehr einfach, Daten von digitalen Systemen über das ISDN zu übertragen.

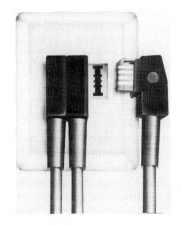

Das ISDN ist ein einheitliches Netz für Sprache, Text, Bild und Daten. Der Telekomkunde erhält die Verbindung für seine Endgeräte über eine „Kommunikationssteckdose". Das ISDN hat eine Standard-Übermittlungsrate von 64 KB/s, das sind 64 000 Binärzeichen (Nullen und Einsen) pro Sekunde. Das entspricht einer Verzehnfachung der Übertragungsleistung gegenüber der Analogtechnik.

3982118

8.1.3 Telekommunikationsdienste im ISDN

Folgende acht Telekommunikationsdienste können über das ISDN übertragen werden.

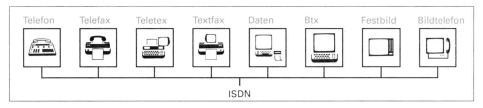

ISDN-Telefon – hohe Übertragungsqualität und komfortable Dienstmerkmale, wie z. B. Anzeige des anrufenden Teilnehmers, Möglichkeit des „Anklopfens", laufende Gebührenanzeige, Anrufweiterschaltung, automatischer Rückruf bei besetztem Anschluß.

ISDN-Telefax – schnelle Übertragung (weniger als 10 Sekunden für eine A4-Seite) bei guter Übertragungsqualität.

ISDN-Teletex – Übermittlung von Texten direkt aus der Schreibmaschine oder aus dem Computer mit sehr hoher Geschwindigkeit (weniger als eine Sekunde für eine A4-Seite) bei großem Zeichenvorrat.

ISDN-Textfax – Verbindung zwischen ISDN-Telefax und ISDN-Teletex, z. B. für Briefe mit originalgetreuer Wiedergabe von Grafiken und Bildern.

ISDN-Datenübermittlung – sehr schnelle Übermittlung von Daten und Vereinheitlichung der Geräteschnittstelle.

ISDN-Btx – erheblich schnellerer Bildaufbau als beim herkömmlichen Verfahren.

ISDN-Festbild – Übertragung von langsamem Bewegtbild, Festbild, Fernzeichnen und Fernskizzieren.

ISDN-Bildtelefon – Möglichkeit, den Partner beim Telefonieren zu sehen.

8.1.4 Multifunktionaler Arbeitsplatz

Der multifunktionale Arbeitsplatz der Zukunft kann die Aufgaben von acht verschiedenen Endgeräten übernehmen. Ein Arbeitsplatz-Computer, der mit einer ISDN-Erweiterungskarte ausgerüstet ist und mit entsprechender Software arbeitet, eignet sich als Kommunikationsstation. Dieses System kann wegen der Mehrfachnutzung kostengünstiger als Einzelgeräte arbeiten. Der Anwender hat individuelle Möglichkeiten für die Kommunikation und für das Bearbeiten von Sprache, Text, Bild und Daten.

Dieses System vereinigt die Funktionen des Telefons, des Daten- und des Textendgeräts.

8.1.5 Begriff: Telefon

Die Bezeichnung „Telefon" (veraltete Schreib-
weise = Telephon) stammt aus den griechi-
schen Wörtern tele (= fern) und phon (= laut).
Als im Jahre 1881 in Berlin das erste Fernsprechamt eingerichtet wurde, konnte niemand
voraussehen, daß Telefone einmal zum Mas-
senkommunikationsmittel werden.

*Bis zum Mobiltelefon war es ein weiter
Weg.*

8.1.6 Die Deutsche Bundespost Telekom und die Telefonteilnehmer

Einen Telefonanschluß erhalten Privatleute und Unternehmen, nachdem sie der
Deutschen Bundespost Telekom einen „Auftrag im Telefondienst" erteilt haben. Der
Auftraggeber erkennt die Telekommunikationsordnung an, das sind die „Geschäftsbedingungen" der Deutschen Bundespost Telekom, die u. a. auch für das Telefon gelten. Außerdem enthält der Auftrag bestimmte Wünsche, z. B. für den Anschluß-
termin, und Einzelheiten der Telefonzusatzgeräte.

Mit der Einrichtung des Telefonanschlusses erfolgt die Eintragung in das **Amtliche
Telefonbuch (ATB),** das von der Deutschen Bundespost Telekom jährlich herausgegeben wird. Die folgende Abbildung zeigt Beispiele von Eintragungen aus dem ATB.

Hameln

Hameln .... (0 51 51) ——①	1 = Vorwahlnummer
(He) – Hessisch Oldendorf-	
Hemeringen .... (0 51 58) ——②	2 = Vorwahlnummer anderer Ortsnetze, die ebenfalls aufgeführt sind.
Wolf **Wolfert Ernst** 🔍 1 56 04 ——③ — Oster-3 **Ziep**	3 = Anschluß mit automatischem Anruf-beantworter bzw. Auskunftgeber
Wolf Manfred 1 98 97 Deisterallee 23	
Wolfgram Willy 75 72 Loh-13	4 = Teilnehmer erhält demnächst die in spitzen Klammern angegebene Telefon-nummer
Wolin Frank <93 97> 2 81 20 ——④ Fischbecker-70	5 = Telefonnummer einer Telefonanlage mit Durchwahlmöglichkeit
Wolinski Bürobedarf 1 47 69 Deisterallee 5	6 = Telefonnummer eines Telefonanschlus-ses, der für den Telefaxdienst benutzt wird
Ziep Autohaus 18-1 ——⑤ Sand-5	
Ziepke Kai Telefax 1 45 63 ——⑥ Wenger Wiese 3	

Das **Amtliche Verzeichnis der Ortsnetzkennzahlen (AVON),** „Vorwahlnummern",
und das **Branchen-Telefonbuch (Gelbe Seiten)** sind unentbehrliche Hilfsmittel und
Informationsträger beim Einsatz des Telefons.

3982120

8.1.7 Telefonanschluß und Anlagenarten

Telefonanschlüsse sind zum größten Teil als **Einzelanschlüsse** eingerichtet, d. h., jeder Telefonteilnehmer hat eine eigene „Amtsleitung" und eine eigene Telefonnummer.

Bei geringer Leitungskapazität werden vereinzelt **Zweieranschlüsse** eingerichtet, wobei zwei Teilnehmer eine gemeinsame „Amtsleitung" mit zwei unterschiedlichen Telefonnummern haben. Eine gleichzeitige Gesprächsführung ist bei Zweieranschlüssen nicht möglich.

Doppelanschlüsse sind zwei Standard-Telefonanschlüsse, die sich in räumlich zusammenhängenden Wohn- und Geschäftsräumen befinden. Doppelanschlüsse werden eingerichtet, wenn z. B. telefoniert und gleichzeitig mit einem Btx-System oder mit einem Telefaxgerät gearbeitet wird.

Familien-Telefonanlagen sind Einrichtungen der Deutschen Bundespost Telekom, die mit bis zu 5 hausinternen Telefonen oder 4 Telefonen und einer Tür-Freisprecheinrichtung ausgestattet sind.

Zwischen allen Telefonen der Familientelefonanlage ist eine uneingeschränkte Kommunikation mit Sammelruf (bei allen Telefonen ertönt das Signal), Coderuf (ganz bestimmte Signale) oder hausinterne Konferenzschaltungen (alle Telefone sind verbunden) möglich.

Nebenstellenanlagen können als **Reihenanlagen** oder als **Wählanlagen** eingerichtet werden. Der Vorteil liegt z. B. für größere Betriebe darin, daß ein Anruf aus dem öffentlichen Netz an den betreffenden Sachbearbeiter weitergeleitet wird. Gespräche innerhalb des Betriebs sind gebührenfrei. Bei den Nebenstellen sind folgende Berechtigungen möglich:

Vollamtsberechtigung: Alle Verbindungen können entgegengenommen und gewählt werden.

Halbamtsberechtigung: Eingehende Gespräche können in jeder Form entgegengenommen werden, während man Verbindungen ins öffentliche Telefonnetz nur über die Telefonvermittlung oder eine vollamtsberechtigte Nebenstelle erhält. Verbindungen innerhalb des Betriebs können selbst gewählt werden.

Nichtamtsberechtigung: Es kann nur innerhalb des Betriebes telefoniert werden, d. h., „Amtsverbindungen" sind nicht möglich.

8.1.8 Signaltöne beim Telefonieren

Bezeichnung	Darstellung	Bedeutung
Wählton	t ü ü ü ü ü ü ü ü t	Es kann gewählt werden.
Freiton	tüüt tüüt tüüt	Der gewählte Anschluß ist frei und wird gerufen.
Besetztton	tüt tüt tüt tüt tüt	Der gewählte Anschluß oder die Leitungswege sind besetzt.

8.1.9   Kosten beim Telefonieren

Die Deutsche Bundespost Telekom versendet monatlich **Fernmelderechnungen,** die auf Papier gedruckt sind. Großunternehmen können unter bestimmten Voraussetzungen eine elektronische Fernmelderechnung (ELFE) erhalten, um die Daten im Computer weiterzuverarbeiten. Die Deutsche Bundespost Telekom berechnet u. a. folgendes:

Feste Kosten:

– Gebühren für den Telefonanschluß, für Zusatzeinrichtungen und Sprechapparate

– Gebühren für Nebenstellenanlagen

Veränderliche Kosten:

Verbindungsgebühren für den Orts-, Nah- und Selbstwählferndienst nach Gebühreneinheiten

Die Gebühren sind abhängig von der Sprechdauer, dem Tag, der Tageszeit und der Entfernung (Tarifzone). Für die Tarifzonen gelten folgende Zeiteinheiten:

Tarifzone	Entfernung	Normaltarif	Billigtarif
		08.00 bis 18.00 Uhr Montag bis Freitag	18.00 bis 08.00 Uhr Samstag, Sonntag, Feiertag
Ortszone	Ortsbereich	6 Minuten	12 Minuten
Nahzone	Umkreis ca. 20 km	6 Minuten	12 Minuten
Regionalzone	bis 50 km	1 Minute	2 Minuten
Weitzone	über 50 km	21 Sekunden	42 Sekunden

Die Broschüre **„Gesprächsgebühren",** eine Beilage zum Amtlichen Verzeichnis der Vorwahlnummern (AVON), informiert über wichtige Grundsätze beim Telefonieren und über die Berechnung der Telefongebühren bei allen Gesprächsarten. Bei einer Ortswählverbindung (Ortsgespräch) in der Ortszone (z. B. Hessisch Oldendorf in der nebenstehenden Abbildung) wird nur die Telefonnummer des gewünschten Teilnehmers ohne Vorwahlnummer gewählt.

Nahwählverbindungen (Nahgespräche) im Bereich der Nahzone (z. B. Hameln, Stadthagen, Rinteln in der nebenstehenden Abbildung) erfolgen im Zeittakt zu je 6 bzw. 12 Minuten für eine Gebühreneinheit. Die Nahzone ist ein Zusammenschluß mehrerer Ortsnetze im Umkreis von ca. 20 km zu einem einheitlichen Tarifgebiet.

Regionalwählverbindungen (bis 50 km), **Weitwählverbindungen** (über 50 km) werden als Ferngespräche bezeichnet und gehen über die Nahzone hinaus. Bei **Fernwählverbindungen ins Ausland** (Auslandsferngespräche) beginnt das Wählen mit zwei Nullen, es folgen die Landeskennzahl und die Teilnehmerrufnummer. Rund 200 Länder sind durch Selbstwahl erreichbar.

3982122

8.1.10 Besondere Einrichtungen zum Telefon

Anrufbeantworter geben Hinweise, wenn der Telefonanschluß nicht besetzt ist. Diese Geräte arbeiten ähnlich wie Kassettenrecorder. Es werden folgende Arten unterschieden:

Anrufbeantworter **ohne Sprachaufzeichnung** übermitteln dem Anrufer eine Nachricht.

Anrufbeantworter **mit Sprachaufzeichnung** ermöglichen es, daß der Anrufende eine Nachricht hinterlassen kann. Sofern das Gerät eine begrenzte Aufzeichnungsmöglichkeit hat (z. B. 30 bis 60 Sekunden), wird dies dem Anrufer mitgeteilt.

Anrufbeantworter **mit Fernabfrage- und Fernlöschmöglichkeit** können vom Besitzer von jedem Ort aus über das Telefon angerufen, und durch Eingabe einer Ziffernfolge die aufgezeichneten Nachrichten abgehört und gelöscht werden.

Beim **Service 130-Anschluß,** erkennbar an der Vorwahlnummer 01 30, übernimmt der Angerufene die Verbindungsgebühren. Mit dem Service 130 bieten zahlreiche Unternehmen ihren Kunden eine kostenlose Kommunikationsmöglichkeit.

Bei der **Anrufweiterschaltung** wird ein Anruf automatisch zu einem vorher bestimmbaren anderen Anschluß weitergeschaltet. Mit der Anrufweiterschaltung ist es z. B. möglich, daß ein Anruf an eine nichtbesetzte Filiale an das Hauptgeschäft in einer anderen Stadt weitergeschaltet wird.

Bei **Konferenzverbindungen** können mehrere Partner gleichzeitig miteinander telefonieren. Eine „Telefonkonferenz" ist sowohl mit Teilnehmern im Inland als auch mit dem Ausland möglich.

Funkdienste ermöglichen die drahtlose Übermittlung von Nachrichten von und zu beweglichen Objekten (z. B. Auto, Schiff, Flugzeug). Ein Fahrzeug mit **Autotelefon** kann man direkt über einen Funktelefonanschluß erreichen. Steht vor der Telefonnummer im Telefonbuch der Vermerk „Fu", so kann das Fahrzeug unabhängig von der Kenntnis des Aufenthaltsortes erreicht werden. Bei dem Vermerk „FuW" ist das Fahrzeug nur mit Vorwahl der besonderen Kennzahl des Funkvermittlungsbereichs, in dem sich das Fahrzeug vermutlich befindet, erreichbar.

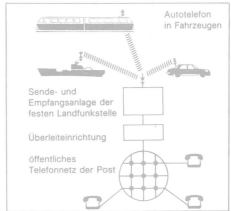

Autotelefon in Fahrzeugen

Sende- und Empfangsanlage der festen Landfunkstelle

Überleiteinrichtung

öffentliches Telefonnetz der Post

8.1.11 Begriff: Sprachspeicher

Das Sprachspeichersystem der Deutschen Bundespost Telekom besteht aus „elektronischen Postfächern für Sprache". Es handelt sich dabei um eine zusätzliche Dienstleistung für Telefonkunden. Das entscheidende Merkmal des Sprachspeichersystems besteht darin, daß man mit einem Partner „telefonieren" kann, ohne daß dieser zur gleichen Zeit anwesend ist. Die Nachrichten werden in einem Speicher, der Sprachbox (Voice Mail), elektronisch gespeichert und können später vom Empfänger abgerufen werden.

8.1.12 „Telefonieren" mit Abwesenden

Das folgende Anwendungsbeispiel aus der Praxis zeigt wichtige Merkmale der Sprachspeicherdienstleistung:

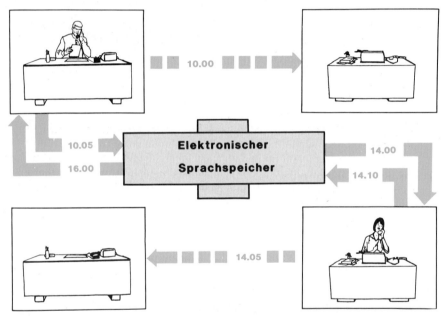

Herr Adam aus Hamburg ruft um 10.00 Uhr Frau Berger in München an, um eine telefonische Nachricht zu übermitteln. Frau Berger ist jedoch nicht im Büro.

Herr Adam spricht die Nachricht um 10.05 Uhr in den elektronischen Sprachspeicher von Frau Berger, nachdem er die Vorwahlnummer und die Systemrufnummer gewählt hat.

Frau Berger empfängt die Nachricht mit Hilfe des elektronischen Sprachspeichers um 14.00 Uhr und möchte um 14.05 Uhr mit Herrn Adam persönlich sprechen. Herr Adam ist jedoch nicht in seinem Büro.

Frau Berger spricht die Nachricht um 14.10 Uhr in den elektronischen Sprachspeicher von Herrn Adam.

Herr Adam empfängt die Nachricht um 16.00 Uhr mit Hilfe des elektronischen Sprachspeichers.

3982124

8.1.13 Verteilen gespeicherter Nachrichten

Neben der Nachrichtenübermittlung kann das Sprachspeichersystem auch als Verteiler von Nachrichten dienen. Anstelle des Einzelempfängers kann beim Versenden einer Nachricht eine ganze Reihe von Empfängern angesprochen werden. Das hat den Vorteil, daß die Nachricht nur einmal gesprochen werden muß.

8.1.14 Teilnahme am Sprachspeichersystem

Telefonteilnehmer können sich bei der Deutschen Bundespost Telekom eine „Sprachbox" einrichten lassen. Es handelt sich dabei um einen Speicherplatz in einem Sprachspeichersystem. Dieses System kann durch Wählen der entsprechenden Vorwahlnummer und der Dienstrufnummer in Verbindung mit der Zugangsberechtigung (Identifikationsnummer) von jedem eingetragenen Teilnehmer erreicht werden.

Alle Steuerfunktionen für das Aufgeben und Empfangen von Nachrichten werden mit dem „Mehrfrequenzwahl-Verfahren" ausgeführt. Dafür ist ein entsprechendes Telefon oder ein kleiner Tonfrequenzsender erforderlich. Auch Telefonbenutzer, die nicht selbst am Sprachspeicherdienst teilnehmen, können Nachrichten hinterlegen lassen, indem Sie die entsprechende Vorwahl und die Systemrufnummer 1 93 18 für eine Gemeinschaftsbox wählen.

8.1.15 Leistungsmerkmale des Sprachspeichersystems

Eine gesprochene Benutzerführung und eine schriftliche Bedienungsanleitung helfen dem Teilnehmer bei der Nutzung des Systems. Sofern beim Anwender Schwierigkeiten auftreten, hat er die Möglichkeit, einen Operator um Rat zu fragen. Die folgenden Grundfunktionen gelten als Leistungsmerkmale:

– Nachrichten abfragen

– Nachrichten aufsprechen

– Nachrichten an eine Sprachbox senden

– Nachrichten an mehrere Sprachboxen senden

– Informationen beim Eintreffen neuer Nachrichten

– Zugang zum Eurosignal-Empfänger

– Nachrichten an andere Telefonteilnehmer senden

8.1.16 Datenschutz im Sprachspeicherdienst

Sowohl persönliche als auch geschäftliche Informationen sind durch mehrere Maßnahmen vor unbefugtem Zugriff im Sinne des Datenschutzes gesichert. Vor jedem Zugang zum Sprachspeichersystem müssen folgende Eingaben erfolgen:

1. Zugangsberechtigung (Identifikationsnummer)

2. Paßwort

Kein Teilnehmer des Sprachspeicherdienstes kann Nachrichten aus fremden Sprachboxen abrufen. Auch die Telekom hat keinen Zugriff auf die Sprachboxen.

8.1.17 Gebühren für das Sprachspeichersystem

Für das Sprachspeichersystem erhebt die Post eine **einmalige Einrichtungsgebühr** und **monatliche Grundgebühren** je Box (mit Mindestgebühr je Box). Die Verbindungsgebühren zum Sprachspeichersystem entsprechen den Gebühren für Wählverbindungen im Telefondienst.

Der Praxistip

☞ Informieren Sie sich im Telefonladen der Deutschen Bundespost über das ISDN und die Neuentwicklungen im Bereich der Telekommunikationsdienste. Durch den Einsatz moderner Technik können erhebliche Kosten gespart werden.

☞ Nutzen Sie zum Telefonieren die günstigen Zeiten des Billigtarifs.

☞ Bei Telefonanschlüssen mit der Vorwahlnummer 01 30 (Service 130) können Sie kostenlos telefonieren.

☞ Durch Einrichtung einer Konferenzverbindung bei Ihrem Fernamt unter der Telefonnummer 0 10 können oftmals erhebliche Fahrt- und Übernachtungskosten gespart werden.

☞ Wer über ein Autotelefon verfügt, ist auch auf Reisen jederzeit erreichbar.

☞ Mit einem Sprachspeichersystem lassen sich Nachrichten an mehrere Empfänger verteilen.

Auf einen Blick

▶ Das ISDN (Integrated Services Digital Network) ist ein Universalfernmeldenetz mit dem Übertragungsmedium Glasfaser.

▶ Das ISDN überträgt Sprache, Texte, Bilder und Daten für acht Telekommunikationsdienste.

▶ Das Amtliche Telefonbuch (ATB), das Elektronische Telefonbuch (ETB), das Amtliche Verzeichnis der Ortsnetzkennzahlen „Vorwahlnummern" (AVON) und das Branchentelefonbuch (Gelbe Seiten) geben Auskunft über wichtige Voraussetzungen beim Telefonieren.

▶ Die Signaltöne beim Telefonieren haben unterschiedliche Bedeutung und geben dem Telefonteilnehmer akustisch gezielte Hinweise.

▶ Beim Telefonieren wird zwischen festen Kosten (z. B. Gebühren für den Telefonanschluß, für Zusatzeinrichtungen, Sprechapparate und Nebenstellenanlagen) sowie veränderlichen Kosten (Gebühren für den Orts-, Nah- und Selbstwählferndienst) unterschieden.

▶ Anrufbeantworter gibt es ohne Sprachaufzeichnung, mit Sprachaufzeichnung und mit Fernabfragemöglichkeit.

▶ Das Sprachspeichersystem besteht aus „elektronischen Postfächern für Sprache" und ermöglicht das „Telefonieren mit Abwesenden", indem Gespräche aufgezeichnet und später wiedergegeben werden können.

3982126

Aufgaben

(zum Thema ISDN)

1. Was bedeutet die Abkürzung ISDN?

2. Welcher Unterschied besteht zwischen der Analog- und der Digitaltechnik? Beziehen Sie sich bei Ihren Beschreibungen auf die Übertragung von Tönen am Beispiel des Telefons.

3. Welche Telekommunikationsdienste sind über das ISDN angeschlossen?

4. Nennen Sie fünf Vorteile, die durch die Nachrichtenübermittlung im ISDN entstehen.

5. Welche Vorteile hat das ISDN-Telefon gegenüber der herkömmlichen Telefontechnik?

6. Was versteht man unter dem Begriff ISDN-Textfax?

7. In welcher Zeit erfolgt die Übermittlung einer A4-Seite im Bereich des ISDN-Telefax?

8. Was versteht man unter einer „multifunktionalen Kommunikationsstation"?

(zum Thema Telefon)

9. Was muß man unternehmen, um einen Telefonanschluß zu erhalten?

10. Welche verschiedenen Arten von Telefonbüchern sind Ihnen bekannt?

11. Welches Telefonbuch gibt Ihnen über folgende Angaben die entsprechende Auskunft?

    a) Vorwahlnummer

    b) Telefonansage „Küchenrezepte"?

    c) Kinos des Umkreises in alphabetischer Reihenfolge

12. Was sagen Ihnen die folgenden Telefonnummern?

    a) 3 54 69

    b) 01 30 54 29

    c) 25 42-1 46

    d) <24 96 74>

13. Welche Unterschiede bestehen zwischen Einzel-, Zweier- und Doppelanschlüssen?

14. Beschreiben Sie eine Familien-Telefonanlage.

15. Welche Berechtigungen haben Nebenstellen, und was versteht man darunter?

16. Nennen Sie die drei wichtigsten Signaltöne beim Telefonieren, und beschreiben Sie die Bedeutung.

17. Welche Kosten entstehen beim Telefonieren?

18. Von welchen Faktoren sind die Gebühreneinheiten abhängig?

19. Beschreiben Sie die folgenden Begriffe:

    a) Ortszone

    b) Nahzone

    c) Weitzone

20. Welcher Unterschied besteht zwischen dem Normal- und dem Billigtarif?

21. Welche größeren Orte liegen im Bereich Ihrer Nahzone?

22. Welche Grundsätze sollte man beim Telefonieren beachten?

23. Welche besonderen Einrichtungen zum Telefon sind Ihnen bekannt?

(zum Thema Sprachspeicher)

24. Was versteht man unter dem Begriff „Sprachspeichersystem"?

25. Welche Möglichkeiten hat man beim Einsatz eines Sprachspeichersystems?

26. Sehen Sie sich den Arbeitsablauf beim Arbeiten mit dem Sprachspeichersystem auf Seite 124 an. Welcher große Vorteil ist gegenüber dem herkömmlichen Telefonieren zu erkennen?

8.2 Telex – Telegramm – Teletex

Diese Lektion informiert Sie über:

✔ die Bedeutung und Funktion des Fernschreibers

✔ die Vorteile des Telexdienstes

✔ die Arten und Kosten von Telegrammen

✔ den Einsatz des Teletexdienstes am Büro-Arbeitsplatz

✔ die Vergleichsmerkmale Telex : Teletex

✔ Praxistips aus dem Bereich der Textnachrichten

Wissenswertes

Fernschreiber in Baukastenform

Fernschreiber lassen sich modular (in Baukastenform) zu folgenden Möglichkeiten ausbauen:

– Standardversion mit Textspeicher und Zeilendisplay

– Ausführung mit Bildschirm und komfortablen Textverarbeitungsfunktionen

– Diskettenspeicher oder Lochstreifeneinheit als Zusatzeinrichtung

Telegrammarten	Dienstvermerke
dringendes Telegramm	=URGENT=
Schmuckblatt-telegramm	=LX=
Telegramm des Geldverkehrs	=POSTFIN=
Brieftelegramm	=LT=

Abkürzungen lassen ein Fernschreiben kürzer werden und sind ein wirkungsvoller Beitrag zur Kostensenkung

Abkürzungen tragen zur Kostensenkung im Fernschreibdienst bei. Neben der folgenden Auswahl von Abkürzungen zeigt das Amtliche Telex-und Teletexverzeichnis weitere Möglichkeiten.

abs =	Teilnehmer abwesend	cfm =	bitte bestätigen Sie	der =	Störung
e e e =	Irrungszeichen	mom =	bitte warten	nc =	z. Z. keine Leitung frei
nch =	Telexnummer hat sich geändert	ok =	einverstanden	r =	erhalten
rpt =	wiederholen Sie – ich wiederhole	qok =	einverstanden?	svp =	bitte
tpr =	Fernschreibmaschine	+ =	Ende des Nachrichtenaustauschs	+? =	wir warten auf Antwort

Bei jeder Textübermittlung ...

... im Telex- und Teletexdienst werden die Kennung des Absenders und des Empfängers ausgetauscht. Im Teletexdienst erscheinen in der „Kommunikationszeile" auch der Tag und die Uhrzeit.

Auszug aus einem Werbeprospekt:

„Teletex-Nachrichten werden durch einen automatischen Speicher-zu-Speicher-Verkehr übermittelt. Während Sie an Ihrem Teletex-Endgerät (z. B. Speicherschreibmaschine oder Arbeitsplatz-Computer) schreiben, können Sie gleichzeitig vom Speicher Ihre Texte absenden oder im Speicher auch Texte empfangen, der „Lokalbetrieb" wird dabei nicht gestört. Diese komfortable Art der Nachrichtenübermittlung ist beim Telexdienst nicht möglich."

3982128

8.2.1 Begriff: Telex

Die Bezeichnung „Telex" (Tx) bedeutet teleprinter exchange (Austausch von Fernschreiben). Mit dem Fernschreiber kann man weltweit schriftliche Nachrichten austauschen.

Die Hauptbestandteile eines Fernschreibers sind die Tastatur, der Sende- und Empfangsteil sowie die Druckeinrichtung.

Der Sendeteil setzt die Tastenanschläge in elektrische Impulse um, die zur Empfangseinrichtung des anderen Teilnehmers übertragen werden. Der Empfangsteil wandelt die ankommenden Impulse um, und der Fernschreiber schreibt.

8.2.2 Anwendungsbereiche und Merkmale für Fernschreiben

Fernschreiben dienen der schnellen und schriftlichen Nachrichtenübermittlung in der ganzen Welt, sie haben als schriftliche Nachricht die Eigenschaft eines „Einschreibebriefes" und sind auch ohne Unterschrift rechtlich gültig. Weitere Vorteile des Fernschreibens sind:

- preiswerter als Telefon und Brief
- wiederholtes Senden gespeicherter Nachrichten
- empfangsbereit auch außerhalb der Geschäftszeit
- Überbrückung des Zeitunterschiedes bei Überseeländern

Nachteilig beim Fernschreiben sind der begrenzte Zeichensatz (Fehlen der Großbuchstaben, Umlaute und einiger Zeichen) und die verhältnismäßig geringe Übertragungsgeschwindigkeit von rund 400 Zeichen/min.

8.2.3 Kosten im Telexdienst

Die Deutsche Bundespost Telekom berechnet neben den einmaligen Einrichtungsgebühren monatliche Grundgebühren, monatliche Unterhaltungsgebühren und Verbindungsgebühren.

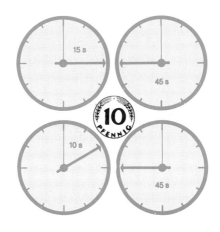

Die Verbindungsgebühren betragen 0,10 DM je Einheit und richten sich nach der Übermittlungsdauer, der Entfernung und der Tageszeit.

Die nebenstehende Zeichnung verdeutlicht im oberen Teil die Kosten in der Tarifzone 1, während unten die Kosten für die Tarifzone 2 dargestellt sind.

8.2.4 Begriff: Telegramm

Ein Telegramm ist eine schriftliche Nachricht, die jedermann bei der Post zur eiligen Beförderung an einen beliebigen Empfänger aufgeben kann. Der Telegrammverkehr spielt im wesentlichen dann eine Rolle, wenn der Empfänger über die modernen Telekommunikationsdienste nicht zu erreichen ist. Es werden folgende **Arten von Telegrammen** unterschieden:

- Standardtelegramm
- dringendes Telegramm (vorrangige Übermittlung)
- Schmuckblatt-Telegramm (für feierliche Anlässe)
- Telegramm des Geldverkehrs (Überweisungstelegramm)
- Brieftelegramm (nur im Auslandsverkehr)

DEUTSCHE BUNDESPOST	Telegramm				TEL
Datum Uhrzeit	Empfangen von		Vermerke/Verzögerungsvermerke	Datum Uhrzeit	
Platz Empfangen Namenszeichen				Platz Gesendet Namenszeichen	
Bezeichnung der Aufgabe-TSt aus		Aufgabe-Nr. Wortzahl		Aufgabetag Uhrzeit	

▼ Gebührenpflichtige Dienstvermerke
= =

▼ Name des Empfängers, Straße, Hausnummer usw.

HANNELORE ZIETZ HOHE STRASSE 21

▼ Bestimmungsort – Bestimmungs-TSt

MAGOEBURG

KOMME ERST MONTAG 11.00

	DM	Pf	Auf ungenügende Anschrift / Besonderheiten / Dienstzeit hingewiesen	Absender (Name und Anschrift, ggf. Ortsnetzkennzahl und Telefonnummer, diese Angaben werden nicht mittelegrafiert)
Feste Gebühr	5	00		FRANK BRAUER
Wortgebühren	8	00	Angenommen Wörter geändert	OSTERPLATZ 3
Sonstige Gebühren			Wörter gestrichen	3250 HAMELN
Zusammen	13	00	Wörter hinzugesetzt	

Die stark umrahmten Teile sind vom Absender auszufüllen.
Bitte Rückseite beachten.

937 200 000-6 VStg Anl. 1   Sch1 1.89/87 6 5 4 3 2 1   A5-38/c

8.2.5 Gebührenermittlung und Kosten bei Telegrammen

Telegrammgebühren setzen sich aus Grundgebühr, Wortgebühr und Gebühren für verlangte Sonderdienste – z. B. Gebühr für ein Schmuckblatt – zusammen. Die Telegrammgebühren bezahlt der Postkunde bei der Aufgabe des Telegramms am Schalter. Telegramme, die über Telefon, Telex oder Teletex aufgegeben werden, berechnet die Post mit der entsprechenden Rechnung, z. B. der Telefonrechnung.

Die **10-Schriftzeichen-Regel** wird im Telegrammdienst weltweit für die Wortzählung angewandt: 10 Schriftzeichen (Buchstaben, Ziffern, Zeichen) zählen dabei als ein Gebührenwort. Dabei werden auch die Dienstvermerke und die Anschrift mitberechnet. Das o. a. Telegramm hat nach dieser Regelung 10 Gebührenwörter. Um Gebühren zu sparen, empfiehlt es sich, Telegramme kurz (im Telegrammstil) abzufassen.

3982130

8.2.6 Begriff: Teletex

Teletex (ttx) ist aus den Wörtern „tele" (= fern) und tex (= Text) als Kunstwort zusammengesetzt. Es handelt sich dabei um einen elektronischen Telekommunikationsdienst. Die Übermittlung erfolgt wie beim Telexdienst in schriftlicher Form.

8.2.7 Arbeitsablauf und Textübermittlung im Teletexdienst

Beim Teletexdienst werden „elektronische Briefe" unmittelbar von Arbeitsplatz zu Arbeitsplatz übermittelt. Für den Sendebetrieb und die Textübermittlung ergibt sich folgender Arbeitsablauf:

1. Texteingabe   2. Anwählen des Empfängers   3. Textübermittlung

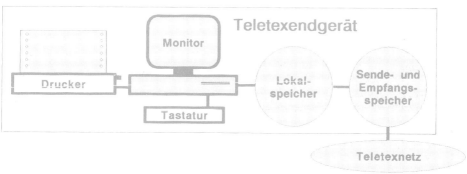

8.2.8 Bedeutung und Vorteile des Teletexdienstes

– sekundenschnelle Textübermittlung von Arbeitsplatz zu Arbeitsplatz

– schriftliche Unterlagen entsprechen einem „elektronischen Einschreibebrief mit Rückschein"?

– rechtliche Gültigkeit auch ohne Unterschrift

– Zugang zum weltweiten Telexnetz

– ungestörter Lokalbetrieb

– Betrieb über zahlreiche Endgerätearten (z. B. Speicherschreibmaschine, Arbeitsplatz-Computer)

– Einsparung der herkömmlichen Arbeiten im Posteingang und Postausgang

8.2.9 Kosten im Teletexdienst

Neben den einmaligen Einrichtungsgebühren entstehen monatliche Grundgebühren und Verbindungsgebühren. Die Verbindungsgebühren unterscheiden sich nach Normaltarif, Billigtarif 1 und 2. Daneben spielt die Entfernung eine Rolle bei der Gebührenermittlung. Die innerbetriebliche Nutzung von Teletex ist gebührenfrei.

8.2.10   Vergleich: Telex : Teletex

Die folgende Übersicht vergleicht einige Merkmale des Telex- und Teletexdienstes. Die Verbindung zwischen Telex und Teletex bzw. umgekehrt ist möglich. Dabei ist jedoch zu beachten, daß jeweils nur die Zeichen und die Geschwindigkeit des Telexdienstes angewendet werden können.

Merkmal	Telex	Teletex
Darstellung	Text	Text
Zeichen	begrenzter Zeichenvorrat	voller Zeichenvorrat
Geschwindigkeit	400 Zeichen/min	19 200 Zeichen/min
Gebühren	niedrig	sehr niedrig

Der Praxistip

☛ Verwenden Sie beim Abfassen eines Fernschreibens möglichst viele Abkürzungen, um Übermittlungskosten zu sparen. Das Amtliche Telex- und Teletexverzeichnis führt Abkürzungen für den nationalen und internationalen Fernschreibdienst auf.

☛ Die Nachrichtenübertragung durch Telex oder Teletex ist oftmals günstiger als die Übertragung durch Telefon oder Brief. Informieren Sie sich, ob Ihr Geschäftspartner durch die schriftlichen Telekommunikationsdienste zu erreichen ist.

☛ Für Telegramme gibt es bei jedem Postamt die entsprechenden Vordrucke. Neben der schriftlichen Aufgabe von Telegrammen ist auch die telefonische oder fernschriftliche Aufgabe möglich.

☛ Um Telegrammgebühren zu sparen, können Kurzanschriften verwendet werden. Auskunft erhalten Sie bei jedem Postamt.

Auf einen Blick

▶ Mit dem Fernschreiber werden im Bereich des Telexdienstes weltweit schriftliche Nachrichten ausgetauscht.

▶ Die Hauptbestandteile eines Fernschreibers sind die Tastatur, der Sende- und Empfangsteil sowie die Druckeinrichtung.

▶ Telegramme sind schriftliche Nachrichten, die jedermann bei der Deutschen Bundespost Telekom zur eiligen Beförderung an einen beliebigen Empfänger aufgeben kann.

▶ Die Kosten für Telegramme setzen sich neben der Grundgebühr und den Gebühren für verlangte Sonderdienste aus den Wortgebühren nach der 10-Schriftzeichen-Regel zusammen.

▶ Teletex ist die moderne Möglichkeit, auf elektronischer Basis weltweit Texte zu übertragen.

▶ Gegenüber dem Telexdienst verfügt der Teletexdienst über den gesamten Zeichenvorrat einer Schreibmaschine und ist wesentlich schneller.

3982132

Aufgaben

(zum Thema Telex)

1. Was versteht man unter Telex?

2. Welchen großen Vorteil hat der Fernschreiber gegenüber dem Telefon?

3. Was sind die Hauptbestandteile des Fernschreibers, und welche Aufgaben haben sie?

4. Welche Speichermedien werden bei Fernschreibern verwendet?

5. Zählen Sie fünf Unterschiede zwischen einem Brief und einem Fernschreiben auf.

6. Welche Vorteile hat der Fernschreibdienst?

7. Wie lassen sich Kosten beim Abfassen eines Fernschreibens sparen?

8. Was bedeuten die folgenden Abkürzungen?

   a) abs   b) e e e
   c) +   d) mom

(zum Thema Telegramm)

9. Was versteht man unter einem Telegramm?

10. Beschreiben Sie, in welchen Fällen der Telegrammdienst im Zeitalter der modernen Telekommunikation noch eine Rolle spielt.

11. Welche Arten von Telegrammen werden unterschieden?

12. Wie können Telegramme aufgegeben werden?

13. Aus welchen Gebühren setzen sich die Kosten für ein Telegramm zusammen?

14. Wie werden die Gebühren für Telegramme entrichtet?

15. Was versteht man unter dem Begriff 10-Schriftzeichen-Regel?

16. Wieviel Gebührenwörter zählen die folgenden Angaben:

    a) Osterplatz
    b) Weststraße
    c) Überlingen
    d) Reinhard-Waldeck-Pokal

17. Besorgen Sie sich Telegrammvordrucke bei Ihrem Postamt. Füllen Sie für folgende Vorgänge ein Telegramm aus, und berechnen Sie die Gebühren:

    a) Mitteilung an Ihre Eltern, daß Sie morgen um 12.00 Uhr am Flughafen in Hannover abgeholt werden möchten.
    b) Glückwunschtelegramm an Ihre Mutter zum Geburtstag (Gebührenermittlung als Standardtelegramm und als Schmuckblattelegramm).

(zum Thema Teletex)

18. Welche Arbeitsschritte sind für das Senden einer Teletex-Nachricht erforderlich?

19. Welche Arbeitsmittel eignen sich als Endgeräte für den Teletex-Betrieb?

20. In welcher Weise werden die herkömmlichen Arbeiten im Posteingang und Postausgang durch den Teletexdienst beeinflußt?

21. Was kostet die innerbetriebliche Nutzung von Teletex?

22. Wie wird das Verzeichnis bezeichnet, in dem Telex- und Teletexteilnehmer aufgeführt sind?

23. Der schriftliche Widerruf einer auf dem „normalen Postweg" übersandten Bestellung muß gleichzeitig beim Kunden eintreffen. Eignet sich für den Widerruf eine Teletexnachricht? Begründen Sie Ihre Meinung.

24. Welche Vorteile bietet Teletex zusätzlich zu den Vorteilen von Telex?

8.3   Telefax – Telebrief

Diese Lektion informiert Sie über:

✔ die Bedeutung, Arbeitsweise und Betriebsarten beim Fernkopieren

✔ verschiedene Möglichkeiten der Vorlagen für das Fernkopieren

✔ die Kosten im Bereich des Telefaxdienstes und Kostenvergleiche

✔ die Sendungsart „Telebrief"

✔ Praxistips aus dem Bereich des Telefaxdienstes

Wissenswertes

Das aus dem Begriff „Telefax" abgeleitete Wort

„faxen"

war schon in der 1989er Ausgabe des „Duden" zu finden. Das großgeschriebene Substantiv „Faxen" bedeutet etwas ganz anderes als das kleingeschriebene Verb.

Als **Faustregel für die Anforderungen** an Vorlagen zum Fernkopieren gilt: Alles, was sich kopieren läßt, kann auch fernkopiert werden.

Unseriöse Geschäftspraktiken mit Telefax

Hannover (ks). Immer wieder kommt es vor, daß Unternehmen eine Rechnung erhalten, wonach Beträge um rund 1 000 Mark für die Eintragung in ein „Fax-Verzeichnis" bezahlt werden sollen. Diese Rechnungen kommen von unseriösen Geschäftemachern, von denen immer wieder andere am Werk sind. Die Deutsche Bundespost Telekom weist darauf hin, daß die Eintragung in das offizielle Telefaxverzeichnis kostenlos ist.

Die moderne Technik hat auch Nachteile

Unfreiwilliger Empfang von Werbung durch Telefax

Hamburg (san.) Die Werbebranche hat den Fernkopierer als ideales Medium entdeckt. Hochwertige Fernkopierer werden dazu benutzt, nachts zum Billigtarif ohne Bedienungskraft an verschiedene Empfänger unaufgefordert Werbematerial zu übersenden. Dadurch sparen die Absender neben den herkömmlichen Portokosten auch die Kosten für den Postausgang und das Papier. Diese Arbeitsweise ist den Empfängern allerdings weniger angenehm. Der Empfängeranschluß wird bei dieser Werbemethode blockiert, und das Papier wird aufgebraucht. Ärgerlich ist, daß die Empfänger der „Werbesendungen" nichts unternehmen können. Der Anschluß darf nicht abgeschaltet werden, weil sonst gegen die Postvorschriften verstoßen wird.

3982134

8.3.1 Begriff: Telefax

Die Bezeichnung „Telefax" ist abgeleitet von tele (= fern) und fax (= faksimile = ähnlich machen). Telefax ist seit 1979 ein Telekommunikationsdienst für den elektronischen Austausch von Texten, Zeichnungen (Grafik) und Abbildungen. Die Übertragung der Vorlage erfolgt originalgetreu als Kopie über das Telefonnetz bzw. über das ISDN-Netz.

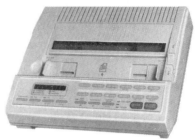

Ein **Fernkopierer** dient als Endgerät für die Übertragung im Telefaxdienst. Hauptbestandteil ist die Sende- und Empfangseinrichtung.

Es ist möglich, einen Arbeitsplatz-Computer mit einer Faxkarte auszustatten. Dieses System kann sowohl eingegebene Texte als auch Vorlagen übertragen, die über einen Scanner eingelesen werden.

8.3.2 Arbeitsweise und Kopierverfahren für Fernkopierer

Eine **Fotozelle** („elektrisches Auge") liest die Vorlage. Die unterschiedlichen Helligkeitswerte werden in elektrische Signale umgewandelt und über die Telefonleitung bzw. über das ISDN-Netz zum Empfänger übertragen. Im Fernkopierer des Empfängers werden die elektrischen Signale reproduziert und als Kopie dargestellt.

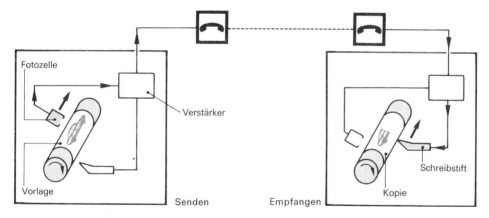

Bei dem Verfahren, das in der Abbildung dargestellt ist, wird Spezialpapier verwendet. Es handelt sich um das elektrosensitive Kopierverfahren. Daneben gibt es folgende Möglichkeiten:

- elektrostatisches Kopierverfahren mit Normalpapier
- Thermokopierverfahren mit Spezialpapier
- EDV-Druckverfahren mit Normalpapier
- Laserdruckverfahren mit Normalpapier

Neben der Qualität der Kopie sind die Kosten für Verbrauchsmaterial und die Wartungskosten ausschlaggebend für die Auswahl eines bestimmten Kopierverfahrens.

8.3.3 Gerätegruppen im Telefaxdienst

Die an der Übermittlung beteiligten Fernkopierer müssen kompatibel sein, d. h., sie müssen der gleichen Gerätegruppe entsprechen.

Im Telefaxdienst werden weltweit mehrere Gerätegruppen unterschieden. Die Übermittlungszeit bezieht sich auf eine Seite im Format A4.

Gruppe	Übermittlungszeit
2	3 Minuten
3	40 Sekunden
4	weniger als 10 Sekunden

8.3.4 Telefax-Betriebsarten

Der **Empfang** einer Fernkopie erfolgt bei den modernen Geräten automatisch. Für das **Senden** gibt es zwei Betriebsarten: Entweder durch manuelle Bedienung oder durch einen automatischen Sendevorgang. Bei Fernkopierern mit einem „Kennungsaustausch" wird geprüft, ob der gewünschte Anschluß erreicht ist. Die „Kennung" erscheint in der Anzeige (Display) und/oder wird von einem Druckwerk auf die Fernkopie gedruckt.

8.3.5 Vorlagen für Fernkopierer

Als Vorlagen eignen sich die folgenden Formen von Text und Grafik:

Schreibmaschinen-
schrift; die mit
gut "schwärzendem"
Farbband ge-
schrieben ist

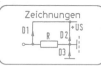

Gedrucktes in
10-Punkt-Schrift
und größer

8.3.6 Telefax-Teilnehmer

Der Telefaxdienst ist öffentlich; teilnehmen kann jedermann. Jeder Telefonanschluß kann in einen Telefaxanschluß umgewandelt werden. Im „Amtlichen Telefax- und Telebriefverzeichnis" sind alle Teilnehmer des Dienstes aufgeführt. Daneben erkennt man im Telefonbuch jeden Telefaxanschluß. Vor der Telefonnummer steht „Telefax", z. B. Telefax 89 86.

8.3.7 Kosten im Telefaxdienst

Neben den Kosten, die durch die Anschaffung und den Betrieb der Fernkopierer entstehen, berechnet die Telekom folgende Gebühren:

   – monatliche Grundgebühr   – Verbindungsgebühren

8.3.8 Vorteile von Fernkopien

Die Einsparung der herkömmlichen Arbeiten im Postausgang und im Posteingang wirken sich kostendämpfend aus. Daneben bietet der Telefaxdienst folgende Vorteile:
- unmittelbare Übermittlung von Text und Abbildungen
- sehr leichte Bedienung der Geräte
- automatisches Senden und Empfangen der Nachrichten
- weltweite Verbindungen (Telefonnetz)
- preiswerte Endgeräte
- Betrieb auch über Arbeitsplatz-Computer (Doppelnutzung)

3982136

8.3.9 Begriff: Telebrief

Im **Telebriefdienst** der Deutschen Bundespost Telekom werden eilige Nachrichten, Dokumente, Verträge, Urkunden, Zeichnungen, Pläne oder andere kopierfähige Unterlagen übermittelt.

8.3.10 Einlieferung und Übertragung von Telebriefen

Postämter und Schalter für Telebriefe sind mit dem Aufkleber „telebrief" gekennzeichnet. Hier können Telebriefe eingeliefert und empfangen werden. Die Übertragung von Telebriefen erfolgt schwarz auf weiß, originalgetreu und sehr schnell.

8.3.11 Arbeitsweise im Telebriefdienst

Der Absender füllt am Telebriefschalter einen Vordruck mit Empfänger- und Absenderangaben aus. Die Vorlage wird vom Einlieferungspostamt zum Empfangspostamt mit Fernkopierern der Deutschen Bundespost Telekom im Rahmen des Telefaxdienstes übermittelt. Der Empfänger erhält den Telebrief durch **Abholung** (sofort), durch **Eilzustellung** (am gleichen Tag) oder durch die **Briefpost** (am nächsten Tag).

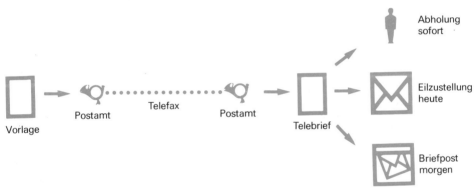

8.3.12 Telebrief-Vorlage

Die Größe der Vorlage darf das Format A4 nicht überschreiten. Das Papier soll ein Gewicht von 50 bis 120 g/qm betragen. Randverluste können bei der Übermittlung des Telebriefes entstehen. Deshalb soll an der Vorlage ein Heftrand von 2 cm, an den übrigen Rändern 1 cm, freibleiben. Im Bereich der Deutschen Bundespost Telekom können Telebriefe auch mit Schmuckblättern (Ausführung wie bei Telegrammen) übermittelt werden.

8.3.13 Besonderheiten für Telefaxteilnehmer

Telefaxteilnehmer können Telebriefe innerhalb des Bereichs der Deutschen Bundespost Telekom über die eigenen Fernkopierer an Empfangspostämter übermitteln bzw. von Einlieferungspostämtern empfangen. Hierbei übernimmt die Post die Auslieferung bzw. Annahme für den Fall, daß der andere Partner über keinen Fernkopierer verfügt.

8.3.14 Die Nachrichtenübermittlung im Vergleich

Dienst Merkmal	Brief	Telegramm	Telex	Teletex	Telefax
Darstellung	Text Grafik Abbildung	Text	Text	Text	Text Grafik Abbildung
Übermittlungszeit	Tag(e)	Stunden	Minuten	Sekunden	Sekunden
Gebührengrundlage	Gewicht Größe	Wortzahl	Zeit	Zeit	Zeit
Gebühren	hoch	sehr hoch	niedrig	sehr niedrig	sehr niedrig

Der Praxistip

☞ Vor der Anschaffung eines Fernkopierers sollte man sich genau informieren, in welcher Zeit eine Seite im Format A4 übermittelt werden kann, weil durch diesen Faktor die Verbindungsgebühren stark beeinflußt werden.

☞ Kostensenkungen beim Fernkopieren können erreicht werden, wenn man die Zeiten des Billigtarifs (werktags von 18.00 bis 08.00 Uhr, samstags, sonn- und feiertags) ausnutzt. Bei Fernkopierern mit automatischem Sendevorgang ist für das Übermitteln einer Fernkopie keine Bedienungskraft erforderlich.

☞ Da Fernkopierer im Telefaxdienst über die Telefonleitung verbunden sind, ist ein Doppelanschluß zu empfehlen, weil sonst während des Fernkopierens bzw. während des Telefonierens der andere Telekommunikationsdienst nicht möglich ist.

☞ Arbeitsplatz-Computer können in Verbindung mit einer Faxkarte als Fernkopierer eingesetzt werden. Mit einem Scanner können sogar vorhandene Vorlagen übermittelt werden.

☞ Für handschriftliche Nachrichten im Telefax- und Telexdienst eignen sich schwarze Filzstifte besonders gut.

Auf einen Blick

▶ Im Telefaxdienst können Texte sowie Abbildungen originalgetreu und sehr schnell übermittelt werden.

▶ Beim Betrieb von Fernkopierern unterscheidet man drei Gerätegruppen mit unterschiedlichen Übermittlungszeiten.

▶ Der Empfang einer Fernkopie erfolgt bei modernen Geräten automatisch. Für das Senden gibt es zwei Betriebsarten: manuell und automatisch.

▶ Die Verbindungsgebühren im Telefaxdienst entsprechen den Telefongebühren.

▶ Mit der Sendungsart „Telebrief" kann jedermann mit Fernkopierern der Post eilige Nachrichten übermitteln.

▶ Für den Empfang von Telebriefen gibt es drei Möglichkeiten: durch Abholung, durch Eilzustellung, durch Briefpost-Zustellung.

3982138

Aufgaben

(zum Thema Telefax)

1. Beschreiben Sie den Begriff „Telefax".

2. Wie lautet die Bezeichnung des Endgeräts für die Übertragung im Telefaxdienst, und aus welchen Hauptbestandteilen setzt sich dieses Gerät zusammen?

3. Beschreiben Sie, welche Voraussetzungen erforderlich sind, um einen Arbeitsplatz-Computer als Fernkopierer einzusetzen.

4. Erläutern Sie die Arbeitsweise beim Fernkopieren.

5. Welche Kopierverfahren spielen im Telefaxdienst eine Rolle?

6. Nennen Sie die verschiedenen Betriebsarten beim Fernkopieren und deren wesentliche Merkmale.

7. Welche Gerätegruppen werden im Telefaxdienst unterschieden? Ordnen Sie den Gruppen die entsprechenden Übermittlungszeiten zu.

8. Geben Sie die Höchstzeit für die Übermittlung einer Vorlage im Format A4 in der Gruppe 4 an.

9. Welche Kosten entstehen einem Unternehmen beim Einsatz eines Fernkopierers?

10. Wonach richtet sich die Verbindungszeit beim Fernkopieren?

11. Wie wirkt sich der Billigtarif des Telefons auf die Übermittlung von Fernkopien aus?

12. Welche Überlegungen müssen bei der Anschaffung eines Fernkopierers erfolgen, um den Billigtarif auszunutzen?

13. Mit welchem Schreibgerät würden Sie eine handschriftliche Vorlage für die Übermittlung im Telefaxdienst erstellen? Begründen Sie Ihre Aussage.

14. Woran erkennen Sie im Telefonbuch einen Anschluß mit Fernkopierer?

15. Wie heißt das Verzeichnis der Deutschen Bundespost Telekom, in dem die Anschlüsse mit Fernkopierer aufgeführt sind?

(zum Thema Telebrief)

16. Was versteht man unter einem „Telebrief"?

17. In welchen Postämtern können Telebriefe eingeliefert werden?

18. Welche Größe darf eine Vorlage nicht überschreiten, wenn sie als Telebrief versandt werden soll? Begründen Sie diese Voraussetzung.

19. Machen Sie einen Vorschlag, wie man eine Vorlage im Format A3 als Telebrief bzw. als Fernkopie versenden kann, wenn das eingesetzte Gerät nur mit dem A4-Format arbeitet.

20. Welche Form des Telebriefs würden Sie wählen, wenn Sie einen Glückwunsch aussprechen möchten?

21. Welche drei Möglichkeiten gibt es in der Bundesrepublik Deutschland, einen Telebrief zu erhalten?

22. Beschreiben Sie den folgenden Vorgang: Ein Telefaxteilnehmer übermittelt eine Fernkopie an einen Empfänger, der über keinen Fernkopierer verfügt.

8.4   TEMEX – TELEBOX

Diese Lektion informiert Sie über:

✔ die verschiedenen Arbeitsweisen von TEMEX und TELEBOX

✔ Voraussetzungen zur Teilnahme

✔ Gebührenarten für den Anschluß und Betrieb

✔ Vorteile im privaten und geschäftlichen Bereich

✔ Praxistips für einen sinnvollen Einsatz der Möglichkeiten

Wissenswertes

Die Post informiert:

Der Begriff „Fernwirken" umfaßt das „Fernüberwachen" und „Fernsteuern" räumlich entfernter Objekte von einem oder mehreren Orten aus.

Quelle: TEMEX-Dienstleistungs- und System-beschreibung

Herausgeber: Der Bundesminister für das Post- und Fernmeldewesen, 5300 Bonn

Die Datensicherheit wird großgeschrieben

Das persönliche Paßwort für die TELEBOX besteht aus 6 bis 30 Zeichen (Buchstaben und/oder Ziffern). Es ist der „elektronische Schlüssel" für den Zugang zum System. Wichtig ist, daß jeder sein Paßwort vertraulich hält und von Zeit zu Zeit ändert. Bei jedem neuen Zugang zur Box wird angegeben, wann der letzte Zugang erfolgte.

Die Besetzt-Situation ist nicht möglich

Das TEMEX-Netz wird ständig überwacht

Temex-Signale werden mit Hilfe der Telefonleitung übertragen, indem Frequenzen verwendet werden, die oberhalb des Sprachbereichs liegen. Bei der Übertragung kann es zu keiner Besetzt-Situation wie beim Telefonieren kommen. Das TEMEX-Netz ist kein Wählnetz mit evtl. unerwarteter hoher Auslastung; die Signalübertragung erfolgt über eine „logisch fest eingerichtete Verbindung", die ständig überwacht wird.

Mobile Kommunikation durch TELEBOX

Die Teilnehmer der Netzdienstleistung TELEBOX können auch unterwegs ständig Informationen austauschen. Von jedem Ort kann sich der TELEBOX-Anwender über jedes beliebige Telefon mit seinem transportablen, akustisch gekoppelten Datenendgerät (in Westentaschengröße) an das System schalten. Eingegebene Mitteilungen können empfangen werden, oder es kann eine Antwort bzw. Mitteilung an deren Empfänger abgesetzt werden.

TELEBOX ist international

München. Der Austausch von Mitteilungen im Bereich des TELEBOX-Systems ist mit einer Reihe von Ländern möglich. Auskünfte hierüber können aus den TELEBOX-Dateien INFO INTERNATL sowie INFO INTL.KONT entnommen werden. Auch das Postbuch informiert hierüber. Die Aufnahme neuer Verkehrsbeziehungen wird im Amtsblatt bekanntgegeben.

3982140

8.4.1 Begriff: TEMEX

Der Begriff TEMEX ist von „telemetry exchange" abgeleitet worden. Dieser Tele-kommunikationsdienst übernimmt die Fernübertragung von Meßwerten aller Art zum Überwachen und Steuern über die Telefonleitung.

8.4.2 Arbeitsbereiche für den TEMEX-Dienst

Folgende Arbeitsbereiche können von TEMEX übernommen werden:

  – Fernanzeigen   – Fernmessen   – Fernschalten   – Ferneinstellen

Das **Fernanzeigen** bezieht sich auf die Alarmübermittlung in Notsituationen, z. B. bei Feuer, Krankheit, Maschinenschaden.

Beispiel: Bei einem Einbruch wird ein Tür- oder Fensterkontakt ausgelöst, der durch die TEMEX-Verbindung bei einem Bewachungsunternehmen einen Alarm auslöst.

Das **Fernmessen** ermöglicht das Ablesen individueller Werte von Zählern und Meß-geräten, z. B. bei Strom, Gas und Wasser.

Beispiel: Die Verbrauchswerte von Stromzählern der Kunden eines Elektrizitäts-werkes können über die TEMEX-Verbindung ermittelt werden.

Das **Fernschalten** (Zustände ein oder aus) ist bei Beleuchtungen, Heizungen und elek-trischen Geräten möglich.

Beispiel: Eine Schaufensterbeleuchtung kann über die TEMEX-Verbindung indivi-duell ein- oder ausgeschaltet werden.

Das **Ferneinstellen** bezieht sich auf das Angebot aktueller Informationen.

Beispiel: Ein Parkleitsystem kann durch die TEMEX-Verbindung gesteuert werden.

8.4.3 Voraussetzungen für TEMEX-Teilnehmer

Zur Teilnahme am TEMEX-Dienst muß der Anbieter (z. B. Elektrizitätswerk, Bewa-chungsunternehmen) einen Telefon- oder Datexanschluß haben. Beim Nutzer (z. B. Stromabnehmer, Hausbesitzer) muß ein Telefonanschluß vorhanden sein.

Für die Übermittlung von Fernwirkinformationen stellt die Telekom folgende Einrich-tungen zur Verfügung:

– TEMEX-Netzanschluß (TEMEX-Nutzeranschluß)

– TEMEX-Zentrale/Hauptzentrale

– TEMEX-Anbieteranschluß (Anschluß einer Fernwirkleitstelle)

– Leitungsnetz

8.4.4 Gebühren für TEMEX-Anbieter – und -Nutzer

Die Telekom berechnet folgende Gebühren:

– einmalige Anschließungsgebühr

– monatliche Gebühren für Anbieteranschlüsse bzw. für Nutzeranschlüsse je nach Art und Umfang der Dienstleistung

8.4.5 Arbeitsweise im Bereich des TEMEX-Dienstes

Beim TEMEX-Dienst kann sowohl gleichzeitig telefoniert als auch der TEMEX-Dienst genutzt werden. Es können sogar verschiedene Fernwirkinformationen gleichzeitig erfolgen. Für die Übertragung auf der Telefonleitung werden Frequenzen verwendet, die oberhalb des Sprachbereichs liegen.

TEMEX-Signale werden über eine Fernwirkleitung im privaten Bereich von den Fernwirksensoren (z. B. an den Türen oder Fenstern) bis zur privaten Fernwirkunterstation übertragen. Von hier aus gelangen die Signale über den TEMEX-Nutzeranschluß und den TEMEX-Netzanschluß mit Weiche über die Telefonleitung zur TEMEX-Zentrale. Die TEMEX-Zentrale ist mit den Leitstellen der einzelnen Dienstleistungen verbunden. Informationen können auch in umgekehrter Richtung erfolgen.

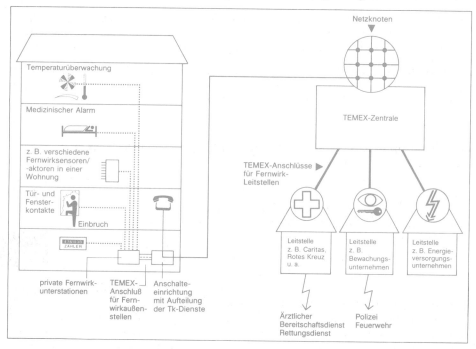

8.4.6 Vorteile für TEMEX-Teilnehmer

Der TEMEX-Dienst bietet für den privaten und geschäftlichen Bereich u. a. folgende Vorteile:

- ständiger Schutz von Sachwerten

- zuverlässige Überwachung bei Krankheit

- individuelles Schalten von Stromverbrauchern

- schnelle Informationen

- keine besonderen Leitungsnetze

3982142

8.4.7 Begriff: TELEBOX

Das TELEBOX-System ist ein „elektronisches Postfach für schriftliche Informationen". Diese **Netzdienstleistung** der Deutschen Bundespost Telekom ermöglicht das Senden und Empfangen schriftlicher Nachrichten über das Datex- bzw. Telefonnetz.

8.4.8 Arbeitsweise des TELEBOX-Systems

Der Teilnehmer mietet sich eine Box im TELEBOX-System und erhält eine „Postfachnummer", die öffentlich ist, d. h., sie erscheint in Briefköpfen und Visitenkarten. Außerdem wird mit der Telekom ein geheimes Paßwort vereinbart, das den Zugang zur eigenen Box erlaubt.

Zum **Senden** gibt man seine Nachrichten in die eigene Box und überträgt sie durch einen Befehl in die Box des Empfängers. In der Empfängerbox werden die Nachrichten so lange verwahrt, bis sie vom Empfänger abgerufen werden.

Zum **Empfangen** von Nachrichten muß der Anwender sein Paßwort eingeben, er kann seine Nachricht auf dem Bildschirm der Datenendeinrichtung anzeigen lassen und mit einem EDV-Drucker auf Papier festhalten.

8.4.9 Voraussetzungen zur TELEBOX-Teilnahme

Für den Betrieb ist eine **Datenendeinrichtung** (z. B. Arbeitsplatz-Computer) erforderlich. Bei ortsfesten Einrichtungen erfolgt die Datenübertragung über das Datexnetz. Im Mobilfunkbetrieb dient eine Telefonleitung als Übertragungskanal in Zusammenhang mit einem Akustikkoppler bzw. einem Modem.

Der Betrieb setzt keine besonderen Fachkenntnisse der EDV voraus, da das System mit einem anwenderfreundlichen Programm arbeitet. Selbsterklärende Befehle für die verschiedenen Tätigkeiten erleichtern den Dialog. Bei Schwierigkeiten kann ein Hilfsprogramm mit Hinweisen aufgerufen werden.

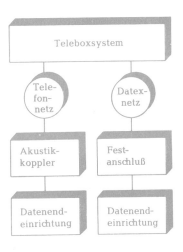

8.4.10 Kosten für die TELEBOX-Nutzung

Wie beim Telefon muß eine **monatliche Grundgebühr** entrichtet werden, außerdem fallen eine **Mindestnutzungsgebühr** und die **Gebühren für die Datenübermittlung** an.

Im Vergleich zu einem herkömmlichen Brief ist die Nachrichtenübermittlung mit dem TELEBOX-System kostengünstiger.

8.4.11 Vorteile des TELEBOX-Systems

– Durch die Mobilität innerhalb des TELEBOX-Systems kann man Wichtiges überall und zu jeder Zeit erfahren.

– Texte können ohne Formatbegrenzungen und ohne Hindernisse durch zu geringe Speicherkapazitäten beliebig übermittelt werden.

– Das TELEBOX-System ist durch Paßwörter geschützt, das bedeutet, daß nur der berechtigte Empfänger einen Zugriff auf die Mitteilungen hat.

– Es können Textdateien mit Textbausteinen zur komfortablen Textverarbeitung gespeichert werden.

– Der verständliche Programmablauf ist sehr benutzerfreundlich.

– Durch die Funktion „Schwarzes Brett" können alle Teilnehmer angesprochen werden.

– Der internationale Zugang zum TELEBOX-System ist durch das Telefon möglich.

Der Praxistip

☞ Behinderte und hilfesuchende Personen können durch den TEMEX-Dienst jederzeit mit einem Arzt, einem Rettungsdienst oder einer Hilfsorganisation verbunden und dadurch im Notfall unterstützt werden.

☞ Der TEMEX-Dienst ist eine ideale Erweiterung zu einer Alarmanlage, da die Verbindung zur Leitstelle sofort aufgenommen wird und somit schnell entsprechende Maßnahmen eingeleitet werden können.

☞ Die Teilnahme am TELEBOX-System ist eine Möglichkeit, einen Arbeitsplatz-Computer noch vielseitiger einzusetzen.

☞ Sofern mehreren Empfängern die gleiche schriftliche Mitteilung übersandt werden soll, kann beim TELEBOX-System eine „Verteilerliste" eingegeben werden. Der Vorteil dabei ist, daß der Text nur einmal erfaßt werden muß.

☞ Alle TELEBOX-Teilnehmer kann man mit der Funktion „Schwarzes Brett" erreichen und auf diese Weise einen großen Kreis ansprechen.

Auf einen Blick

▶ Der TEMEX-Dienst der Telekom übernimmt das Fernanzeigen, Fernmessen, Fernschalten und Ferneinstellen von Geräten und Systemen.

▶ Es können über die Telefonleitung gleichzeitig Telefongespräche und TEMEX-Meßwerte übertragen werden.

▶ Das TELEBOX-System ermöglicht das elektronische Senden und Empfangen von Nachrichten mit Hilfe von Datenendeinrichtungen von Box zu Box.

▶ Die Nachrichtenübermittlung mit dem TELEBOX-System setzt keine besonderen EDV-Kenntnisse voraus.

3982144

Aufgaben

(zum Thema TEMEX)

1. Erläutern Sie, wie der Begriff TEMEX gebildet wurde.

2. In welchen Arbeitsbereichen (allgemeine Bezeichnungen) wird TEMEX eingesetzt?

3. Geben Sie drei praktische Beispiele für die Nutzung von TEMEX an.

4. Beschreiben Sie, wie es möglich ist, daß über die Telefonleitung zu gleicher Zeit telefoniert werden kann und TEMEX-Signale übertragen werden können.

5. Nennen und erläutern Sie die Voraussetzungen, die der Anwender des Telekommunikationsdienstes TEMEX erfüllen muß.

6. Welche Einrichtungen stellt die Deutsche Bundespost Telekom für die Übermittlung von Fernwirkinformationen im Bereich des TEMEX-Dienstes zur Verfügung?

7. Welche Gebührenarten gibt es beim TEMEX-Dienst?

8. Beschreiben Sie die Arbeitsweise des TEMEX-Dienstes.

9. Welche Vorteile ergeben sich für den Nutzer des TEMEX-Dienstes im privaten und geschäftlichen Bereich?

10. Beschreiben Sie den folgenden Vorgang (Voraussetzungen, Arbeitsweise des TEMEX-Dienstes): In einem Wochenendhaus wird eingebrochen, die Polizei trifft kurze Zeit später ein und kann die Einbrecher „auf frischer Tat" überführen.

(zum Thema TELEBOX)

11. Was versteht man unter dem Begriff „TELEBOX"?

12. Beschreiben Sie die Arbeitsweise des TELEBOX-Systems.

13. Welche Geräte haben Zugang zur TELEBOX?

14. Welche Anforderungen werden an den Anwender des TELEBOX-Systems gestellt?

15. Welche Informationen sind zum Zugang zum TELEBOX-System erforderlich?

16. Von welchen Telefonanschlüssen ist das TELEBOX-System erreichbar?

17. Welche Mitteilungsfunktionen hat das TELEBOX-System?

18. Was versteht man im Rahmen des TELEBOX-Systems unter der Funktion „Schwarzes Brett"?

19. Welche Kosten entstehen beim TELEBOX-System?

20. Beschreiben Sie die Vorteile des TELEBOX-Systems.

8.5   Bildschirmtext

Diese Lektion informiert Sie über:

✔ die Bedeutung und Arbeitsweise des Bildschirmtext-Dienstes

✔ den Arbeitsablauf und Empfang von Btx-Seiten

✔ unterschiedliche Nutzungen für alle Teilnehmer und bestimmte Gruppen

✔ Möglichkeiten des Datenschutzes und der Datensicherung

✔ Praktische Tips für den Bildschirmtext-Dienst

Wissenswertes

„In einigen Jahren wird Bildschirmtext für uns fast so selbstverständlich sein wie Telefonieren. Durch seine unbegrenzte Vielseitigkeit ist

Btx ein Dienst für jedermann."

Auszug aus der Informationsbroschüre „Bildschirmtext, ein vielseitiger Dienst stellt sich vor", herausgegeben vom Bundesministerium für das Post- und Fernmeldewesen, 5300 Bonn 1.

Btx-Verbindungen sind vielfältig

Zwischen Bildschirmtext und folgenden Diensten bestehen Verbindungen bzw. sind Übergänge geplant: Telex, Teletex, Telebox und Cityruf.

Die Benutzungsbedingungen

und Gebühren des Bildschirmtext-Dienstes wurden von der Deutschen Bundespost Telekom mit der 22. Änderungsverordnung zur Fernmeldeordnung festgelegt. Aus einem Staatsvertrag, den die Ministerpräsidenten der Länder unterzeichnet haben, gehen die Regelungen für den Bildschirmtext-Dienst hervor.

Das Suchbaumverzeichnis

zeigt dem Btx-Teilnehmer den Weg zur richtigen Btx-Seite. Das Prinzip bei dieser Arbeitsweise ist einfach: Von der allgemeinen zur speziellen Information. Der Teilnehmer wird nach einer ganz bestimmten Struktur von Seite zu Seite bis zur Zielinformation geleitet. Jeder Schritt erfordert eine neue Auswahl durch Eingabe der entsprechenden Zahlen. Drei Wege sind die Grundlage:
– das Anbieter-Verzeichnis
– das Schlagwort-Verzeichnis
– das Sachgebiets-Verzeichnis

Die Rückkehr zur Bildschirmtext-Gesamtübersicht ist von jedem Punkt des Systems mit der Eingabe von *0# möglich.

Gerätekosten und Gebühren beim Btx-System

Btx-Teilnehmer und -Anbieter müssen entsprechende Geräte kaufen. Die Post erhebt folgende Gebühren:
– einmalige Anschlußgebühr
– monatliche Grundgebühr
– Verbindungsgebühr (Telefongebühren wie im Nahbereich)
– Gebühren für kostenpflichtige Seiten

Regelungen des Btx-Staatsvertrages (Auszug):

– Jedermann kann den Bildschirmtext-Dienst als Teilnehmer und als Anbieter nutzen.
– Auf jeder Btx-Seite muß der Anbieter zu erkennen sein.
– Ein Impressum soll für den Nutzer leicht und unentgeltlich zugänglich sein.
– Sachgebiete und Stichwörter, die mit Wirtschaftswerbung in Zusammenhang stehen, müssen mit einem „W" gekennzeichnet sein.
– Bei jeder entgeltpflichtigen Btx-Seite muß die Höhe des Entgeltes vor dem Abruf angezeigt werden.

3982146

8.5.1 Begriff: Bildschirmtext

Bildschirmtext ist ein Telekommunikationsdienst der Deutschen Bundespost Telekom, der Informationszugriff und Datenkommunikation auf der Basis von **Telefon und Bildschirmgerät** (z. B. Farbfernsehgerät oder Arbeitsplatz-Computer) ermöglicht.

8.5.2 Arbeitsweise des Btx-Systems

Während Fernsehsendungen und Videotext von den Fernsehanstalten über Antennen bzw. Kabel zur Verfügung gestellt werden, erfolgt das Senden der Informationen beim Btx-System von der Telekom.

Die „Btx-Seiten" werden von den Anbietern erstellt und auf Computern des Btx-Systems gespeichert. Alle Seiten können den Teilnehmern auf Anforderung übermittelt werden. Die Übermittlung erfolgt durch elektrische Impulse über die Telefonleitung. Auf dem Bildschirm des Empfängers erscheint ein farbiges Festbild, bestehend aus Text und/oder Grafik.

8.5.3 Ausstattung für die Btx-Nutzung

Für den **Empfang** von Btx-Seiten ist folgende Ausstattung erforderlich:.

– Btx-Endgerät, z. B. Farbfernsehgerät mit Decoder

– Btx-Anschlußbox

– Fernbedienung oder Tastatur

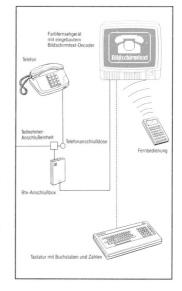

Die **Btx-Anschlußbox** ermöglicht die Verbindung zwischen Telefonleitung und Btx-Endgerät.

Der **Decoder** wandelt die eingehenden Signale zur Darstellung auf dem Bildschirm in Btx-Seiten um. Mit der Fernbedienung oder Tastatur wird das System gesteuert.

Anstelle des Farbfernsehgerätes können auch ein Arbeitsplatz-Computer mit einer Btx-Steckkarte oder ein multifunktionales Telefon als Endgerät verwendet werden.

Folgende Zusatzgeräte sind zu empfehlen:

EDV-Drucker zum Ausdruck der Btx-Seiten	**Diskettenspeicher** zum Speichern der Informationen

Für das **Erstellen** von Btx-Seiten dient ein Editierplatz, der neben den o. g. Zusatzgeräten aus den folgenden Einrichtungen besteht:

Tastatur zur Texteingabe und Farbgestaltung	**Grafiktablett** zur Übertragung einer Vorlage	**Bildschirm** zur Anzeige einer Seite

8.5.4 Arbeitsablauf beim Btx-System

Schritt 1: Verbindungsaufbau durch Betätigung der Btx-Anwahltaste der Fernbedienung bzw. der Tastatur.

Schritt 2: Eingabe des persönlichen Kennwortes, nachdem die Anfangsseite auf dem Bildschirm erschienen ist.

Schritt 3: Überprüfung, ob auf der Begrüßungsseite ein Hinweis auf vorliegende Mitteilungen erscheint und evtl. Abruf der Mitteilungen.

Schritt 4: Aufruf der Btx-Gesamtübersicht, des Inhaltsverzeichnisses und Abruf der gewünschten Btx-Seite.

Schritt 5: Beenden des Dialogs durch Eingabe des Schlußzeichens. Es erscheint die Gebührenseite.

Hinweise: 1. Sofern die gewünschte Seitenzahl bekannt ist, kann die Seite nach Schritt 3 sofort abgerufen werden.

2. Durch Eingabe der Zeichenfolge *0# kommt man von jedem Punkt des Btx-Systems zur Gesamtübersicht zurück.

Verbindungsaufbau

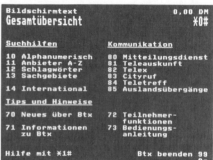

Btx-Gesamtübersicht

Schlagwörter

Gebührenseite

8.5.5 Nutzungsmöglichkeiten für alle Btx-Teilnehmer

Folgende Nutzungsmöglichkeiten werden für alle Teilnehmer des Btx-Systems angeboten:

– Informationen abrufen   – Geschäfte abwickeln   – Mitteilungen versenden

3982148

8.5.6 Besondere Nutzungsmöglichkeiten im Btx-Dienst

Die folgenden Beispiele sind Möglichkeiten aus der praktischen Arbeit mit dem Btx-System:

Anbieten von Informationen

Informationen über das Btx-System kann jedermann anbieten. Nähere Einzelheiten hierüber sind bei den Fernmeldeämtern der Deutschen Bundespost Telekom zu erfahren.

Beispiel: *Ein Architekt möchte seine Typenhäuser durch das Btx-System einem breiten Kundenkreis anbieten.*

Informationen für Gruppen

Sofern ein Anbieter seine Informationen nur einem bestimmten Teilnehmerkreis zugänglich machen möchte, so ist dies in einer geschlossenen Benutzergruppe (GBG) möglich. Der berechtigte Empfänger kann dann die Informationen nur mit einem Schlüsselwort abrufen.

Beispiel: *Ein pharmazeutisches Unternehmen möchte nur Ärzte und Apotheker über seine Produkte informieren.*

Informationen für den einzelnen

Hierbei handelt es sich um persönliche Nachrichten mit der Vertraulichkeit eines Briefes. Der Btx-Teilnehmer wird zu Beginn und am Ende des Arbeitens mit dem System darauf hingewiesen, ob sich eine Mitteilung in seinem „elektronischen Briefkasten" befindet.

Beispiel: *Ein Girokonto wird mit Hilfe des Btx-Systems geführt.*

Dialog mit dem Rechner

Diese Möglichkeit bietet dem Btx-Teilnehmer den Zugang zu EDV-Anlagen von Btx-Anbietern. Damit ist es z. B. möglich, Bestellungen aufzugeben (Teleshopping) oder Bankgeschäfte (Telebanking) über ein Codewort zu tätigen.

Beispiel: *Ein Geschäftsinhaber läßt sich einen persönlichen Finanzierungsplan von seiner Bank erstellen.*

Innerbetrieblicher Bildschirmtext

Größere Betriebe haben hausinterne Btx-Anlagen (Inhouse-Systeme), die über die private Telefonanlage betrieben werden. Durch den Anschluß der Anlagen an den öffentlichen Btx-Dienst können auch ausgelagerte Geschäftsbereiche, Außendienstmitarbeiter oder Kunden kostengünstig informiert und bedient werden.

Beispiel: *Ein Großunternehmen, das mit mehreren Betriebsstätten innerhalb einer Großstadt verteilt ist, hat ein privates Telefonnetz. Dieses Netz wird auch im Rahmen des Btx-Systems eingesetzt, und es entstehen dadurch keine Verbindungsgebühren.*

8.5.7 Datenschutz und Datensicherheit im Btx-Dienst

Bildschirmtext ist ein offenes Telekommunikationssystem, in dem personenbezogene Daten durch Kontrollen und Maßnahmen nach den Grundsätzen des Bundesdatenschutzgesetzes behandelt werden müssen. Folgende Maßnahmen sind zum Schutz und zur Sicherheit vorgesehen:

- Die erste Kontrolle erfolgt mit einer in der Btx-Anschlußbox fest programmierten **Hardwarekennung.**

- Die zweite Kontrolle ist das **persönliche Kennwort,** das aus einem vier- bis achtstelligen Code besteht und vom Teilnehmer jederzeit geändert werden kann. Ein falsches Kennwort wird nicht angenommen, und bei mehrmaligen Fehlversuchen wird der Btx-Zugang gesperrt.

- Der Teilnehmer kann jederzeit überprüfen, ob sein Anschluß widerrechtlich genutzt wurde, denn die Begrüßungsseite zeigt immer das **Datum und die Uhrzeit der letzten Nutzung** an.

- Bei Bankgeschäften (Telebanking) muß sich der Btx-Nutzer durch eine **persönliche Identifikationsnummer** (PIN) ausweisen. Geldüberweisungen werden zusätzlich durch eine Transaktionsnummer (TAN) gesichert.

Der Praxistip

☞ Das Versenden von Btx-Mitteilungen ist kostengünstiger als ein Brief.

☞ Klein- und Mittelbetriebe können auch bei gelegentlicher Anwendung der Datenfernverarbeitung mit dem Btx-System wirtschaftlich arbeiten und erreichen dadurch mehr Chancengleichheit.

☞ Ähnlich wie in den Landespressegesetzen gibt es auch im Btx-System ein Recht auf Gegendarstellung.

☞ Vor dem Abruf einer entgeltpflichtigen Btx-Seite werden dem Teilnehmer die Kosten mitgeteilt; er kann entscheiden, ob er den Seiteninhalt zu diesem Preis sehen will oder nicht.

☞ Mit einem Inhouse-System (private Telefonanlage) können Verbindungsgebühren gespart werden.

Auf einen Blick

▶ Beim Btx-System werden Informationen in Text und Grafik von verschiedenen Anbietern zur Verfügung gestellt. Die Teilnehmer können diese Informationen in Form von Btx-Seiten als farbiges Festbild über die Telefonleitung empfangen.

▶ Für den Empfang von Btx-Seiten sind ein Bildschirm, eine Btx-Anschlußbox und eine Fernbedienung bzw. Tastatur erforderlich.

▶ Der Teilnehmer des Btx-Systems kann Informationen abrufen, Geschäfte abwickeln oder Mitteilungen versenden.

▶ Die Telekom berechnet neben der einmaligen Anschlußgebühr, den monatlichen Grundgebühren und den Verbindungsgebühren für kostenpflichtige Btx-Seiten eine besondere Gebühr. Vor dem Abruf kostenpflichtiger Btx-Seiten erfolgt ein Hinweis.

3982150

Aufgaben

1. Erläutern Sie den Begriff „Bildschirmtext".

2. Geben Sie eine Beschreibung für die Übermittlung von Btx-Seiten.

3. Geben Sie den Unterschied zwischen Videotext und Bildschirmtext an.

4. Welche Geräte benötigt ein Teilnehmer im Bereich des Bildschirmtext-Dienstes?

   Geben Sie auch die Zusatzgeräte an.

5. Welche Geräte benötigt ein Anbieter im Bereich des Bildschirmtext-Dienstes?

6. Welche besondere Voraussetzung muß ein Arbeitsplatz-Computer erfüllen, um für die Arbeit im Bereich Bildschirmtext eingesetzt zu werden?

7. Beschreiben Sie den Arbeitsablauf für die Teilnahme am Bildschirmtext-Dienst.

8. Nennen Sie drei Verzeichnisse im Bereich der Btx-Suchbaumstruktur.

9. Wie lautet die Zeichenfolge, mit der man von jedem Punkt des Btx-Systems zur Gesamtübersicht zurückkommt?

10. Das Suchen einer Btx-Seite kostet Zeit und somit Verbindungsgebühren. Wie lassen sich diese Kosten senken?

11. Was versteht man im Bereich des Bildschirmtext-Dienstes unter der Tätigkeit „Abrufen von Informationen"?

12. Welche weiteren Nutzungsmöglichkeiten haben Btx-Teilnehmer neben dem Abrufen von Informationen? Beschreiben Sie diese Möglichkeiten.

13. In welcher Form wird ein Btx-Teilnehmer auf eine persönliche Nachricht hingewiesen?

14. Nennen Sie vier Dienste, zu denen vom Bildschirmtext-System ein Übergang möglich bzw. geplant ist.

15. Beschreiben Sie, wie das Anbieten von Informationen im Bereich des Bildschirmtext-Dienstes erfolgt.

16. Was versteht man im Btx-Bereich unter dem Begriff „Geschlossene Benutzergruppe"?

17. Wie wird die besondere Nutzungsmöglichkeit bezeichnet, wenn ein Btx-Teilnehmer von seiner Bank oder Sparkasse ein Girokonto mit Hilfe des Bildschirmtext-Systems führen läßt?

18. Beschreiben Sie den Dialog mit dem Btx-Rechner.

19. Was versteht man unter den folgenden Begriffen: Inhousesystem, Telebanking, Teleshopping?

20. Nennen Sie zwei Kontrollmaßnahmen, die im Arbeitsablauf mit dem Btx-System eine entscheidende Rolle spielen.

21. In welcher Weise kann ein Teilnehmer überprüfen, ob sein Anschluß widerrechtlich benutzt wurde?

22. Welches Gesetz gilt für die Behandlung personenbezogener Daten und Kontrollen im Bereich des Bildschirmtext-Dienstes?

23. Welche Kosten entstehen bei der Teilnahme am Bildschirmtext-Dienst?

24. Nennen und beschreiben Sie vier Regelungen des Btx-Staatsvertrages.

8.6 Videokonferenz – Cityruf – Satellitenkommunikation

Diese Lektion informiert Sie über:

✔ den Ablauf einer Videokonferenz

✔ die Vorteile und Kosten von Videokonferenzen

✔ die Möglichkeiten zur Übermittlung kurzer Nachrichten durch Cityruf

✔ technische Einzelheiten von Cityruf-Empfängern

✔ Praxistips aus den Bereichen Videokonferenz – Cityruf – Satellitenkommunikation

Wissenswertes

Verbindung von Videokonferenzen

Berlin. Die Verbindung eines privaten Videokonferenzraums zu einem öffentlichen Videokonferenzraum ist möglich. Der Zentrale Reservierungsplatz der Post (ZRP) nimmt die Anmeldungen schriftlich unter Telefax (02 21) 56 19 45, Teletex 2 21 41 70 oder Telex 172214170 entgegen

Der Zugang zum Cityruf

kann von den folgenden Telekommunikationsdiensten aus erfolgen: Telefon, Btx, Telex und Telebox.

Funkrufempfänger für den Cityruf

werden nicht von der Deutschen Bundespost Telekom zur Verfügung gestellt, sondern können über den Fachhandel gekauft oder gemietet werden. Es dürfen nur Geräte benutzt werden, die vom Zentralamt für Zulassungen im Fernmeldewesen (ZZF) geprüft sind und das Zulassungszeichen der Deutschen Bundespost tragen.

Der Fernmeldesatellit

Kopernikus 2

der Deutschen Bundespost Telekom, der in der Nacht zum 25. Juli 1990 mit der europäischen Trägerrakete Ariane 4 von Französisch Guayana erfolgreich gestartet wurde, hat kurzfristig die katastrophale Situation der Telekommunikation in den neuen Bundesländern erheblich verbessert. Dies wirkte sich auf die Bereiche Telefon, Telefax und Datex aus.

Nationale und internationale

Videokonferenzen

Neben den nationalen Verbindungsmöglichkeiten können Videokonferenzen mit den meisten europäischen Ländern und nach Übersee, z. B. Japan, USA oder VR China, aufgenommen werden.

Fernmeldesatelliten

schweben als „Fernmeldeämter und Fernsehtürme" im Weltall. Sie befinden sich geostationär in 36 000 km Höhe, d. h., sie kreisen synchron mit der Erde, so daß sie sich aus der Sicht des Empfängers immer an der gleichen Stelle befinden.

3982152

8.6.1 Begriff: Videokonferenz

Bei einer Videokonferenz befinden sich die Teilnehmer an verschiedenen Orten, sie sind **akustisch** und **visuell** durch eine Übertragungsleitung miteinander verbunden.

Die Übertragung erfolgt durch ein Glasfasernetz bzw. durch Satellitentechnik. Die Deutsche Bundespost Telekom vermietet in Großstädten ihre Videokonferenzräume bzw. die Teilnehmer benutzen eigene Einrichtungen.

8.6.2 Videokonferenzraum

Hauptbestandteile eines Videokonferenzraumes sind z. B. der Konferenztisch und eine ihm gegenüberliegende „Aktivwand". Im Konferenztisch sind ein Steuerpult und Mikrofone eingebaut. In der Aktivwand befinden sich Empfangsbildschirme, festmontierte Farbfernsehkameras und Eigenbild-Kontrollmonitore.

8.6.3 Videokonferenzübertragung

Während der Videokonferenz sehen und hören die Teilnehmer ihre Gesprächspartner. Die Farbfernsehkameras nehmen die Konferenzteilnehmer von vorn auf. Mit einer beweglichen Kamera können Dokumente oder Gegenstände gezeigt werden. Der Eigenbild-Kontrollmonitor zeigt das Bild, das die Konferenzpartner empfangen.

8.6.4 Gebühren für Videokonferenzen

Für die Herstellung von Videokonferenzverbindungen erhebt die Telekom Gebühren, die sich nach Tarifzonen (z. B. nationale Verbindungen und internationale Verbindungen) und nach Tageszeit sowie Wochentag richten.

8.6.5 Vorteile von Videokonferenzen

Die wesentlichen Vorteile von Videokonferenzen sind:
- keine kostenaufwendige Anreise zum Konferenzort
- einfacher und schneller Informationsaustausch
- kurze und gut aufbereitete Besprechungen
- Austausch von Dokumenten und Unterlagen
- bildbegleitende Informationen durch Telefax, Festbilder und Videoaufnahmen

8.6.6   Begriff: Cityruf

Mit dem Funktelefon im C-Netz (s. Seite 123) ist man im Bereich der Deutschen Bundespost Telekom überall und jederzeit telefonisch erreichbar. Daneben spielt Cityruf für die „mobile Telekommunikation" eine entscheidende Rolle; bei diesem Dienst handelt es sich um die Übermittlung von kurzen Informationen.

8.6.7   Arbeitsweise beim Cityruf

Der Teilnehmer trägt den kleinen **Cityruf-Empfänger** bei sich; mit diesem Gerät kann er überall erreicht werden. Das Gerät meldet sich mit einem lauten Piep-Ton und leitet auf diese Weise die Nachrichtenübermittlung ein. Je nach Ausstattung des Geräts können Töne oder schriftliche Nachrichten auf einem Display empfangen werden.

Der Empfang ist sowohl im Bereich der Bundesrepublik Deutschland als auch über EUROMESSAGE in mehreren europäischen Ländern möglich. Das bedeutet, daß ein Teilnehmer mit Hilfe dieses Dienstes z. B. auch auf Geschäftsreisen im europäischen Ausland erreichbar ist.

8.6.8   Ausführungen von Cityruf-Empfängern

Der **Nur-Ton-Empfänger** ist die einfachste und auch preisgünstigste Funkrufklasse, bei der das empfangene Signal sowohl akustisch als auch optisch angezeigt wird. Jedem Empfänger werden dabei vier verschiedene Rufnummern zugeteilt, denen er nach Absprache mit dem Sender verschiedene Bedeutungen zuordnen kann.

Der **Numerik-Empfänger** zeigt maximal 15 Ziffern und Sonderzeichen je Nachricht an. Mit Hilfe von vorher codierten Zahlenkombinationen lassen sich auf diese Weise bereits ausführliche Nachrichten übermitteln.

Der **Alphanumerik-Empfänger** zeigt auf seinem Display vollständige Nachrichten bis zu 80 Zeichen an und verfügt über eine Speichermöglichkeit.

8.6.9   Sendevorgang für Cityruf-Nachrichten

Das Senden von Cityruf-Nachrichten an Nur-Ton-Empfänger kann mit Hilfe eines ganz normalen Telefons erfolgen, ansonsten ist ein entsprechendes Eingabegerät bzw. der Einsatz von Btx, Telex oder Teletex erforderlich. Auch die Handvermittlung der Telekom hilft bei der Übermittlung von Nachrichten an Cityruf-Empfänger.

3982154

8.6.10 Begriff: Satellit

Ein Satellit ist ein künstlicher Himmelskörper, der mit einer Rakete in eine Umlaufbahn um die Erde gebracht wurde und zum Messen, zum Beobachten, zur Navigation oder zur Informationsübertragung eingesetzt wird.

8.6.11 Arbeitsweise von Satelliten

Die Ausbreitung elektromagnetischer Wellen (z. B. Radiowellen) auf einer geraden Linie ist über größere Entfernungen wegen der Erdkrümmung nicht möglich. Aus diesem Grund sorgen Nachrichtensatelliten als „Spiegel" dafür, die zu ihnen gesandten Signale auf ein bestimmtes Gebiet zurückzuwerfen. Voraussetzung ist, daß der Satellit ständig „sichtbar" ist, er muß über dem Sende- und Empfangsgebiet einen scheinbar festen Platz bezogen haben (geostationärer Satellit). Die Signale erreichen über eine Erdfunkstelle den Satelliten. Dieser verstärkt die Signale und strahlt sie in die Ausleuchtungsgebiete ab, wo sie von Parabolantennen empfangen werden.

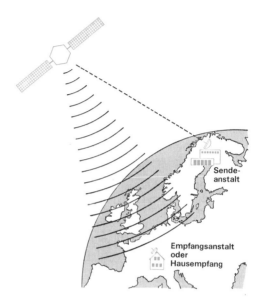

Sendeanstalt

Empfangsanstalt oder Hausempfang

8.6.12 Satellitensysteme

Man unterscheidet Fernmelde- und Rundfunksatelliten. Alle Telekommunikationsdienste der Deutschen Bundespost Telekom, die über Kabelnetze abgewickelt werden, eignen sich zur Satellitenübertragung:

   – Sprache   – Text   – Bild   – Daten

8.6.13 Einsatzbereiche wichtiger Satelliten

Die DFS-Satelliten Kopernikus 1 und Kopernikus 2 versorgen die Bundesrepublik Deutschland in den folgenden Bereichen:

– Telefon- und Datenverkehr

– Übertragung von Rundfunkprogrammen

– Verteilung von Rundfunkprogrammen für die Einspeisung in örtliche Kabelnetze

– Flächendeckende Übermittlung der „Neuen Dienste" (z. B. Datenübertragung, Videokonferenz)

8.6.14 Nationale und internationale Satelliten

Neben den **DFS-Satelliten Kopernikus 1 und Kopernikus 2,** die im Bereich der Bundesrepublik Deutschland eingesetzt werden, haben folgende Satellitensysteme nationale und internationale Bedeutung.

Das **INTELSAT-System** wurde 1965 gestartet und besteht aus mehreren Satelliten, die einen weltweiten Nachrichtenaustausch ermöglichen. Hiermit wird ein Großteil des Telefonverkehrs über den Atlantik abgewickelt, und es werden weltweite Fernseh-übertragungen in „live" ermöglicht.

Die **ECS-Satelliten** gehören zu dem europäischen Satellitensystem der Postverwaltungen. Seit 1983 können neben den Telekommunikationsdiensten auch Fernsehprogramme europäischer Länder in Kabelnetze eingespeist und empfangen werden.

Der **TV-Sat** ist ein Direktrundfunksatellit, er wurde 1989 gestartet. Jedermann kann über eine Parabolantenne deutschsprachige Fernseh- und Hörfunkprogramme empfangen. Orte, die in mehreren Ausleuchtungsgebieten von Direktrundfunksatelliten liegen, erhalten zahlreiche Programme europäischer Länder.

Der Praxistip

☞ Videokonferenzen können beim Zentralen Reservierungsplatz der Telekom (ZRT) unter Telefax (02 21) 56 19 45, Teletex 2 21 41 70 oder Telex 172214170 angemeldet werden.

☞ Bei Videokonferenzen wird nicht nur der Ablauf „live" übertragen, sondern es können auch Unterlagen über Festbildkameras gezeigt bzw. mit Fernkopierern übertragen werden.

☞ Mit Cityruf können Nachrichten an Außendienstmitarbeiter (Monteure, Vertreter) schnell übermittelt werden. Die Gerätekosten sind erheblich niedriger als Funktelefone.

☞ Bei der Anschaffung eines Fernsehgerätes sollte man sich informieren, ob das Gerät für den Satellitenempfang geeignet ist.

Auf einen Blick

▶ Videokonferenzen ermöglichen durch eine Übertragungsleitung den schnellen und einfachen Informationsaustausch zwischen Teilnehmern an verschiedenen Orten.

▶ Mit Cityruf kann man kurze Nachrichten übertragen und empfangen, die durch einen „Piepton" im Empfangsgerät angekündigt werden.

▶ Man unterscheidet im Bereich des Cityrufs folgende Empfangsgeräte: Nur-Ton-Empfänger, Numerik-Empfänger und Alphanumerik-Empfänger.

▶ Fernmelde- und Rundfunksatelliten sind künstliche Himmelskörper, die Sprache, Text, Bild und Daten im Bereich der Telekommunikation im nationalen und internationalen Bereich übertragen.

3982156

Aufgaben

(zum Thema Videokonferenz)

1. Was versteht man unter einer Videokonferenz?

2. Beschreiben Sie den Unterschied zwischen einer Telefonkonferenz und einer Videokonferenz.

3. In welcher Weise unterstützt die Deutsche Bundespost Telekom ihre Kunden bei der Durchführung von Videokonferenzen?

4. Womit ist eine Videokonferenz zu vergleichen?

5. Beschreiben Sie die Übertragung einer Videokonferenz.

6. Zählen Sie die Geräte auf, die in einem Videokonferenzraum vorhanden sind.

7. Welche Möglichkeiten gibt es, um eine Videokonferenz bei der Post anzumelden?

8. Wonach richten sich die Gebühren bei Videokonferenzen?

9. Welche Vorteile hat eine Videokonferenz gegenüber einer herkömmlichen Konferenz?

(zum Thema Cityruf)

10. Welcher mobile Telekommunikationsdienst spielt neben dem Funktelefon eine entscheidende Rolle?

11. Wie wird der Empfang einer Nachricht beim Cityruf-Empfänger eingeleitet?

12. Welche Formen der Nachricht werden bei Cityruf-Empfängern unterschieden?

13. In welchen Bereichen ist der Empfang von Cityruf-Nachrichten möglich?

14. Welche Ausführungen werden bei Cityruf-Empfängern hinsichtlich der Technik unterschieden?

15. Beschreiben Sie die verschiedenen technischen Merkmale von Cityruf-Empfängern.

16. Für welche Ausführung eines Cityruf-Empfängers würden Sie sich entscheiden? Begründen Sie Ihre Entscheidung.

17. In welcher Weise erfolgt der Sendevorgang von Cityruf-Nachrichten?

(zum Thema Satellitenkommunikation)

18. Erläutern Sie mit eigenen Worten den Begriff „Satellitenkommunikation".

19. Womit sind Satelliten zu vergleichen, wenn man davon ausgeht, daß von einer geraden Linie über größere Entfernungen elektromagnetische Wellen trotz der Erdkrümmung übertragen werden sollen?

20. Welche Arten von Satelliten werden unterschieden?

21. Nennen Sie die Arten der Kommunikation, die sich durch Satelliten übertragen lassen.

22. Welche Art von Satellit strahlt Programme aus, die jedermann empfangen kann? Geben Sie an, welche Voraussetzungen dazu erforderlich sind.

23. In welchen Bereichen werden die DFS-Satelliten Kopernikus 1 und Kopernikus 2 eingesetzt?

24. In welcher Weise ist der DFS-Satellit Kopernikus 2 im Nachrichtenaustausch zwischen den Bundesländern in Ost und West bekannt geworden?

25. Welche Satellitensysteme haben neben Kopernikus 1 und Kopernikus 2 nationale bzw. internationale Bedeutung?

9 Termine – Kommunikation – Geschäftsreisen – Protokoll

Historisches

Zu allen Zeiten hatten die Menschen mit dem Thema „Termine – Kommunikation – Geschäftsreisen – Protokoll" zu tun. Die hier aufgeführten Begriffe entsprechen zwar der „Neuzeit", die Kerninhalte waren jedoch schon immer ein menschliches Anliegen. Viele Völker haben sich im Laufe der Geschichte mit der Einteilung von Zeitabschnitten und der Zuweisung von Terminen beschäftigt. Kalenderbezeichnungen, wie

gregorianisch ✳ julianisch ✳ hundertjährig,

sind jedem bekannt und stellen ein Zeugnis für das Anliegen der Menschen dar, die Zeitabschnitte in einer geordneten Form zu bewältigen.

In der Postkutschenzeit begannen die ersten Geschäftsreisen, die unter beschwerlichen Bedingungen durchgeführt werden mußten und eine langfristige Terminplanung erforderten. Oftmals war es neben dem klassischen Brief die einzige Möglichkeit, „Kommunikation" auszuführen, denn es gab noch keine Telekommunikation, wie z. B. Telefone, Fernschreiber und Telefax. Bis zum Massenverkehrsmittel „Auto" oder zum Flugzeug als Schnellverkehrsmittel war es noch ein weiter Weg.

protos kalio wurden die Niederschriften der alten Griechen bezeichnet. Dieser Begriff bedeutet „das vorn Angeleimte". Es handelt sich dabei um ein Blatt, das vor den Papyrusrollen mit Leim befestigt war und Informationen über Verfasser und Inhalt des „Protokolls" gab.

1512 ist das Jahr der Rechtsnotariatsordnung, in der festgelegt wurde, daß Protokolle „bei der Verhandlung selbst und im Beisein derer aufgenommen, welche als Handelnde darin aufgeführt sind". Es wurden damals schon wichtige Bestandteile des Protokolls vorgeschrieben, die heute noch Gültigkeit haben.

3982158

9.1 Termine

Diese Lektion informiert Sie über:

✔ den Begriff „Termin" und die Terminarten

✔ die Aussagekraft eines Termins

✔ die Bedeutung der Terminplanung und Terminüberwachung

✔ Hilfsmittel vom herkömmlichen bis zum elektronischen Kalender

✔ Praxistips aus der Terminarbeit

Wissenswertes

Bei der *Terminüberwachung* kommt es vor allem darauf an, daß die geplanten Zeitpunkte auch eingehalten und die vorgesehenen Ziele erreicht werden. Evtl. müssen die Beteiligten auf das geplante Ergebnis bzw. auf bestimmte Fristen hingewiesen werden.

Jede Planung ist ständig auf dem Laufenden zu halten, neue Termine **sind sofort einzutragen.**

Denken Sie bei der Terminplanung auch an **Vorbereitungszeit und Pausen?!**

Feste Termine haben gegenüber den beweglichen Terminen immer Vorrang.

Aus der mündlichen Abschlußprüfung

Frage: „In welchen Arbeitsbereichen eines Büros entstehen Termine?"

Antwort: „Termine entstehen in den folgenden Bereichen:

- bei Besprechungen, Tagungen, Konferenzen, auf Reisen

- bei der Postbearbeitung

- durch Kündigungen

- durch Zahlungsverpflichtungen
  (Eingangsrechnungen, Beiträge, Steuern)

- durch Produktionspläne

Grundsätzlich kann man sagen, daß an jedem Arbeitsplatz mit Terminen gearbeitet wird."

9.1.1 Begriff: Termin

Ein Termin ist ein festgesetzter Zeitpunkt, z. B. ein bestimmter Tag oder eine bestimmte Uhrzeit, an dem etwas Wichtiges geplant ist bzw. stattfindet. Termine spielen sowohl im Privat- als auch im Geschäftsleben eine entscheidende Rolle. Deshalb ist eine sorgfältige Terminplanung und -überwachung sehr wichtig.

9.1.2 Terminarten

Eine wesentliche Unterscheidung von Terminen geht aus der folgenden Übersicht hervor:

Terminart	fest (= fix)	beweglich (= variabel)
Beispiele	Geburtstag	Besprechung
	Jubiläum	Tagung
	Steuerzahlung	Reise
	Ferienbeginn	Besuch

Nach der **Bedeutung** werden folgende Termine unterschieden:

- dringend (Zahlung eines fälligen Rechnungsbetrages)
- wichtig (Kundenbesuch eines Vertreters)
- zukunftsentscheidend (Vorstellungsgespräch)

Nach den **Fristen** werden folgende Termine unterschieden:

- kurzfristig (Tage, Wochen)
- mittelfristig (Monate, Quartal, Halbjahr)
- längerfristig (Jahr)
- langfristig (mehrere Jahre)

9.1.3 Termininformation

Mit einem Termin stehen wichtige Informationen in Verbindung. Die **Aussagekraft** eines Termins wird durch folgende Fragewörter beeinflußt:

- Wann? (möglichst genaue Zeitangabe)
- Was? (Aufgabe, Ziel)
- Wer? (ausführende Personen)
- Wie? (Lösung der Aufgabe, Weg zum Ziel)

3982160

9.1.4 Terminplanung

Die Beurteilung über die Art eines Termins (fester Termin, beweglicher Termin), die Bedeutung und die Fristen sind wichtige Voraussetzungen für eine erfolgreiche Terminplanung. Daneben spielen jedoch auch das organisatorische Hilfsmittel und die Abstimmung mit den Beteiligten eine entscheidende Rolle.

9.1.5 Terminüberwachung

Bei der Terminüberwachung handelt es sich um eine Tätigkeit, die ein ständiges Vergleichen zwischen der Terminplanung und dem erreichten Ziel erfordert. Für die Terminüberwachung bieten sich verschiedene Hilfsmittel vom Terminkalender bis zum EDV-gesteuerten Programm an. Die Wahl wird u. a. durch die Zahl der überwachten Termine und den Bereich der Terminüberwachung entschieden.

9.1.6 Terminkalender

Terminkalender werden als Tages-, Monats- oder Jahreskalender geführt. Tageskalender haben hinsichtlich der Uhrzeiten sehr genaue Einteilungen und erleichtern die Bearbeitung. Für größere Zeiträume eignen sich Monats- oder Jahreskalender als organisatorische Hilfsmittel der Terminplanung und -überwachung.

14 Montag Monday/Lundi/Lunes	15 Dienstag Tuesday/Mardi/Martes	16 Mittwoch Wednesday/Mercredi/Miércoles
-9 + 12 Arbeitstage Mai	-10 + 11 Arbeitstage Mai	-11 + 10 Arbeitstage Mai
Bonifatius 7^{00}	7^{00}	7^{00}
7^{30}	7^{30}	7^{30}
8^{00}	8^{00}	8^{00}
8^{30}	8^{30}	8^{30}
9^{00}	9^{00}	9^{00}
9^{30}	9^{30}	9^{30}
10^{00}	10^{00}	10^{00}
10^{30}	10^{30}	10^{30}
11^{00}	11^{00}	11^{00}
11^{30}	11^{30}	11^{30}
12^{00}	12^{00}	12^{00}
12^{30}	12^{30}	12^{30}
13^{00}	13^{00}	13^{00}
13^{30}	13^{30}	13^{30}

9.1.7 Terminplaner

Terminplaner hängen an einer Wand und zeigen ein ganzes Jahr in übersichtlicher Einteilung nach Tagen, Wochen und Monaten. Die Kalenderwochen sind numeriert, die Wochenenden und Feiertage sind farbig markiert. Dies erleichtert die Terminplanung.

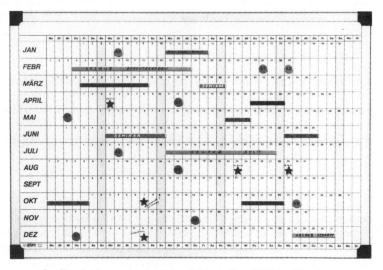

Der Terminplaner zeigt das Kalenderjahr in übersichtlicher Einteilung.

9.1.8 Plantafel

Plantafeln geben eine gute Übersicht „auf einen Blick". Es gibt Plantafeln zur Terminüberwachung mit einer Jahres- oder Monatseinteilung. Ein weites Anwendungsfeld haben Plantafeln mit steckbaren Kärtchen (Stecktafeln) oder mit magnetisch haftenden Kärtchen (Magnettafeln). Neben Kärtchen eignen sich auch farbige Symbole als Planungsmittel. Plantafeln dienen als Belegungsplaner, z. B. bei einem Stunden- und Raumbelegungsplan in der Schule oder für die Reservierung von Buchungen in einem Hotel. Als Aktionsplaner lassen sich Plantafeln in der betrieblichen Produktion einsetzen.

9.1.9 Elektronischer Kalender

Die Terminplanung und -überwachung kann mit einem Arbeitsplatz-Computer in Verbindung mit einem EDV-Programm oder mit einem Kleinstcomputer vorgenommen werden. Die Arbeitsweise mit dem elektronischen Kalender bzw. mit dem elektronischen Terminspeicher bietet sich für die Verwaltung kleiner, mittlerer und großer Datenmengen gleichermaßen an.

3982162

9.1.10 Checkliste

Um verschiedene Teilaufgaben eines Projekts nach einem Plan zu erledigen, sollte eine Checkliste verwendet werden. Der Begriff „check" kommt aus dem Englischen und bedeutet „kontrollieren" bzw. „abhaken". Mit Hilfe einer Checkliste können erledigte Fragen, Probleme und Gesichtspunkte eines Gesamtprojekts durchgeführt, überwacht und gekennzeichnet werden. Ursprünglich wurden Checklisten für die Kontrolle von Flugzeugen entwickelt, sie bieten sich jedoch auch für die Arbeiten innerhalb eines Büros für folgende Bereiche an:

- Überwachung des Arbeitsablaufs

- Durchführung von Werbeaktionen

- Vorbereitung von Besprechungen, Tagungen, Konferenzen und Reisen

```
Checkliste Nr. 1 für eine Besprechung, Tagung, Konferenz usw.


Projektpunkte                        Bemerkungen

Thema, Motto: ....................   ..............................

              ....................   ..............................

Ziel:         ....................   ..............................

              ....................   ..............................

Ort:          ....................   ..............................

Termin:       ....................   ..............................

Raum:         ....................   ..............................

              ....................   ..............................

Mitwirkende:  ....................   ..............................

              ....................   ..............................

Teilnehmer:   ....................   ..............................

              ....................   ..............................

              ....................   ..............................

Einladungen:  ....................   ..............................
```

9.1.11 Weitere Organisationsmittel

Neben der Checkliste, die als Vordruck aufgebaut ist, können für die Terminarbeit weitere **Vordrucke** eingesetzt werden. Solche Vordrucke können entweder aufgrund der betrieblichen Situation selbst gestaltet bzw. von Fachvorlagen bezogen werden. Außerdem bieten sich **Terminkarteien** und **Terminmappen** an.

9.1.12 Wiedervorlagen

Wenn ein unerledigtes Schreiben oder ein Vorgang zu einem bestimmten Termin zur Bearbeitung benötigt wird, muß auf dem betreffenden Schriftstück ein Hinweis (evtl. Stempel) zur Wiedervorlage angebracht werden. Außerdem muß der Termin zur Wiedervorlage registriert werden, dazu eignen sich folgende Hilfsmittel:

Wiedervorlage am	*15.05.19.*
Abteilung:	*Einkauf*
Name:	*Rogge*
Akte Nr.:	*23 A*
Schreiben:	*HT GmbH, Braunschweig*
Datum:	*04.02.*
Betreff:	*Mängelrüge*

Sowohl der Wiedervorlagestempel als auch der Wiedervorlagevordruck sollten durch ihren Aufdruck wichtige Einzelheiten zur Bearbeitung der Wiedervorlage anzeigen.

– Wiedervorlagekalender, in denen Termine notiert werden

– Wiedervorlagemappen, in denen Wiedervorlagevordrucke abgelegt werden

– Reiter, die Schriftgutbehälter zur Wiedervorlage kennzeichnen

Der Praxistip

☞ Termine, die mit den Beteiligten abgesprochen wurden, ergeben bei der Terminüberwachung eine höhere Erfolgsquote hinsichtlich der Einhaltung.

☞ Eine Checkliste kann man erstellen, indem man alle Punkte (ungeordnet) eines Arbeitsprojekts notiert und anschließend in die richtige Reihenfolge bringt. Sobald man festgestellt hat, daß sich der Ablauf bewährt hat und vollständig ist, kann ein Vordruck „Checkliste" erstellt werden.

☞ Beim Eintragen von Terminen in einen Terminkalender sollte man eine Unterscheidung nach festen und beweglichen Terminen vornehmen. Bewegliche oder leicht veränderbare Termine können mit Bleistift eingetragen werden. Eine farbige Markierung erhöht die Übersichtlichkeit.

Auf einen Blick

▶ Ein Termin, d. h. ein festgesetzter Zeitpunkt, steht mit wichtigen Informationen in Verbindung. Diese Informationen beziehen sich auf die Aufgabe, auf das Ziel und auf die ausführenden Personen.

▶ Mit einer Checkliste kann man verschiedene Teilaufgaben eines Projekts nach einem bestimmten Plan erledigen.

▶ Zur Terminplanung und -überwachung bieten sich verschiedene Hilfsmittel, wie z. B. Terminkalender, Terminplaner, Plantafeln, EDV-Programme und elektronische Kalender, an.

▶ Zu den weiteren Organisationsmitteln der Terminarbeit zählen Vordrucke, Terminkarteien und Terminmappen.

3982164

Aufgaben

1. Was verstehen Sie unter dem Begriff „Termin"?

2. In welchen Arbeitsbereichen eines Büros wird mit Terminen gearbeitet?

3. Nennen Sie Beispiele zu den folgenden Terminarten:

   a) feste Termine
   b) bewegliche Termine

4. Welche Termine werden nach der Bedeutung unterschieden?

5. Geben Sie die Einteilung von Terminen nach den Fristen mit den entsprechenden Zeiträumen an.

6. Durch welche Fragewörter wird die Aussagekraft eines Termins beeinflußt; welche Aussage erhält man durch die Fragewörter?

7. Welche Voraussetzungen spielen bei der Terminplanung eine Rolle?

8. Welche wichtige Aufgabe ist bei der Terminüberwachung zu beachten?

9. Nennen Sie zwei wichtige Gesichtspunkte, die bei der Auswahl eines Hilfsmittels für die Terminplanung und -überwachung zu beachten sind.

10. Welche organisatorischen Hilfsmittel bieten sich für die Terminplanung und -überwachung an?

11. Für welches Hilfsmittel würden Sie sich entscheiden? Begründen Sie Ihre Entscheidung.

12. Welche Vorteile haben Terminkalender?

13. In welchen Arbeitsbereichen werden Plantafeln eingesetzt?

14. Welcher Unterschied besteht zwischen einem Terminplaner und einer Plantafel?

15. Beschreiben Sie einen „elektronischen Kalender".

16. In welcher Reihenfolge erfolgt die Planung fester und beweglicher Termine?

17. Entwerfen Sie das Blatt eines Terminkalenders für eine Woche. Gehen Sie davon aus, daß ein Abteilungsleiter in diesem Kalender verschiedene Besprechungstermine einträgt, die über den ganzen Tag verteilt sind.

18. Welche Angaben sollten in dem lt. Aufgabe 17 entworfenen Kalender nicht fehlen?

19. Was versteht man unter dem Begriff „Wiedervorlage"? Geben Sie an, wie Wiedervorlagetermine in einem Unternehmen organisiert werden.

9.2 Kommunikation

Diese Lektion informiert Sie über:

✔ den Begriff „Kommunikation" und die Formen von Zusammenkünften

✔ die Vorbereitung von Veranstaltungen

✔ die Arbeitsweise mit Einladungen zu Veranstaltungen

✔ vom Ablauf bis zur Auswertung und Abrechnung einer Veranstaltung

✔ Praxistips aus allen Phasen einer Veranstaltung

Wissenswertes

Manager sprechen von Zeitverschwendung

New York. – Der amerikanische Unternehmensberater Mackenzie hat bei einer Befragung von Managern festgestellt, daß 75 % der Befragten angaben, die Hälfte ihrer in Sitzungen verbrachten Zeit verschwendet zu haben. Aus diesem Grund muß bei der Vorbereitung einer Veranstaltung folgendes überprüft werden:

1. Ist die Zusammenkunft überhaupt erforderlich?

2. Ist die Zusammenkunft mit einer anderen Veranstaltung zu verbinden?

3. Ist die Zusammenkunft durch eine Telefon- oder Videokonferenz zu ersetzen?

Zur Auswertung einer Veranstaltung gehört auch die Frage

„Was kann bei der nächsten Veranstaltung verbessert werden?"

Einladungen

sind nach den „Regeln für Maschinenschreiben" (DIN 5008) zu gestalten. Wenn Sie sich über den Inhalt eines Einladungsschreibens informieren möchten, finden Sie in der Registratur bestimmt einen Vorgang aus der Vergangenheit.

Pausen sind bei jeder Veranstaltung unerläßlich. Sollte der Veranstaltungsleiter oder der Referent eine Pause vergessen, kann er mit einem kleinen Zettel erinnert werden.

Pausen sollten neben der Entspannung auch zur Lüftung des Raumes und zum Entleeren der Aschenbecher genutzt werden.

3982166

9.2.1 Begriff: Kommunikation

Die Sprache und die Schrift sind wichtige Grundlagen bei der Kommunikation. Beide Formen können mit Hilfe der Telekommunikation übertragen werden. Der Begriff „Kommunikation" soll hier in seiner ursprünglichsten Form verwendet werden:

Mehrere Menschen kommen zu einem Gespräch zusammen. Die Bezeichnung dieser Zusammenkunft ist im Alltags- und Geschäftsleben unterschiedlich. Die folgende Übersicht zeigt Begriffe und Beschreibungen verschiedener Veranstaltungen. Übergänge zwischen den einzelnen Formen sind möglich.

Beratung **Besprechung**	Wenige Teilnehmer beraten über ein Thema bzw. besprechen eine Aufgabe. Eine (telefonische) Einladung kann (kurzfristig) erfolgen. Eine schriftliche Aufzeichnung ist zu empfehlen. Beispiel: Beratung bzw. Besprechung zwischen Geschäftsführer und Abteilungsleitern
Konferenz	Mehrere Teilnehmer, die schriftlich eingeladen wurden, treffen sich. Sie sind über die Tagesordnung informiert. Es wird beraten und diskutiert. Außerdem werden Beschlüsse gefaßt. Ein Protokoll ist erforderlich. Beispiel: Lehrerkonferenz
Sitzung	Mehrere Teilnehmer, die miteinander einen Termin vereinbart haben, treffen sich zur Diskussion bzw. gemeinsamen Arbeit mit dem Ziel, ein Ergebnis zu erreichen. Ein Protokoll bzw. Aufzeichnungen der Arbeitsergebnisse werden angefertigt. Beispiel: Sitzung einer Arbeitsgruppe zur Erarbeitung von Richtlinien
Tagung	Viele Teilnehmer, die schriftlich eingeladen wurden, treffen sich evtl. mehrere Tage zu Referaten und Diskussionen. Ein „Rahmenprogramm" für die Freizeit sollte eingeplant werden. Ein Protokoll ist üblich. Beispiel: Ärztetagung
Verhandlung	Mehrere Teilnehmer, die schriftlich eingeladen wurden, verhandeln über ein Thema bzw. Problem und bemühen sich, ein Ergebnis zu erzielen. Ein Protokoll ist erforderlich. Beispiel:Tarifverhandlung
Versammlung	Viele Teilnehmer, die schriftlich eingeladen wurden, hören Berichte und Vorträge. Wenige Teilnehmer äußern sich zu Wort. Ein Protokoll wird angefertigt. Beispiel: Betriebsversammlung
Seminar	Mehrere Teilnehmer treffen sich nach besonderen Vorplanungen, um unter Anleitung von Dozenten bzw. Referenten einen Erfahrungsaustausch durchzuführen bzw. um Kenntnisse zu erwerben oder zu erweitern. Schriftliche Aufzeichnungen bzw. Protokolle mit den Lerninhalten sind empfehlenswert. Beispiel: Sekretärinnen und Abteilungsleiter nehmen an einem Phonotypie-Seminar teil.
Kongreß	Mehrere Teilnehmer, die schriftlich eingeladen wurden, haben eine Zusammenkunft fachlicher Art mit Informationen und Diskussionen. Schriftliche Protokolle sind üblich. Beispiel: Kongreß eines wissenschaftlichen Verbandes

9.2.2 Vorbereitung von Veranstaltungen

Die Organisation einer Veranstaltung (Konferenz, Sitzung, Tagung usw.) beginnt mit der Vorbereitungsphase nach einem Plan. Empfehlenswert ist hier die Anwendung einer Checkliste (siehe Seite 163). Folgende Punkte müssen bei der Vorbereitung berücksichtigt werden:

Termin: Der Termin der Veranstaltung ist von vielen Faktoren abhängig. Es muß die günstigste Zeit unter Berücksichtigung von Urlaubszeit, Feiertagen, Wochentagen, Tageszeiten und anderen wichtigen Veranstaltungen (Messen, Ausstellungen, Fernsehübertragungen) gewählt werden.

Mitwirkende: Referenten, Dozenten und andere Mitwirkende sind oftmals die wichtigsten Teilnehmer der Veranstaltung. Die Zusage dieser Personen benötigt man bereits im ersten Stadium der Vorbereitungen.

Teilnehmer: Nachdem das Interesse der Teilnehmer festgestellt wurde, muß der Teilnehmerkreis festgelegt werden. Es wird eine Teilnehmerliste erstellt. Diese Liste kann als Arbeitsunterlage während der gesamten Vorbereitungsphase und auch als Anwesenheitskontrolle während der Veranstaltung eingesetzt werden.

| Nr. | Name | Schriftwechsel | | Übernachtung | | Bemerkungen | Bestätigung | Anwesenheit |
		Einladung	Zusage	Wunsch	Unterbringung			
1	Abel	15.10.	26.10.	EZ	Parkhotel	–	28.10.	✓
2	Decker	15.10.	18.10.	DZ	Hotel „Stern"	Ehefrau	21.10.	✓
3	Krüger	15.10.	22.10.	EZ	Parkhotel	–	28.10.	erkrankt
4	Lange	15.10.	21.10.	EZ	Parkhotel	–	27.10.	✓
5	Sander	15.10.	18.10.	DZ	Hotel „Stern"	Ehefrau	21.10.	v

Raum: Bei der Wahl eines geeigneten Raumes sind folgende Punkte zu beachten:

Erst wenn die genaue Teilnehmerzahl feststeht, kann die **Größe** des Raumes angegeben werden. **Technische Verhältnisse** (ausreichende Lichtquellen, Verdunkelungsmöglichkeit für Projektionen, Lautsprecheranlage), **Nebenräume** (Garderobe, Toiletten) und die **Bewirtung** sind wichtige Gesichtspunkte bei der Auswahl eines Raumes. Vor jeder Veranstaltung sollte man sich den Raum ansehen und hinsichtlich der **Lage** (Ausschilderung, Parkplatz) sowie **Wirkung** den günstigsten Ort der Veranstaltung ermitteln.

Kosten: Die Kostenermittlung und -verteilung gehört zu den wichtigen Vorbereitungen jeder Veranstaltung. Die Teilnehmer müssen bereits in der Einladung darüber informiert werden, wer die Kosten trägt. Folgende Möglichkeiten bieten sich an:

– Der Veranstalter übernimmt alle Kosten, z. B. Fahrtkosten, Übernachtungen und Spesen.

– Der Teilnehmer übernimmt die Kosten selbst.

– Der Veranstalter übernimmt einen Teil der Kosten, z. B. die Übernachtung und Bewirtung.

3982168

9.2.3 Form der Einladung

Während der Vorbereitung einer Veranstaltung erfolgt das Erstellen und Versenden von Einladungen an die Beteiligten. Bei einer Einladung sind die „Regeln für Maschinenschreiben" gemäß Norm DIN 5008 zu beachten. Die folgende Einladung ist als A4-Brief vorgesehen.

Winklers Verlag, Gebrüder Grimm, Postfach 111552, 6100 Darmstadt 11

Frau
Hannelore Zietz
Hohe Straße 21

O-3018 Magdeburg

Ihre Zeichen, Ihre Nachricht vom	Unsere Zeichen, unsere Nachricht vom	☎ (06151) 87 68-0	Darmstadt
	ma-ro		15.05.1992

Einladung zur Vertretertagung

Sehr geehrte Frau Zietz,

wir möchten Sie gern näher über unser Unternehmen und über unser neues Verkaufsprogramm informieren. Aus diesem Grund laden wir Sie zu unserer Vertretertagung ein, die am

Freitag, 12. Juni 1992, in Quedlinburg,

Hotel "Stern", Steinweg 7, veranstaltet wird. - Beginn ist um 14.00 Uhr. Nähere Einzelheiten können Sie aus dem beiliegenden Tagungsprogramm entnehmen.

Bitte teilen Sie uns auf der beiliegenden Postkarte mit, ob Sie in Quedlinburg erscheinen werden. Wir würden uns über Ihren Besuch sehr freuen.

Mit bester Empfehlung

WINKLERS VERLAG
GEBRUEDER GRIMM

i. A. *Weiland-Braun*

Weiland-Braun

Anlagen
1 Antwortkarte
1 Tagungsprogramm

Winklers Verlag
Gebrüder Grimm
Bismarckstraße 74-80
6100 Darmstadt

Telefon (06151) 87 68-0
Anrufbeantworter
(06151) 26542
Fax (06151) 29 44 89

Auslieferung
Elisabethenstraße 34
Montag - Donnerstag 7.00 - 15.45 Uhr
Freitag 7.00 - 14.00 Uhr

Sparkasse Darmstadt
(BLZ 508 501 50) 540196
Postgiroamt Frankfurt
(BLZ 500 100 60) 692 61-807

9.2.4 Hinweise zur Einladung

Wenn einer Einladung ein Vordruck (Postkarte) mit folgendem Text beigefügt wird, erleichtert man dem Empfänger die Antwort.

```
Einladung zur  Vertretertagung in Quedlinburg .....................


Ich/wir habe(n) Ihre Einladung erhalten und teile(n) Ihnen dazu folgendes mit:

           O Ich/wir werde(n) nicht erscheinen.
           ☒ Ich/wir nehme(n) teil.

Personenzahl: 1 ...
                                        ┌─────────────────────────┐
Übernachtung: ☒ nein                    │ Veranstaltungs-Nr.      │
              ... Einzelzimmer          │                         │
              ... Doppelzimmer          │ 920612.12/Quedlbg       │
                                        └─────────────────────────┘

Absender:  Hannelore Zietz, Hohe Straße 21, O-3018 Magdeburg

Unterschrift: H. Zietz ..........................
```

Hinweis: Die Veranstaltungs-Nr. soll die Rücklaufkontrolle von Einladungen erleichtern.

Folgende Punkte, die bereits zur Vorbereitung einer Veranstaltung zählen, sind in Verbindung mit Einladungen zu beachten:

Termin und Tagesordnung: Das Einladungsschreiben sollte neben den Informationen, die mit dem Termin in Verbindung stehen, auch die Tagesordnung bzw. ein Programm und Aussagen zur Kostenübernahme beinhalten.

Unterbringung: Vorschläge für die Unterbringung bei Veranstaltungen mit Übernachtungen sollten in der Einladung angegeben sein. Umfangreiche Vorarbeiten (Telefongespräche mit Verkehrsvereinen und Hotels) sind hierfür erforderlich.

Arbeitsunterlagen: Um eine ausreichende Vorbereitungs- und Beschaffungzeit zu gewährleisten, müssen Arbeitsunterlagen in der Einladung erwähnt werden.

Rahmenprogramm: Besichtigungen, gesellige Abende und andere Freizeitaktivitäten sollten bei einer mehrtägigen Veranstaltung eingeplant werden. Der Hinweis auf das Rahmenprogramm in der Einladung erhöht die Attraktivität der Veranstaltung und die Bereitschaft zur Teilnahme.

Presse: Nicht nur die Teilnehmer und Mitwirkenden sollten zu einer Veranstaltung eingeladen werden, sondern auch Vertreter der Presse. Auch hier ist es ratsam, auf den Inhalt und die Bedeutung der Veranstaltung hinzuweisen.

Vertretung am Arbeitsplatz: Sofern es sich um eine hausinterne Veranstaltung handelt, muß der eingeladene Mitarbeiter die Sicherheit haben, daß er am Arbeitsplatz vertreten wird.

3982170

9.2.5 Ablauf einer Veranstaltung

Gestaltung und Ausstattung des Raumes: Betriebliche und kleinere Zusammenkünfte werden im allgemeinen in den Räumen des Unternehmens durchgeführt, während für größere Veranstaltungen repräsentative Räume in Hotels oder anderen Tagungsstätten gemietet werden. Folgende Fragen sind bei der Planung zu beachten bzw. zu verschiedenen Zeitpunkten zu überprüfen:

- Ist der Raum groß genug?
- Sind die erforderlichen technischen Einrichtungen vorhanden und betriebsbereit?
- Entsprechen die Räumlichkeiten der Bedeutung der Zusammenkunft (Ausstattung, Blumenschmuck)?
- Liegen alle Unterlagen bereit?
- Ist der Raum gelüftet und richtig temperiert?

Begrüßung und Betreuung: Bei der Begrüßung der Teilnehmer kann anhand der Teilnehmerliste überprüft werden, ob alle Angemeldeten erschienen sind. Die Teilnehmer erwarten, daß sie bei der Begrüßung weitere Einzelheiten erfahren. Auf folgende Punkte sollte geachtet werden:

- Vorstellen anderer Teilnehmer
- Weg zum Veranstaltungsraum beschreiben
- Möglichkeit zu einem Imbiß oder Begrüßungsgetränk einrichten
- Sitzordnung klären (Tischkarten oder freie Wahl der Plätze)
- Ausgabe von Namensschildern
- Ausgabe einer Informationsmappe mit Tagungsprogramm, Rahmenprogramm, Hotelprospekt, Stadtplan usw.

Protokollführung: Viele Veranstaltungen erfordern die Anfertigung eines Protokolls. Gleich nach dem Beginn der Veranstaltung sollte die „Protokollfrage" geklärt werden, d. h., es muß entschieden werden, wer für die Protokollführung zuständig ist. Evtl. kann man diese Regelung jedoch vorher vornehmen.

Begleitpersonen und Rahmenprogramm: Oftmals erscheinen Veranstaltungsteilnehmer mit Begleitpersonen, für die ein besonderes Programm vorbereitet wird. Bei einer guten Organisation geht der offizielle Teil einer Veranstaltung später in das Rahmenprogramm über, an dem auch die Begleitpersonen teilnehmen.

9.2.6 Auswertung einer Veranstaltung

Für die Auswertung einer Veranstaltung muß eine Mitarbeiterin oder ein Mitarbeiter beauftragt werden. Dabei sind folgende Punkte von Bedeutung:

Protokoll: Das Protokoll muß vervielfältigt und an alle Beteiligten versandt werden.

Beschlüsse: Sofern Beschlüsse im Protokoll enthalten sind, müssen die Beteiligten davon in Kenntnis gesetzt werden. Es muß überwacht werden, ob die Beschlüsse verwirklicht werden.

Termine: Bei Terminangaben im Protokoll müssen ebenfalls die Beteiligten hingewiesen und evtl. erinnert werden.

9.2.7 Abrechnung einer Veranstaltung

Wenn bei der Vorbereitung und beim Ablauf einer Veranstaltung nach einem Plan und mit Checklisten gearbeitet wurde, ist die Abrechnung keine Schwierigkeit; folgende Kosten sind zu berücksichtigen:

– Fahrtkosten

– Bewirtungskosten

– Übernachtungskosten

– Raummieten

– Honorare für Dozenten und Referenten

– Warenlieferungen und Dienstleistungen

Der Praxistip

☞ Für Einladungsfristen hat sich folgende Grundregel bewährt: Je mehr Teilnehmer vorgesehen sind, desto früher sollte man einladen.

☞ Fertigen Sie für jede Phase der Veranstaltung eine Checkliste an, dann kann nichts vergessen werden.

☞ Die äußeren Bedingungen einer Veranstaltung (Raum, Unterkunft, Bewirtung usw.) spielen für den Ablauf eine große Rolle und beeinflussen das Ergebnis.

☞ Ein Protokoll ist für alle Beteiligten ein hilfreiches Mittel für die Verwirklichung der Ideen und Beschlüsse.

☞ Referenten und Dozenten sollten für ihre Arbeit nicht nur ein Honorar, sondern auch ein Dankschreiben erhalten, das erhöht die Motivation und Bereitschaft für eine spätere Mitwirkung.

☞ Die Kostenregelung (Fahrtkosten, Übernachtung, Bewirtung usw.) muß in allen Einzelheiten in der Vorbereitungsphase erfolgen.

Auf einen Blick

▶ Für die Kommunikation bieten sich sowohl die Telekommunikation als auch die Kommunikation in Form von Beratungen, Besprechungen, Konferenzen, Sitzungen, Tagungen usw. an.

▶ Bei der Vorbereitung von Veranstaltungen müssen folgende Punkte berücksichtigt werden: Termin, Mitwirkende, Teilnehmer, Raum, Kosten und Versenden der Einladungen.

▶ Unmittelbar vor bzw. beim Ablauf einer Veranstaltung ist auf folgendes zu achten: Gestaltung und Ausstattung des Raumes, Begrüßung und Betreuung der Teilnehmer, Protokollführung und Rahmenprogramm.

▶ Die Auswertung einer Veranstaltung bezieht sich auf die folgenden Tätigkeiten: Protokollversand sowie Überwachung von Beschlüssen und Terminen.

3982172

Aufgaben

1. In welche zwei Formen kann man die Kommunikation grundsätzlich gliedern?

2. Nennen Sie acht Möglichkeiten von Zusammenkünften, die im Geschäftsleben eine Rolle spielen.

3. In welche Phasen würden Sie die verschiedenen Veranstaltungen einteilen?

4. Wie lautet der Begriff für die folgende Beschreibung: Viele Teilnehmer, die schriftlich eingeladen wurden, treffen sich (evtl. mehrere Tage) zu Referaten und Diskussionen. Ein „Rahmenprogramm" für die Freizeit sollte eingeplant werden. Ein Protokoll ist üblich.

5. Welcher Unterschied besteht zwischen einer Besprechung und einer Konferenz?

6. Beschreiben Sie den Begriff „Seminar".

7. Welcher Unterschied besteht zwischen einem Seminar und einer Versammlung?

8. Welche Leitwörter sollte die Teilnehmerliste einer Tagung haben?

9. Nennen und beschreiben Sie die Punkte, die bei der Wahl eines Raumes in der Vorbereitungsphase einer Veranstaltung zu berücksichtigen sind.

10. Welche Möglichkeiten der Kostenregelung bei Veranstaltungen kennen Sie?

11. In welcher Phase einer Veranstaltung sollte mit den Teilnehmern das Problem der Kostenregelung geklärt werden?

12. Geben Sie sechs Punkte an, die in einer Einladung enthalten sein sollten.

13. In welcher Form sollte ein Abteilungsleiter drei Sachbearbeiter zu einer Besprechung einladen?

14. Welche Vorschläge haben Sie für die Beschaffung von Möglichkeiten zur Unterbringung?

15. Was versteht man unter dem Begriff „Rahmenprogramm"?

16. Welche Punkte sollten Sie bei der Begrüßung von Veranstaltungsteilnehmern beachten?

17. Geben Sie an, welche Aufgaben bei der Auswertung einer Veranstaltung zu beachten sind.

18. Welche Kosten fallen während einer Veranstaltung an?

19. Welches Arbeitsmittel hilft Ihnen sowohl bei der Vorbereitung als auch beim Ablauf und bei der Auswertung einer Veranstaltung?

20. Erstellen Sie eine Checkliste für die Abrechnung eines dreitägigen Seminares.

9.3 Geschäftsreisen

Diese Lektion informiert Sie über:

✔ die Vorbereitung von Geschäftsreisen

✔ die Besonderheiten und Möglichkeiten verschiedener Verkehrsmittel

✔ die Arbeitsweise bei Hotelbuchungen

✔ Arbeitsschritte beim Einsatz eines Kursbuches

✔ wichtige Arbeiten beim Auswerten einer Geschäftsreise

✔ Praxistips aus der Organisation von Geschäftsreisen

Wissenswertes

Ihr Kursbuch

enthält ein **Bahnhofs- und Ortsverzeichnis** in alphabetischer Reihenfolge. Die Zahlen und Buchstaben neben den Bahnhofs- bzw. Ortsbezeichnungen geben die Nummern der Fahrplantabellen an.

Informieren Sie sich <u>vor Antritt Ihrer Geschäftsreise ins Ausland</u> über die Sprache. Neben der Landessprache werden oftmals Englisch, Französisch, Spanisch und Deutsch gesprochen. Evtl. hilft auch ein Dolmetscher. Wichtig ist jedoch, dieses Problem in die Vorbereitungen einer Geschäftsreise einzubeziehen.

Auszug aus einer Dienstanweisung:

Geschäftsreisen sollten in ihrer Dauer auf ein Minimum reduziert werden, weil während dieser Zeit die Arbeit im Büro nicht in vollem Umfang fortgesetzt werden kann. Insbesondere hat es sich als negativ erwiesen, daß Anfragen von Kunden nicht beantwortet werden können.

Jeder Mitarbeiter, der eine Geschäftsreise antritt, sollte einen Vertreter beauftragen, der folgende Aufgaben erledigt:

1. Sammeln von Informationen
2. Beantwortung telefonischer Anfragen im Rahmen des Kenntnisstandes
3. Erteilen von Zwischenbescheiden mit dem Hinweis, daß sich der zuständige Kollege z. Z. auf einer Geschäftsreise befindet.

Problemloses Telefonieren aus dem Ausland

Das Telefonieren vom Ausland in die Bundesrepublik Deutschland ist oftmals in Selbstwahl möglich. Die Vorwahl aus dem Ausland setzt sich meistens aus vier oder fünf Ziffern zusammen. Die letzten Ziffern „49" sind das Zielland „Bundesrepublik Deutschland". Nach dieser Ziffernfolge ist die deutsche Ortsnetzkennzahl (= Vorwahlnummer) ohne vorstehende 0 zu wählen und danach die Rufnummer des Teilnehmers. Die „0" der deutschen Ortsnetzkennzahl ist also wegzulassen!

Ein guter Tip: Informieren Sie sich vor Ihrer Auslandsreise über die „richtige Verbindung", notieren Sie die Nummernfolge für Ihre Reiseunterlagen.

Kostenlose Information über Städteverbindungen

Hameln (ks). Wichtige Verbindungen zwischen großen Städten findet man im Fahrplanheft „Städteverbindungen" auf einen Blick. Diese Drucksache wird kostenlos von den größeren Fahrkartenausgaben und Auskunftsstellen der Deutschen Bundesbahn abgegeben.

3982174

9.3.1 Vorbereitung von Geschäftsreisen

Eine Geschäftsreise läßt sich ähnlich wie eine Veranstaltung in folgende drei Bereiche gliedern:

Vorbereitung Durchführung Auswertung

In der Phase der Vorbereitung geht es darum, daß die Geschäftsreise zunächst mit dem Vorgesetzten und den Beteiligten abgesprochen wird. Es sind dabei folgende Fragen zu klären:

- Wohin soll die Reise gehen?

- Welcher Reisetermin ist vorgesehen?

- Wie lange soll die Reise dauern?

- Warum soll die Reise durchgeführt werden?

- Wer soll an der Reise teilnehmen?

Sobald diese Fragen geklärt sind, können weitere Vorbereitungen vorgenommen werden, z. B. folgende:

- Wahl des Verkehrsmittels

- Reservierung von Unterkünften

- Ausarbeitung des Reiseplans

Informationsmaterial

Bei Reisen mit der Bahn erhält man hilfreiche Unterstützung durch die Deutsche Bundesbahn oder durch Reisebüros. Bei Autoreisen kann man sich beim ADAC (Allgemeiner Deutscher Automobilclub) informieren. Verkehrsvereine leisten bei der Beschaffung von Unterkünften wertvolle Hilfe. Wer oft mit der Vorbereitung von Reisen beschäftigt ist, sollte mit dem Kursbuch vertraut sein.

Reisekartei/-datei

Alle wichtigen Informationen über eine Reise können bei herkömmlicher Arbeitsweise in einer Reisekartei oder beim Einsatz eines Computers in einer Reisedatei festgehalten werden. Diese Informationsspeicher sollten systematisch angelegt und immer auf dem neuesten Stand gehalten werden; folgende Punkte sollten enthalten sein:

* Beförderungsmöglichkeiten

* Restaurants

* Hotels

* Tagungsräume

Beförderungsmöglichkeiten

Die folgende Übersicht zeigt verschiedene Beförderungsmöglichkeiten mit verschiedenen Verkehrsmitteln und die entsprechenden Besonderheiten:

Möglichkeiten	Besonderheiten	
Auto	Vorteile:	keine Bindung an Abfahrtsorte und -zeiten kostengünstige Beförderung mehrerer Personen Mitnahme von Gepäck Besprechungen und Diktate während der Fahrt
	Nachteile:	ohne Fahrer sehr anstrengend großes Unfallrisiko unsichere Zeitplanung (Verkehrsstaus)
	Anwendung:	Vertreterreisen, Zubringerfahrten
Bahn	Vorteile:	exakte Zeitplanung sichere Beförderung umfangreicher Service (Speisewagen, Schlafwagen, Telefon, Auto im Zug usw.) keine Parkplatzsuche
	Nachteile:	feste Abfahrten und Verbindungen zeitliche Verzögerungen durch Verspätungen Wartezeiten durch Umsteigen Benutzung anderer Verkehrsmittel (z. B. Taxis)
	Anwendung:	Einzelreisen, Intercity-Verkehr
Flugzeug	Vorteile:	exakte Zeitplanung schnelle Beförderung ermüdungsfreies Reisen
	Nachteile:	starke Einschränkung bei der Gepäckmitnahme Zubringerdienst zum und vom Flughafen erforderlich hohe Kosten
	Anwendung:	schnelle Überbrückung der Entfernungen
Schiff	Vorteil:	exakte Zeitplanung ermüdungsfreies Reisen Mitnahme von Gepäck
	Nachteil:	großer Zeitaufwand
	Anwendung:	Fährverbindungen bzw. Reisen nach Übersee

3982176

Reiseplan

Für einen Reiseplan sollte am besten ein Vordruck lt. folgender Abbildung verwendet werden:

R e i s e p l a n
Zeitraum: *12. – 14. 06. 19.:*
Reiseziel: *Quedlinburg / Halle*
Teilnehmer: *Frau Kuhn, Herr Winter*
Fahrer: Herr Knoll
Anlaß: *Vertretertagung – Bezirke 31 und 37*

Datum	Uhrzeit	Abfahrt/Ankunft/Ort	Telefon	Reiseunterlagen	Bemerkungen
12.06.	*9,00*	*ab Hameln*			*Fahrer √*
	12.00	*an Quedlinburg*			
		Hotel „Stern"	*(00 37)*	*Hotelbestätigung*	*3 EZ*
			4 65 27 21		*1 Nacht*
					erl. 15.05.
	14.00	*Vertretertagung*			
		im Hotel „Stern"	*s.o.*	*Raumvereinbarung*	

Reiseunterlagen

Die folgende Übersicht führt Reiseunterlagen für verschiedene Verkehrsmittel in alphabetischer Reihenfolge auf. Daneben sind Unterlagen für geschäftliche Besprechungen, Tagungen usw. in Schriftgutbehältern in geordneter Form zu berücksichtigen.

	Auto	Bahn	Flugzeug	Schiff
Fahrkarten und Platzreservierungen		x		
Flugplan			x	
Flugticket			x	
Führerschein	x	evtl. für Zubringerdienst (Mietwagen)		
Hotelbestätigungen	x	x	x	x
Impfbescheinigungen	bei Auslandsreisen			
Kursbuch		x		
Paß	bei Auslandsreisen			
Personalausweis	x	x	x	x
Stadtplan	x	x	x	x
Straßenatlas, -karten	x			
Versicherungen	Gepäck, Krankheit, Unfall			
Visitenkarten	x	x	x	x
Zahlungsmittel	Bargeld, Reiseschecks, Schecks			

Hotelbuchungen

Für die Buchung von Hotelzimmern sind folgende Punkte von Bedeutung:

* Lage　　　　* Kategorie　　　　* Service

Die Buchung kann schriftlich, fernschriftlich, telefonisch, telegrafisch, durch Teletex oder durch Telefax erfolgen. Es ist darauf zu achten, daß eine schriftliche Bestätigung erfolgt, die den Reiseunterlagen zuzuordnen ist.

Der internationale **Hotelschlüssel** mit allen wichtigen Angaben in Kurzform rationalisiert das Buchungsverfahren. Die folgende Übersicht zeigt Einzelheiten:

Zimmer und Betten		Sonstige Angaben	
Wunsch	Schlüsselwort	Wunsch	Schlüsselwort
1 Zimmer mit 1 Bett	alba	Wohnraum	sal
1 Zimmer mit 2 Betten	arab	Privatbad	bat
2 Zimmer mit je 1 Bett	belab	Zimmer mit	
2 Zimmer mit 2 und		guter Aussicht	belvu
1 Bett = 3 Betten	birac	Zimmer sehr ruhig	
2 Zimmer mit je 2 Betten	bonad	gelegen	tranq
3 Zimmer mit je 1 Bett	ciroc	für eine Nacht	pass
3 Zimmer mit 2 und 1		für mehrere Nächte	stop
und 1 Bett = 4 Betten	carid	Abholung Bahnhof	train
3 Zimmer mit 2 und 2		Abholung Flugplatz	aero
und 1 Betten = 5 Betten	calde	Abholung Hafen	quai
3 Zimmer mit je 2 Betten	caduf		
Art der Zimmer		**Abbestellung von Zimmern**	
Wunsch	Schlüsselwort	Angaben	Schlüsselwort
sehr gut	best	Datum der	anul
gut	bon	Bestellung	
einfach	plain		

Ankunft	So	Mo	Di	Mi	Do	Fr	Sa	heute
morgens	pobab	pocun	podyl	pogok	pohix	pojaw	poku	powys
nachmittags	pozum	polyp	pomel	ponow	popuf	porik	posev	povah
abends	ramyk	rabal	racex	radok	rafyg	ragub	rahiv	rajod
nachts	razem	ranuv	rapin	raqaf	ratyz	ravup	rawow	raxab

Beispiel: Es soll ein Zimmer mit 2 Betten, guter Ausstattung, mit Bad, für eine Nacht, ruhige Lage, Ankunft Montagabend bestellt werden.

Schlüsselwörter: arab bon bat pass tranq racex

3982178

9.3.2   Arbeiten mit dem Kursbuch

Die Gesamtausgabe des Kursbuches der Deutschen Reichsbahn und der Deutschen Bundesbahn gilt für den gesamten Jahresfahrplan von Juni bis Mai. Man hat damit die Möglichkeit, sämtliche Zugverbindungen im Bereich des Bundesgebiets sowie ausgewählte Fernverbindungen mit dem Ausland zu ermitteln. Daneben gibt es verschiedene andere Informationsquellen, wie z. B. regionale Kursbücher, Auslandskursbuch, Omnibuskursbuch und Taschenfahrpläne, die jeweils zum halbjährlichen Fahrplanwechsel erscheinen.

Bestandteile und Beilagen des Kursbuches

Die Gesamtausgabe des Kursbuches besteht aus folgenden Teilen:

Teil A – Allgemeines

Teil B – Fernverbindungen

Teil C, Teil D und Teil E – Streckenfahrpläne der Deutschen Bundesbahn

Teil F – Streckenfahrpläne der Deutschen Reichsbahn

Einzelheiten sind aus dem auf Seite 180 abgebildeten Gesamt-Inhaltsverzeichnis zu entnehmen.

Außerdem enthält die Gesamtausgabe des Kursbuches als Beilagen eine Übersichtskarte des Schienenpersonenverkehrs und ein Kurswagenverzeichnis.

Fahrplan- und Reisezugauskünfte

Die Fahrkartenausgaben der DB und DR sowie Reisebüros beraten ihre Kunden in allen Fragen des Reiseverkehrs. Während der Reise steht das Zug- und Begleitpersonal und auf größeren Bahnhöfen das Auskunfts- und Aufsichtspersonal für Auskünfte zur Verfügung. Für Reisezugauskünfte gibt es an vielen Orten einen Fernsprechansagedienst der Deutschen Bundespost.

Trotz dieser Serviceleistungen sind für die Vorbereitung, Durchführung und Auswertung von Geschäftsreisen ausreichende Kenntnisse beim Arbeiten mit dem Kursbuch unbedingt erforderlich.

Fallbeispiel für die Ermittlung einer Zugverbindung

Für eine Geschäftsreise soll eine Zugverbindung von Bonn nach Berlin ermittelt werden. Voraussetzung ist, daß an einer Besprechung in einem Tagungsraum des Berliner Hauptbahnhofs teilgenommen werden kann, die um 18.00 Uhr beginnt.

Auf den Seiten 180 bis 182 werden die Schritte beim Arbeiten mit dem Kursbuch beschrieben.

Arbeitsschritt 1: Schlagen Sie das Gesamtinhaltsverzeichnis des Kursbuches auf. Hier finden Sie im „Teil B – Fernverbindungen" gezielte Hinweise, welche Seiten über Fernverbindungen informieren.

DB DR Kursbuch Allgemeines

Teil A

Jahresausgabe

Gesamt-Inhaltsverzeichnis

Beilagen
Übersichtskarte — Schienenpersonenverkehr —

Kurswagenverzeichnis:
– Zug- und Wagenläufe
– Platzkarten
– Züge, die einen Namen führen

– Züge mit Sonderabteilen „Kleinkindabteil" 👶

– Züge mit rollstuhlgerechtem Wagen ♿

Das Faltblatt „**EuroCity/InterCity** Fahrplan" sowie die Fahrplanhefte „**Städteverbindungen**" und „**Schlafwagen- und Liegewagenfahrplan**" werden kostenlos von den Fahrkartenausgaben und Auskunftsstellen der Deutschen Bundesbahn abgegeben.

① Auf den *Karten Fernverbindungen* der Seiten 143 bis 146 (s. Abbildung) findet man eine **geographische Übersicht** zu den Fernverbindungen.

② Die *Fernverbindungen* der Seiten 147 – 199 und 200 – 409 (s. Abbildung) geben u. a. Auskunft über die **Abfahrts- und Ankunftszeiten** der Züge.

3982180

Arbeitsschritt 2:   Die Abbildung zeigt die großen Fernverbindungen in Deutschland, die im Kursbuch aufgeführt sind. Sehen Sie sich die Fernverbindung 5 an, sie ist für die Zugverbindung von Bonn nach Berlin ausschlaggebend.

Große Fernverbindungen in Deutschland (1-17)

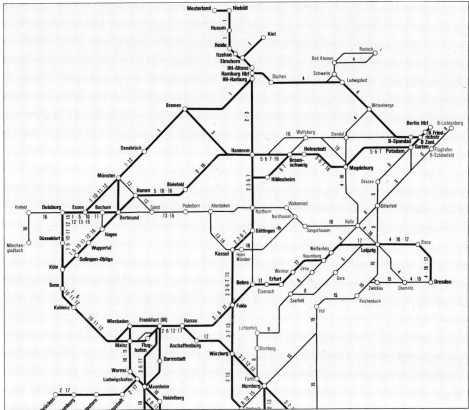

Arbeitsschritt 3:   Außerdem finden Sie im Kursbuch den Hinweis, daß für die Zugverbindung von Bonn nach Berlin die Streckennummer 5 in Frage kommt.

Fernverbindungen (1–17) in Deutschland

Nr	Strecke	Nr	Strecke
1	Westerland und Kiel–Hamburg–Dortmund–Essen/Wuppertal–Köln–Koblenz	10	Bielefeld und Münster–Essen/Wuppertal–Köln–Mannheim–Basel
2	Hamburg–Frankfurt (M)–Mannheim–Ulm und Basel	11	Dortmund–Essen/Wuppertal–Köln–Mannheim–Stuttgart–München
3	Hamburg–Würzburg–Passau und München	12	Münster–Essen/Wuppertal–Köln–Frankfurt (M)–Würzburg–Passau
4	Hamburg und Rostock–Magdeburg–Leipzig	13	Duisburg–Hamm–Kassel–Würzburg–Passau und München
5	Berlin–Hannover–Essen/Wuppertal–Köln–Koblenz	15	Leipzig und Dresden–Hof–Stuttgart und München
6	Berlin–Braunschweig–Frankfurt (M)–Ulm und Basel	16	Dresden–Halle–Hannover/Kassel–Dortmund–Köln
7	Berlin–Göttingen–Würzburg–Nürnberg–München	17	Dresden–Leipzig–Erfurt–Frankfurt (M)–Saarbrücken
8	Berlin–Halle/Leipzig–Saalfeld–Nürnberg–Stuttgart und München		

Arbeitsschritt 4: Aus dem Inhaltsverzeichnis des Kursbuchs können Sie im Teil B die entsprechenden Seiten der Fernverbindungen entnehmen. In dem geschilderten Fallbeispiel handelt es sich um die Fahrplannummer 5, sie entspricht der Streckennummer 5.

---

5 Koblenz – Köln – Hannover – Berlin ← **5**

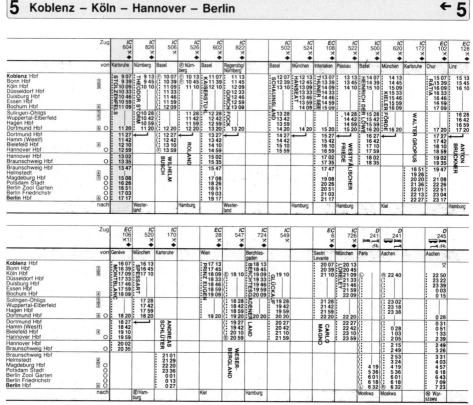

Weitere Züge zwischen Köln und Hannover siehe Fernverkehrstabelle 40 und zwischen Hannover und Berlin siehe 34 und 35

Ⓔ = täglich außer ⑥,
nicht 24. bis 31. XII., 17. bis 19. IV.
Ⓕ = ① bis ⑤, nicht 25. XII. bis 1. I.,
18. bis 20. IV.
Ⓛ = täglich bis 28./29. IX.
Ⓝ = bis 28. IX.
Ⓡ = täglich ab 29./30. IX.

„D 241 OST-WEST-EXPRESS"

✕1) = bis Hannover

Die gekennzeichnete Spalte zeigt, daß der ICE 604 mit der Abfahrtszeit 9.39 Uhr um 17.17 Uhr am Hauptbahnhof Berlin eintrifft. Dies ist die richtige Zugverbindung, um an einer um 18.00 Uhr beginnenden Besprechung im Berliner Hauptbahnhof teilzunehmen.

3982182

Informationen in Fahrplantabellen

In Fahrplantabellen (wie Seite 182) findet man eine Vielzahl von Informationen über Zugreisen. Die folgende Abbildung zeigt einige Hinweise, die in allen Kursbüchern einheitlich aufgeführt sind.

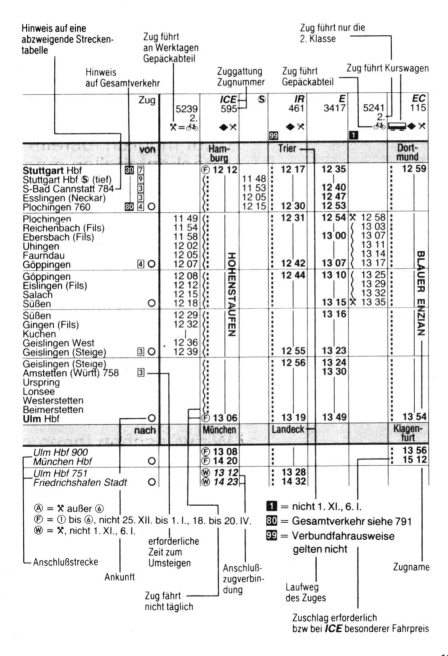

Abkürzungen in Fahrplantabellen

Die in der folgenden Übersicht aufgeführten Zeichenerklärungen von Abkürzungen sind einheitlich in allen Kursbüchern aufgeführt und erleichtern die Arbeit beim Ermitteln der Zugverbindungen.

Zeichenerklärung

⫶ links neben den Fahrplanzeiten=
ICE mit besonderem Fahrpreis sowie
zuschlagpflichtige *EC, IC, IR, FD, D* und *M*

ICE **InterCityExpress**
(Besonderer Fahrpreis. Entgelt für Platzreservierung im Fahrpreis enthalten. Der Übergang aus anderen Zügen – außer ICE – ist nur gegen Zahlung des Preisunterschiedes möglich. Die Zahlung der Preisdifferenz kann auch im Zug erfolgen. Für Reisegruppen Platzreservierung erforderlich.)

EC **EuroCity,**
IC **InterCity**
(EC/IC-Zuschlag grundsätzlich erforderlich. Ausnahmen nur, wenn die Kennzeichnung der Zuschlagpflicht links neben den Fahrplanzeiten nicht angegeben ist. Entgelt für Platzreservierung im EC/IC-Zuschlag enthalten. Für Reisegruppen Platzreservierung erforderlich).

IR **InterRegio** }
FD **Fern-Express** } Zu Fahrausweisen bis 50 km (Zonen 1–7) sowie zu Streckenzeitkarten ist Schnellzugzuschlag erforderlich, wenn
D **Schnellzug** } der Zug links neben den Fahrplanzeiten als zuschlagpflichtig gekennzeichnet ist.
M **Messe-Schnellzug,**
nur 1. Klasse }

RSB **RegionalSchnellBahn**

E **Eilzug**

CB **CityBahn** }
RB **RegionalBahn** } Fahrplanzeiten sind in magerer Schrift gedruckt
Ⓢ **Ⓢ-Bahn** }
ohne Buchstaben: **Zug des Nahverkehrs** }

Die Zuggattungsbezeichnungen der anderen europäischen Eisenbahnen weichen z T von den in Deutschland üblichen ab. Sie werden auf der Fahrplanseite erklärt, auf der sie vorkommen.

Verkehrstage

⟨ links neben den Fahrplanzeiten: verkehrt nicht täglich oder nur während eines bestimmten Zeitabschnittes

† an Sonntagen und **allgemeinen** Feiertagen
Als **allgemeine Feiertage** im Bundesgebiet gelten: **Neujahr, Karfreitag, Ostermontag, 1. Mai, Christi Himmelfahrt, Pfingstmontag, 3. Oktober, Bußtag, 1. und 2. Weihnachtstag.**

✘ an Werktagen;
Regelung an Landesfeiertagen, die nicht „allgemeine Feiertage" sind, siehe Fahrplantabellen.

Ⓐ an Werktagen außer Samstag　　　　① Montag 1)
Ⓑ täglich außer Samstag　　　　　　② Dienstag 1)
Ⓒ an Samstagen, Sonn- und Feiertagen　③ Mittwoch 1)
　　　　　　　　　　　　　　　　　④ Donnerstag 1)
　　　　　　　　　　　　　　　　　⑤ Freitag 1)
　　　　　　　　　　　　　　　　　⑥ Samstag (Sonnabend) 1)
　　　　　　　　　　　　　　　　　⑦ Sonntag 1)

1) Züge mit dieser Angabe der Wochentage verkehren auch, wenn der betreffende Tag auf einen Feiertag fällt.
Abweichende Regelungen sind in den Fahrplantabellen angegeben.

3982184

9.3.3 Auswertung von Geschäftsreisen

Informationen und Ergebnisse werden während einer Geschäftsreise oftmals auf Vordrucken notiert, z. B. Bestellungen, Verträge, Reklamationen, Aktennotizen. Sofern keine schriftlichen Unterlagen vorliegen, muß ein Protokoll angefertigt werden. Bei der Auswertung spielen im wesentlichen folgende Punkte eine Rolle:

– Durchführung der Vereinbarungen

– Terminerfassung und Terminüberwachung

– Benachrichtigung aller Beteiligten

– Überarbeitung der Unterlagen, z. B. Karteien und Dateien bei Änderungen

– Weiterleitung bzw. Ablage des Schriftgutes

Verbesserungsvorschläge sollten aus Gesprächen mit den Beteiligten der Reise erarbeitet und in der Reisekartei/-datei berücksichtigt werden.

Die **Reisekostenabrechnung** erfolgt in den meisten Betrieben auf besonderen Vordrucken. Dabei werden folgende Kosten berücksichtigt: Verpflegung, Übernachtung, Fahrtkosten und Nebenkosten.

Reisekostenabrechnung Nr. _14_ vom _12.06._ bis _14.06.19.._ Beleg-Nr.

Name _Heike Kuhn_   Abt. _Verkauf_

Datum	Reise-Beginn/Ende Uhr	Reiseanlaß und Reiseweg (besuchte Orte angeben, Ort der Übernachtung unterstreichen)	Std.	Verpflegung	Übernachtung (ohne Frühstück)	Fahrtkosten (ohne MWSt.-freie Kosten)	Neben-kosten	Belege (nume-nieren)	Summe	Sonstiges (MWSt.-freie Kosten)
12. 06.	9.00	Hameln Quedlinburg		46 00	45 00			1	91 00	
13. 06.	9.00	Quedlinburg Halle		46 00	53 00			2	99 00	
14. 06.	9.00 15.00	Halle Hameln		13 00					13 00	

geprüft	Zahlungsanweisung	gebucht		105 00	98 00				= 203 00	
						Kfz.-Kosten lt. Rückseite	+		– –	
Abrechnung erstellt / Betrag erhalten						Summe für Vorsteuer-pauschale %	=		– –	
Ort _Hameln_ Datum _16.06..._						Sonstiges	+		– –	
						Gesamtsumme	=		203 00	Aus-/Rückzahlung
Unterschrift _Kuhn_						Vorschuß	–		– –	= 203 00

Reisekosten

Verpflegungskosten werden nach Einzelbelegen bzw. pauschal (Staffelsätze) nach Dauer der Abwesenheit (in Stunden) erstattet.

Übernachtungskosten werden nach Beleg (Hotelrechnung) abgerechnet, wobei die Kosten für das Frühstück selbst zu tragen sind.

Fahrtkosten sind durch Fahrkarten und Flugtickets nachzuweisen. Beim Einsatz eines Privatwagens wird ein vereinbartes „Kilometergeld", z. B. 0,52 DM/km, erstattet.

Nebenkosten entstehen durch Parkplatz-, Telefon- und Portogebühren sowie durch Eintrittsgelder, kleine Geschenke (Werbegeschenke, Blumen). Diese Kosten müssen durch Belege nachgewiesen werden.

Der Praxistip

☞ Bei der Wahl des richtigen Verkehrsmittels sollte man alle Vor- und Nachteile der Beförderungsmöglichkeiten berücksichtigen.

☞ Wenn Sie wenig Erfahrungen bei der Arbeit mit dem Kursbuch haben, sollten Sie Ihre Ausarbeitungen mit Plänen eines Reisebüros oder der Deutschen Bundesbahn vergleichen.

☞ Um Fahrkarten, Platzreservierungen, Flugtickets, Hotelbuchungen usw. sollte man sich rechtzeitig in der Vorbereitungsphase einer Geschäftsreise bemühen.

☞ Der Internationale Hotelschlüssel spart Zeit und Kosten bei der Nachrichtenübermittlung und hilft, fehlende Sprachkenntnisse zu überwinden.

☞ Neben einer Reisemappe mit privaten und geschäftlichen Unterlagen sollte man Kopien aller wichtigen Unterlagen (z. B. Ausweis, Führerschein, Fahrkarten und Flugtickets) mit sich führen.

Auf einen Blick

▶ Die Vorbereitung einer Geschäftsreise erfolgt aufgrund von Informationen über Beförderungsmöglichkeiten, Restaurants, Hotels und Tagungsräume.

▶ Alle Informationen sollten in eine Reisekartei/-datei aufgenommen werden. Ein gültiges Kursbuch leistet wertvolle Hilfe bei der Reiseplanung.

▶ Ein Reiseplan und die geordneten Reiseunterlagen sind wichtige Grundlagen einer Geschäftsreise.

▶ Bei der Auswertung von Geschäftsreisen werden Informationen und Ergebnisse verarbeitet, Verbesserungsvorschläge für künftige Reisen berücksichtigt und die Reisekostenabrechnung erstellt.

3982186

Aufgaben

1. Welche Bereiche einer Geschäftsreise sind für die Organisation von entscheidender Bedeutung?

2. Geben Sie fünf Fragen an, die bei der Vorbereitung einer Geschäftsreise eine Rolle spielen.

3. Bei welchen Stellen erhält man bei der Vorbereitung einer Reise wertvolle Informationen?

4. Beschreiben Sie den Begriff „Reisekartei" bzw. „Reisedatei", und geben Sie an, welche Punkte darin enthalten sein sollten.

5. Welche Beförderungsmöglichkeiten bieten sich für die Durchführung einer Reise an? – Nennen Sie die Möglichkeiten der Anwendung.

6. Geben Sie die Vor- und Nachteile der verschiedenen Verkehrsmittel an.

7. Welche Leitwörter sollte ein Reiseplan enthalten?

8. Aus welchem Grund ist es wichtig, daß die Telefonnummer des Aufenthaltsortes im Reiseplan enthalten ist?

9. Nennen Sie zehn wichtige Reiseunterlagen.

10. In welcher Form würden Sie die in Aufgabe 9 erwähnten Reiseunterlagen mit sich führen?

11. Welche Punkte sind für die Buchung von Hotelzimmern ausschlaggebend?

12. Beschreiben Sie den internationalen Hotelschlüssel.

13. Sie sollen ein Zimmer mit einem Bett in sehr guter Ausstattung mit Bad für eine Nacht mit Ankunft am Donnerstagnachmittag bestellen. Wie lautet der internationale Hotelschlüssel?

14. Was bedeutet die folgende Angabe des internationalen Hotelschlüssels? ciroc bon pass rabal

15. Für welchen Zeitraum gilt die Gesamtausgabe des Kursbuches?

16. Welche Streckennummern hat die Zugverbindung Hamburg – Kassel?

17. Welche Doppelbedeutung haben die Streckennummern des Kursbuches?

18. Ermitteln Sie die Zugverbindungen anhand der Fahrplanübersicht von Seite 182 für folgende Fälle:

    a) Koblenz – Düsseldorf:
       Ankunft zwischen 17 und 18 Uhr

    b) Solingen-Ohligs – Bielefeld:
       Ankunft zwischen 20 und 21 Uhr

    c) Dortmund – Hannover:
       Ankunft 15 – 16 Uhr

19. Welche Punkte spielen bei der Auswertung von Informationen und Ergebnissen einer Geschäftsreise eine Rolle?

20. Welche Kosten fallen unter dem Oberbegriff „Reisekosten" an?

9.4 Protokoll

Diese Lektion informiert Sie über:

✔ den Begriff „Protokoll" und die Protokollarten

✔ die Einsatzbereiche verschiedener Protokolle

✔ allgemeine Angaben zum Protokoll

✔ Auszüge aus verschiedenen Protokollen

✔ Praxistips für das Anfertigen von Protokollen

Wissenswertes

Auszug aus der Dienstanweisung eines Großbetriebs

... Bei jeder Besprechung, Konferenz, Tagung, Verhandlung usw. soll ein Protokoll geführt werden. Darin sollen der Termin, der Ort, die Gesprächsteilnehmer, die Besprechungspunkte, der Name des Protokollanten und des Leiters der Zusammenkunft ersichtlich sein.

Folgende Punkte müssen bei der Anfertigung von Protokollen beachtet werden:

– knappe und genaue Formulierung

– gewissenhafte und wahre Aussagen

– keine persönlichen Stellungnahmen

– keine Vermutungen

Kurz gesagt: Für den Leser muß das Protokoll so aussagefähig sein, daß auch ein Außenstehender über alle Punkte der Zusammenkunft informiert wird.

Verwandte des Protokolls:

Gesprächs- und Aktennotizen

Neben den verschiedenen Arten des Protokolls werden die Gesprächsnotiz und die Aktennotiz unterschieden. Die Gesprächsnotiz enthält in Stichwörtern wesentliche Punkte eines Gesprächs (auch Telefongesprächs) in schriftlicher Form, sie wird von einem der Gesprächsteilnehmer angefertigt und unterschrieben. Zur Erleichterung kann ein Vordruck verwendet werden. Die Aktennotiz wird ebenfalls stichwortartig angefertigt, jedoch von allen Gesprächsteilnehmern unterschrieben.

Kurzschrift und Protokollführung

Die Kurzschrift hat im Bereich der Protokollführung eine große Bedeutung. Selbst im Bundestag und in den Landtagen schreiben Stenografen trotz moderner Technik die wörtliche Rede der Abgeordneten mit. Die Anwendung dieses „herkömmlichen Arbeitsmittels" ist wohl dadurch zu erklären, daß der Stenograf im Gegensatz zur Tonbandaufzeichnung den Namen des Redners und evtl. Zwischenrufe mitschreiben und bei der anschließenden maschinenschriftlichen Übertragung aufführen kann.

Mittelbetrieb sucht zum nächstmöglichen Termin

erfahrene Sekretärin (30 bis 50 Jahre).

Erwartet werden Kenntnisse in Textverarbeitung. Es besteht die Möglichkeit zur Einarbeitung an einem Computer. Der Tätigkeitsbereich umfaßt in hohem Maß das Anfertigen von Protokollen bei Vorstandsverhandlungen. Gute Deutschkenntnisse, ein gesundes Beurteilungsvermögen, hervorragende Kurzschriftkenntnisse und die Fähigkeit zur **Protokollführung** sind unbedingt erforderlich. Ein überdurchschnittliches Gehalt wird geboten. Bewerbungen unter 050746 an HAZ, Hannover

3982188

9.4.1 Begriff: Protokoll

Ein Protokoll ist die „förmliche" Niederschrift einer Sitzung, Besprechung, Tagung usw. Das Protokoll dient der Information, und es gilt betriebsintern als Beweismittel für Beschlüsse. Ein Protokoll stellt auch eine Rechtsgrundlage für die Eintragung ins Handelsregister bei Verhandlungen von Gesellschaften und Vereinsvorständen dar.

9.4.2 Protokollarten

Wörtliches Protokoll: Neben der wörtlichen Rede werden hierbei auch die Namen der Redner und evtl. Zwischenrufe aufgenommen. Bei der Übertragung müssen Stilfehler korrigiert werden, wobei die Aussage nicht geändert werden darf. An den Protokollanten werden hinsichtlich der Aufnahmegeschwindigkeit hohe Anforderungen gestellt.

Verlaufsprotokoll = ausführliches Protokoll: Angaben über den Verlauf in konzentrierter Form und die Namen der Redner gewährleisten, daß dieses Protokoll einen großen Informationswert hat. Der Protokollant muß neben guten stenografischen Leistungen über ein großes Sachwissen und Beurteilungsvermögen über das Wesentliche verfügen.

Kurzprotokoll = Ergebnis- bzw. Beschlußprotokoll: Der Inhalt bezieht sich auf Kerninformationen und gibt Ergebnisse in kurzer und aussagefähiger Form wieder.

Gedächtnisprotokoll = nachträgliche Niederschrift: Der Inhalt eines Besprechungsverlaufs wird nachträglich in schriftlicher Form wiedergegeben.

9.4.3 Einsatzbereiche

Die folgende Übersicht zeigt, welche Protokollart zu bestimmten Anlässen eingesetzt wird:

Anlaß \ Protokollart	Wörtliches Protokoll	Verlaufs-protokoll	Kurz-protokoll	Gedächtnis-protokoll
Bundestagssitzung	X			
Dienstbesprechung		X	X	X
Interview	X	X	X	
Konferenz	(X)	X		
Kongreß		X	X	
Landtagssitzung	X			
Mitgliederversammlung		X		
Tagung		X		

9.4.4 Der Aufbau eines Protokolls

Ein Protokoll gliedert sich in seinem Aufbau in folgende Bereiche:

* Anfang   * Text   * Ende

Der **Anfang** eines Protokolls kann entweder auf einem besonderen Deckblatt oder auf der ersten Seite des Protokolls erfolgen. Zu beachten sind die genauen Angaben hinter den Leitwörtern (Datum, Beginn, Ort usw.). Das folgende Beispiel zeigt eine Möglichkeit:

```
P r o t o k o l l

zur Arbeitssitzung "Einführung von Textsystemen"


Datum:          05.12.19..

Beginn:         10.00 Uhr

Ort:            Sitzungssaal, Hauptverwaltung

Leitung:        Herr Senftenberg

Teilnehmer:     Herr Brecke, Frau Cordes, Frau Danne,
                Frau Eckel, Frau Uhe, Herr Watermann

Protokoll:      Frau Danne
```

Der **Text** eines Protokolls richtet sich in seinem Umfang danach, ob es sich um ein wörtliches Protokoll, ein Verlaufsprotokoll, ein Kurzprotokoll oder um ein Gedächtnisprotokoll handelt. Die Art des Protokolls ist ausschlaggebend. Auf der nächsten Seite sind Beispiele der Protokollarten aufgeführt, die in der Praxis häufig angewandt werden. Beachten Sie dabei die Unterschiede im Textumfang.

Das **Ende** eines Protokolls erscheint auf der letzten Seite des Protokolls. Zu beachten ist, daß Protokolle sowohl vom Leiter der Veranstaltung als auch vom Protokollanten unterschrieben werden müssen. Es kann ein Verteilvermerk angebracht werden. Das folgende Beispiel zeigt eine Möglichkeit:

```
Ende:           11.30 Uhr

Leitung         Protokoll



Senftenberg     Danne

Verteiler
Sitzungsteilnehmer
Abt. Organisation
```

9.4.5 Textformen zu verschiedenen Protokollen

Wörtliches Protokoll: Bei einer Dienstbesprechung wird es in der Praxis nicht erforderlich sein, ein wörtliches Protokoll zu schreiben. Das folgende Beispiel soll ein Vergleich zu den anderen Textformen sein und die Entwicklung aufzeigen.

Herr Senftenberg: Guten Tag, meine Damen und Herren, wir haben uns heute getroffen, um über die Einführung weiterer Textsysteme in unserem Unternehmen zu beraten. Frau Cordes und Herr Brecke werden Ihnen nun einige fachliche Einzelheiten aus dem Bereich der Textsysteme berichten.

Frau Cordes: Der Begriff Textsystem ist in der Norm DIN 2140 festgelegt. Man versteht darunter ein Bürosystem für die Ein- und Ausgabe von Text für die Textverarbeitung.

Herr Brecke: Grundsätzlich werden zwei Möglichkeiten von Textsystemen unterschieden, die Bildschirm-Schreibmaschine und der Arbeitsplatz-Computer. Die Bildschirm-Schreibmaschine hat ein integriertes Programm, das nur auf die Textverarbeitung abgestimmt ist. Der Arbeitsplatz-Computer kann mit jedem Textverarbeitungsprogramm und jedem anderen Programm betrieben werden.

usw.

Ausführliches Protokoll: Im Gegensatz zum wörtlichen Protokoll wird hier die indirekte Rede mit Konjunktiv (Möglichkeitsform) verwendet.

Herr Senftenberg begrüßt die Anwesenden.

Frau Cordes beschreibt den genormten Begriff "Textsystem".

Herr Brecke erwähnt, daß ein Textsystem sowohl eine Bildschirmschreibmaschine als auch ein Arbeitsplatz-Computer sein könne. Er erläutert, daß eine Bildschirschreibmaschine e i n   integriertes Programm nur für Textverarbeitung habe, während ein Arbeitsplatz-Computer mit   j e d e m   Textverarbeitungsprogramm und jedem anderen EDV-Programm betrieben werden könne.

usw.

Kurzprotokoll: Im Vergleich zum wörtlichen und zum ausführlichen Protokoll werden hier nur Kerninformationen aufgeführt.

Nach der Begrüßung durch Herrn Senftenberg werden folgende Punkte erläutert:

1. Begriff: Textsystem

2. Unterschiede: Bildschirmschreibmaschine : Arbeitsplatz-Computer

usw.

9.4.6 Sprachliches

Zeitform: Jedes Protokoll wird im Präsens (Gegenwart) geschrieben.

Beispiel: richtig: Herr Weber begrüßt alle Kollegen.
falsch: Herr Weber begrüßte alle Kollegen.

Direkte und indirekte Rede:

Wörtliche Protokolle werden immer in der direkten Rede und im Indikativ (Wirklichkeitsform) geschrieben.

Beispiel: Herr Nolte sagt: „Ich fahre morgen nach Darmstadt."

Verlaufsprotokolle werden in der indirekten Rede und im Konjunktiv (Möglichkeitsform) geschrieben.

Beispiel: Herr Nolte erwähnt, er fahre morgen nach Darmstadt.

Bei der indirekten Rede steht als erstes Prädikat das Einführungswort „erwähnt", davon ist „fahre", das zweite Prädikat im Konjunktiv (Möglichkeitsform), abhängig.

Der Praxistip

☞ Der Protokollant sollte vor oder gleich bei Beginn der Zusammenkunft von seiner Aufgabe informiert bzw. verpflichtet werden.

☞ Notieren Sie während der Protokollaufnahme besser etwas mehr als zu wenig. Sie können bei der Übertragung alles Wichtige verwenden und Nebensächlichkeiten unberücksichtigt lassen.

☞ Nehmen Sie die Protokollführung nur dann an, wenn Sie die sachlichen Zusammenhänge des Themas genau kennen bzw. sich über die Angelegenheit informieren können.

☞ Für die indirekte Rede sollten immer wieder unterschiedliche Einführungswörter, wie behaupten, bitten, erläutern, erwähnen, erwarten, schildern und wünschen, verwendet werden.

Auf einen Blick

► Der schriftliche Informationsspeicher „Protokoll" wird bei Sitzungen, Besprechungen, Tagungen usw. angewandt und gilt betriebsintern als Beweismittel für Beschlüsse.

► Man unterscheidet zwischen folgenden Protokollarten: Wörtliches Protokoll, Verlaufsprotokoll, Kurzprotokoll und Gedächtnisprotokoll. „Verwandte" des Protokolls sind: Gesprächs- und Aktennotizen.

3982192

Aufgaben

1. Was versteht man unter dem Begriff „Protokoll"?

2. Zu welchen Anlässen würden Sie ein Protokoll anfertigen?

3. Welche Protokollarten werden unterschieden?

4. Geben Sie an, welche Merkmale ein wörtliches Protokoll hat.

5. Welche Angaben beinhaltet ein Verlaufsprotokoll?

6. Worauf bezieht sich der Inhalt eines Kurzprotokolls?

7. Welche andere Bezeichnung gibt es für ein Kurzprotokoll?

8. Welche andere Bezeichnung gibt es für die nachträgliche Niederschrift?

9. Nennen Sie zwei Punkte, die bei der Anfertigung eines Protokolls beachtet werden müssen.

10. Welche Bedeutung hat die Kurzschrift im Bereich der Protokollführung?

11. Beschreiben Sie die folgenden Begriffe:

    a) Aktennotiz

    b) Gesprächsnotiz

12. Aus welchen Gründen werden bei einer Bundestagssitzung wörtliche Protokolle angefertigt?

13. Welche Art des Protokolls würden Sie bei der Mitgliederversammlung eines Vereins vorschlagen? Begründen Sie Ihre Entscheidung.

14. Warum werden bei Dienstbesprechungen oftmals nur Kurzprotokolle angefertigt?

15. Geben Sie drei Bereiche an, die den Aufbau eines Protokolls bestimmen.

16. Welche Angaben müssen am Anfang (Deckblatt) des Protokolls aufgeführt werden?

17. Welche Angaben müssen am Ende des Protokolls aufgeführt werden?

18. Entwerfen Sie für den folgenden Fall

    a) ein Verlaufsprotokoll und

    b) ein Kurzprotokoll:

    Am 16.03... treffen sich um 9.30 Uhr die Angestellten Frau Beier, Herr Friedrich und Herr Wappler zu einer Dienstbesprechung im Bürohochhaus, Raum 12, um über die Anschaffung von zwei weiteren Firmenfahrzeugen zu beraten. Die Leitung der Besprechung hat die Leiterin der Verkaufsabteilung, Frau Meister. In der Besprechung wird aufgezeigt, daß zwei weitere Außendienstmitarbeiter zum 01.07... eingestellt werden sollen, für die zwei Kombiwagen benötigt werden. Der Leiter der Kraftfahrzeug-Abteilung, Herr Wappler, kennt den Fahrzeugmarkt gut, berichtet über zwei Fahrzeugtypen und legt Prospekte vor. Die Besprechungsteilnehmer vereinbaren, einen Besichtigungstermin am 28.03... um 14.30 Uhr im Fahrzeughaus „Wesertal" wahrzunehmen, um einen Vergleich der beiden Fahrzeugtypen zu haben. Das Ende der Dienstbesprechung ist um 10.15 Uhr.

Kleines Büro-Lexikon

ABC-Regeln: Regeln für die alphabetische Ordnung nach der Norm DIN 5007

Ablage: geordnete Aufbewahrung von Schriftgut

Ablaufkonstante: Konstante für Arbeitsabläufe beim Maschinenschreiben, z. B. Anschrift, Betreff

Abteilungsregistratur: Ablage von Schriftgut, das gemeinsam von mehreren Mitarbeitern einer Abteilung bearbeitet wird

Akten: gesammelte Schriftstücke, die zu einem bestimmten Geschäftsvorgang oder Prozeß gehören

Aktendeckel: einfacher Schriftgutbehälter für ungeheftetes Schriftgut

Aktennotiz: Schriftstück über eine Besprechung oder mündliche Vereinbarung

Altablage: Aufbewahrungsort für Schriftgut, das bis zum Ablauf der gesetzlichen Aufbewahrungsfristen gelagert werden muß

analog: entsprechend, ähnlich

Anrufbeantworter: Zusatzeinrichtung zum Telefon, die dem Anrufer mündliche Mitteilungen übermittelt bzw. Ansagen aufzeichnet

Anweisung: anzusagender Hinweis beim Phonodiktat

AVON: Abkürzung für Amtliches Verzeichnis der Ortsnetzkennzahlen

BASIC: einfache Programmiersprache

Baud: Maßeinheit der Nachrichten- und Datentechnik für die Übertragungsgeschwindigkeit

Betriebssystem: EDV-Programm zur Steuerung und Überwachung der Peripheriegeräte

Binärzahl: Kombination einer Zahl aus Nullen und Einsen

Bit: Abkürzung für binary digit. Ein Bit ist die kleinste Einheit des Binärsystems.

Btx: Bildschirmtext = Telekommunikationsdienst mit Informationen aller Art

Byte: Speicherstelle für 1 Zeichen (8 Bits = 1 Byte)

Chip: Elektronisches Bauelement der Mikroelektronik als Träger digitaler Schaltungen

Code: Verschlüsselung und Übersetzung von Begriffen eines Systems in ein anderes

COM: Computer Output on Microfilm = Datenausgabe der EDV auf Mikrofilm

Cursor: Lichtpunkt oder Blinkanzeige auf dem Bildschirm

Datei: Informationen, die auf elektronischer Basis unter einem bestimmten Namen gesammelt werden.

Daten: Zahlen, Texte, Fakten und Symbole

Decoder: Umformer, der Signale in Schrift und Grafik umwandelt.

digital: ziffernmäßig

DIN: Deutsches Institut für Normung

Diskette: elektronischer Datenspeicher

Display: Anzeigeeinheit bei Schreibmaschinen und Taschenrechnern

Editieren: Verändern und Aufbereiten von Texten und Daten am Bildschirm

EDV: Elektronische Datenverarbeitung

Elektrostatik: ruhende Elektrizität

Ergonomie: Wissenschaft, die sich mit der Studie des menschlichen Körpers und seiner Anpassung an die Arbeitsmittel und Arbeitsumwelt unter Berücksichtigung anderer wissenschaftlicher Erkenntnisse beschäftigt

Eurosignal: Europäischer Funkrufdienst

Externer Speicher: Peripheriegerät eines Computers, das als Massenspeicher verwendet wird

Farbstrahldruckwerk: Druckeinrichtung, bei der Farbtröpfchen durch eine Düse gepreßt werden und die Zeichen erzeugen

Fernkopierer: Gerät, das eine Vorlage mit Hilfe der Faksimile-Technik über das Telefonnetz überträgt

Floppy-Disk: englische Bezeichnung für Diskette

Formanweisung: Hinweis beim Phonodiktat für Aufstellungen und numerische Inhaltsübersichten

Formkonstante: feststehende Benennung beim Phonodiktat für Absatz, Absatz – einrücken, Absatz – Fluchtlinie, nächstens

Frequenz: Maßeinheit für die Anzahl der Schwingungen in einer Sekunde

GEDAN: Kurzwort für „Gerät zur dezentralen Anrufweiterschaltung"

Glasfaserkabel: Übertragungskanal der Zukunft in Glasfasertechnik, wobei optische Signale in Form von Lichtwellen übermittelt werden

Graphik: Möglichkeit bei einem Computer, statt alphanumerischer Zeichen auch graphische Symbole darzustellen

Graphiktablett: elektronischer Zeichenstift, mit dem graphische Darstellungen von einer Vorlage auf einen Bildschirm übertragen werden können

Großraumbüro: großer Arbeitsraum, in dem viele Büro-Arbeitsplätze angeordnet sind, die von einer gemeinsamen Anlage klimatisiert werden

Hardware: (wörtlich: „harte Ware") Bestandteile eines Computersystems, die man berühren kann (Zentraleinheit und Peripheriegeräte)

ISDN: Integrated Services Digital Network = Diensteintegrierendes digitales Fernmeldenetz

KB: Abkürzung für Kilobyte, Angabe für die Kapazität eines elektronischen Speichers

Kennung: Darstellung von Absender und Empfänger in verschlüsselter Form bei einem Fernschreiben

Kommunikation: i. S. der Bürotechnik = Austausch von Nachrichten mit Hilfe eines Übertragungskanals

Kompatibilität: Verträglichkeit bzw. Austauschbarkeit von Hardware

(Geräte), Software (Programme) und Daten bei Computern

Konstante: 1. feststehende Benennungen beim Phonodiktat, 2. fester Wert innerhalb eines EDV-Programms

Kopie: Vervielfältigung, die von einer vorhandenen Vorlage mit einem Kopiergerät erstellt wird

Korrespondenzanalyse: Untersuchung des Schriftgutes zum Erstellen eines Texthandbuchs

Kugelkopf: kugelförmiger Typenträger einer Schreibmaschine

Laser: Lichtstrahl mit hoher Energie

LCD-Anzeige: Flüssigkristallanzeige, z. B. bei Uhren und Rechnern

LED-Anzeige: Leuchtdiode, z. B. bei Rechnern

Lift-off-Verfahren: Korrekturverfahren bei Schreibmaschinen

Magnetplatte: Datenträger in Plattenform mit hoher Speicherkapazität und schnellem Zugriff

Maske: Darstellung auf dem Bildschirm eines Computers in Form eines Vordrucks

Matrix: Zeichenerzeugung in einem Rastermuster mit Punkten

Menü: Auswahlangaben auf dem Bildschirm eines Computers

Mikroplanfilm = Mikrofiche: Form eines Mikroplanfilms mit schnellem Zugriff

Mikroprozessor: Elektronisches Bauelement zur Steuerung von Daten in einem Computer

Modem: Kunstwort aus Modulator/Demodulator. Gerät, das bei der Datenfernübertragung die zu übertragenden Signale umwandelt

Monitor: Bildschirm

Non-Impact-Drucker: Drucker, die ohne mechanische Anschlagvorrichtung arbeiten, z. B. Laserstrahl-, Tintenstrahl-, Thermo– und Elektrosensitivdrucker

OCR-Schrift: Abkürzung für Optical Character Recognition = Schrift, die

3982196

sowohl vom Menschen als auch vom Computer gelesen werden kann

Offsetdruckverfahren: Druckverfahren, das nach dem Prinzip „Fett und Wasser stoßen sich ab" arbeitet

Output: Ausgabe auf Datenträger oder Papier im Bereich der Daten– und Textverarbeitung

Pascal: höhere Programmiersprache

Peripherie: alle Geräteteile eines Computers, die nicht zur Zentraleinheit gehören

Plotter: Peripheriegerät eines Computers zum Erstellen von Grafiken

Personalcomputer: Dieser Begriff ist noch nicht eindeutig definiert. Die genormte Bezeichnung lautet „Arbeitsplatz-Computer"

Programm: bestimmte Folge von Anweisungen und Befehlen, durch die eine Verarbeitung der Daten im Computer erfolgt

RAM: Abk. für Random Acces Memory = Arbeitsspeicher mit wahlfreiem Zugriff bei Computern

Recycling: Wiederaufbereitung, z. B. Papier

Reprografie: Möglichkeiten für die mehrfache Erstellung von Schriftstücken = Vervielfältigung

ROM: Abk. für Read Only Memory = Nur-Lese-Speicher bei Computern

Scanner: Lesegerät zur Erfassung von Zeichen, die in einem Computer verarbeitet werden sollen

Schnittstelle = Interface: Verbindungsstelle zwischen einem Computer und einem Peripheriegerät

Schreibauftrag: Anweisung, einen Brief mit Hilfe der Programmierten Textverarbeitung anzufertigen

Serienbrief: einheitlicher Brieftext, der durch Variablen, z. B. Anschrift und Anrede, ergänzt wurde

Software: Sammelbegriff für EDV-Programme

Stetofon: Zusatzeinrichtung für ein Diktiergerät zum Abhören des Diktates

Teilung: Abstand zweier gleicher Zeichen, die nebeneinander geschrieben sind, wobei vom gleichen Punkt ausgegangen wird

Telekommunikation: Austausch von Text, Bild, Ton und Daten über entfernt stehende Endgeräte

Telebanking: elektronisches Ausführen von Bankgeschäften

Teleshopping: elektronisches Bestellen, Einkaufen

Textfax: Zusammenfassung von Teletex und Telefax

Toner: Farbpulver oder -flüssigkeit für Kopiergeräte und Laserdrucker

UNIX: Betriebssystem, das in der höheren Programmiersprache „C" geschrieben ist und als sehr anwenderfreundlich gilt

Videotext: Informationsdienst der Fernsehanstalten

V.24-Schnittstelle: serielle Schnittstelle für den Anschluß externer Geräte an einen Computer

Xerographie: elektrostatisches Kopierverfahren

Zentraleinheit: Kernstück eines Computers, das aus Hauptspeicher, Steuerwerk und Rechenwerk besteht.
Z. = central processing unit (CPU)

Zoom-Technik: Möglichkeit des Vergrößerns oder Verkleinerns bei Kopiergeräten

Sachwortverzeichnis

3982204

Bildquellenverzeichnis

AEG-Olympia, Wilhelmshaven

Deutsche Bundesbahn

Deutsche Bundespost Telekom

Edding, Ahrensburg

FRAMA, Ratingen

Grundig AG, Fürth

IBM Deutschland GmbH, Stuttgart

Konica Business Machines International GmbH, Hamburg

Louis Leitz, Stuttgart

Leuwico, Coburg

Maxell Europe GmbH, Düsseldorf

Minolta GmbH, Langenhagen

Pitney Bowes, Heppenheim

Sharp GmbH, Hamburg

Siemens AG, München

Stielow, Norderstedt

Zweckform, Holzkirchen

Gesamtherstellung: Winklers Verlag · Gebrüder Grimm · 6100 Darmstadt